송강스님의
미얀마 성지순례

● 송강 스님

- 한산 화엄(寒山華嚴)선사를 은사로 득도

- 화엄, 향곡, 성철, 경봉, 해산, 탄허, 석암 큰스님들로부터 선(禪), 교(敎), 율(律)을 지도 받으며 수행

- 중앙승가대학교에서 5년에 걸쳐 팔만대장경을 일람(一覽)

- BBS 불교라디오방송 '자비의 전화' 진행

- BTN 불교TV방송 '송강 스님의 기초교리 강좌' 진행

- 불교신문 '송강 스님의 백문백답' 연재

- 불교신문 '송강 스님의 마음으로 보기' 연재

- 『금강반야바라밀경』 시리즈, 『송강스님의 백문백답』, 『송강 스님의 인도 성지 순례』
   『경허선사 깨달음의 노래(悟道歌)』, 『삼조 승찬 대사 신심명(信心銘)』
   『송강스님이 완전히 새롭게 쓴 부처님의 생애』 출간

- 서울 강서구 개화산(開花山) 개화사(開華寺) 창건

-현재 개화사 주지로 있으며, 인연 닿는 이들이 본래 면목을 깨달을 수 있도록
  기초교리로부터 선어록에 이르기까지 다양한 강좌를 진행하고 있으며,
  차, 향, 음악, 정좌, 정념 등을 활용한 법회들을 통해 마음 치유와 수행을 지도하고 있음

* 인터넷에서 **개화사**를 검색하시면 송강 스님의 카페를 만나실 수 있습니다.

송강스님의
미얀마 성지순례

시우 송강

영혼을 맑히는 축복의 땅 미얀마

1994년 불교TV방송에서 강의를 하고 있던 나는 인도에서부터 일본에 이르기까지의 탑에 관한 자료를 구하고 있었는데, 그때 유네스코에서 발간한 '바간의 탑 목록'이라는 다섯 권의 책을 구하게 되었다. 나는 그 자료집을 보면서 미얀마 특히 탑의 총림(叢林) 바간에 대한 꿈을 꾸기 시작했다. 그로부터 2년 뒤인 1996년에 도반들이 미얀마성지순례를 가자기에 찰나의 망설임도 없이 동참하기로 했었다.

1996년의 미얀마성지순례는 군사독재에 의한 폐쇄적인 불교국가라는 것 외에는 도움이 될 만한 정보도 없이 떠난 순례 길이었다. 수시로 마주치는 검문과 예고 없는 정전 등으로 조금은 불편한 순례였지만, 시간이 흐를수록 처음의 불안감은 사라져버리고 마음이 편안해졌다. 이윽고 바간의 불탑 몇 기를 참배하고 떠나던 날, 언젠가 다시 와서 나도 정좌한 하나의 탑이 되리라 다짐했었다.

그로부터 16년이 흐른 2012년, 다시 미얀마성지순례의 길에 올랐다. 1996년에는 양곤, 바간, 만달레이를 중심으로 한 순례였다. 2012년에는 양곤을 거쳐 바간에서 이틀을 묶고 헤호의 인레 호수로 가는 일정을 잡았다.

그동안 미얀마의 사정도 많이 달라져서 개방이 시작되었기에, 이전의 고요한 순례와는 많이 달라졌다. 공항마다 밀려다니는 서양의 관광객들 사이에서 나는 격세지감을 느끼곤 했다.

　그런데 달라지지 않은 것이 있었다. 미얀마 사람들의 맑은 눈이었다. 1996년에도 그 눈빛을 오래 잊지 못했는데, 2012년에도 마찬가지였다. 그들의 눈을 보고 있으면 정화된 영혼이 보였다. 무엇이 그들의 눈을 그토록 맑게 하는 것일까?

　미얀마 사람들의 신심은 깊이를 알 수 없는 호수 같다. 세상의 어떤 것이라도 받아들여 정화시킬 만큼 미얀마 사람들의 신심은 맑고도 영롱하다. 그렇기 때문에 정치적으로나 경제적으로 악조건임에도 불구하고, 그들의 영혼은 맑기만 하다. 그들을 만나는 것은 축복이다. 미얀마에 가득한 황금의 불탑은 그들의 영혼이 쌓아올린 신심의 징표일 뿐이다.

　지금 잡다한 근심걱정으로 영혼이 피폐한 이라면 당장 미얀마로 가 보시라. 그리고 그 무엇보다도 미얀마 사람들의 맑은 영혼을 만나보시라. 그들과 함께하는 그 순간이 바로 무한한 영혼의 축복임을 깨닫게 될 것이다.

　　　　　　　불기 2559년 부처님 오신 날을 준비하며
　　　　　　　개화산 자락에서 시우(時雨) 송강(松江) 합장

차 례

일러두기

- 이 책의 내용은 2012년에 보고 느낀 것이기에 현재는 달라졌을 수도 있습니다.
- 순례를 한 시기로부터 30개월 후에 기억을 되살려 쓴 내용이므로 아주 미세한 부분에서는 착각을 일으켰을 수도 있습니다.
- 미얀마의 고유명사의 경우 여러 가지의 발음과 표기가 가능할 수 있습니다.
  따라서 다른 책에서는 다르게 표기되었을 수도 있습니다.
- 몇 장에 불과하지만 여행사의 협조를 받아 쓴 사진이 있습니다.

추억을 좇아서 01

성지순례를 떠날 때면
언제나 개화사 모습을 담아서 간다
-2012년 11월 20일의 모습

화요일은 백일관음기도 기간 중에 내가 직접 불공과 법문, 시식과 다회를 챙겨야 하는 요일이다. 미얀마성지순례를 떠나기로 하고는 대한항공의 미얀마 스케줄을 맞추니 공교롭게도 화요일 출발에 일요일 돌아오는 일정이었다. 다행히 인천공항에서 모이는 시각이 오후 4시인지라 불공과 시식을 봉행하고는 신도님들께 법문과 다회를 하지 못함에 대해 양해를 구했다. 대신 신도들에게는 보이차를 한꺼번에 달여 큰 컵으로 마실 수 있게 하였다.

15시 15분, 법당에 올라가 성지순례 잘 하고 오겠노라고 부처님께 인사를 올린 후 대중들과 남아있던 신도들의 배웅을 받으며 개화사를 떠났다. 이전 성지순례를 떠나던 시각이 이른 아침일 경우가 많았기에 오후 햇살을 받으며 공항으로 향하는 마음은 마치 손님을 맞아 다시 돌아올 것 같은 느낌이었다.

미얀마는 1996년 9월 14일부터 19일까지 이미 한차례 순례를 했었다. 승가 대학교의 동창들과 함께한 이때의 순례는 거의 낡은 버스에 의지하여 우기(雨期)가 끝나지 않은 빗속을 강행했었다. 덕분에 우기(雨期)라는 것이 어떤 것인지를 확실하게 체험할 수 있었다. 그냥 하늘이 뻥 뚫리고 물을 쏟아버리는 것이 남방의 우기라는 것을 그때 비로소 알았다.

1996년 순례할 때
시골을 가노라면 전봇대가 이런 모양이었다

9 16 '96

1996년 순례한 58만 불상으로 유명한 몽유와의 딴보디사원

그런데 참으로 묘했던 것이 우리가 버스로 이동할 때는 앞을 분간할 수 없을 정도로 쏟아 붓던 폭우가 버스에서 내리기 10분 전쯤에 딱 그치고 사원의 땅이 보송보송해졌다는 것이다. 이런 현상이 3일이나 계속되자 가이드가 3년 동안 종사하면서 이런 일이 처음이라며 놀라워 했었다. 어떤 경우에는 주변의 밭까지 모두 물바다가 되어버리고 누런 황톳물 바다 위에 둥둥 떠 있는 가로수 사이를 질주하는 버스 안에서 우리는 처음 수상버스를 탄다며 즐거워했었다.

1996년도 성지순례 때는
바로 이런 버스를 타고 다녔다

KOMY TOUR

1996년 순례시에 만난 축제의 차량에는 부처님을 모셔 가고 있었다

1996년 당시
미얀마의 서민들이 이용하던 버스

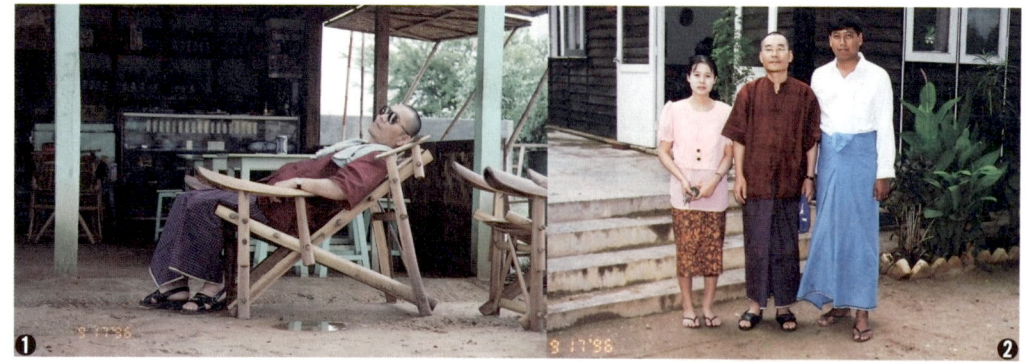

❶ 1996년 순례는 버스로 계속 움직이는 일정이 많았다 - 휴게소에서 잠시 휴식

❷ 1996년 몽유와에서 신세를 진 호텔의 종업원들과 함께

❸ 1996년 어느 사원인지 기억이 나질 않지만 한참 좌선을 하며 쉬었던 곳이다

❹ 1992년 유네스코에서 발간한
　바간의 불탑 목록집

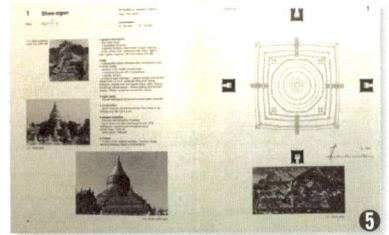

❺ 바간의 불탑 목록집 내용은
　이렇게 구성되어 있다
　- 쉐지곤 불탑에 대한 내용

1994년 나는 방송에 소개할 불탑에 대한 자료를 구하고 있었다. 인도에서부터 일본에 이르기까지 불교가 전해지면서 조성된 불탑은 참으로 다양해서 그 자료가 너무나 방대했다. 그때 불탑의 나라 미얀마에 대한 자료를 구하던 차에 바간의 불탑에 대한 책자가 내 손에 들어왔다. 유네스코에서 1992년에 발간한 Inventory of monuments at Pagan(바간의 탑 목록-영어식 발음과 미얀마식 발음의 차이가 있음)이라는 다섯 권의 책자이다. 외국에서 구입한 이 책자를 통해 나는 바간의 꿈을 꾸기 시작했었다.

1996년 순례를 마치고 미얀마를 떠나기 직전
혼자 마을에 가서 만났던 사람들

1996년 쉐산도 탑을 오르는 모습
- 그때는 손잡이 난간이 없었다

그로부터 2년 뒤 동창회에서 미얀마에 간다는 결정을 했을 때 단 1초의
망설임도 없이 순례에 동참하겠다는 의사를 표시했었다.

1996년
쉐산도 탑에 올랐을 때 난간에서 잠시
좌선 자세로 바간을 바라보던 모습

9 15 '96

안개가 없는 풍경을 모처럼 본 인천공항으로 건너가는 영종대교

이런 생각에 젖어 혼자 즐거워하는 사이에 인천공항에 도착했다. 대한
항공 카운터 앞으로 갔더니 대부분의 대중이 모여 있었다. 티켓을 받고 짐을
부친 후 검색대를 통과한 후 출국심사를 받았다. 다른 나라를 다니다 보면 인
천공항의 시스템이 얼마나 효율적으로 작동하는지를 알게 된다. 각각의 단계
가 거의 1~2분 정도에서 처리되는 것을 보면서, 인천공항이 세계 1위의 평가
를 받는다는 것에 동의하게 되는 것이다.

인천공항의 상징물처럼 보이는 건물의 지붕

❶❷

❶ 오후 4시경에 이미 대중들은 다 모여 있었다
❷ 대한항공 라운지에서 아래로 본 모습 - 건너편이 출국심사대

　　그동안 누적된 대한항공 마일리지가 소멸예정이라고 안내를 받은 터라 6만 마일을 써서 비즈니스 좌석을 샀었다. 면세점에 볼일이 없었는지라 곧바로 라운지로 올라갔다. 탑승시각이 1시간 이상 남았기도 하거니와 보온물통에 보이차를 넣고 뜨거운 물도 담아야 하며, 책을 보며 야채샐러드를 먹는 재미도 있기 때문이었다. 보이차를 마시며 미얀마 안내책자를 보다가 18시경 12번 탑승구로 가서 우리 대중을 만나고, 같은 일정으로 미얀마성지순례에 오르는 울산 자광사의 향공 주지스님과 신도들을 만났다.

❸ 비행기 탑승을 위해 12번 게이트로 가고 있음　❹ 탑승구 앞에서 담소하며 탑승을 기다리는 대중

❸❹

인천에서 양곤으로 02

대합실에서 탑승을 위해
비행기로 내려가고 있다

비행기로 들어가는 통로가 양쪽의 유리로 인해
좌우로 많은 통로가 있는 듯이 보인다

16시 5분 대중에게 보이차를 한잔씩 돌리며 짧은 여유를 즐겼다. 비행기는 만석인지 탑승을 기다리는 사람들이 길게 줄을 서서 차례를 기다리고 있었고, 비즈니스 좌석을 구입한 이들에게 먼저 탑승하라는 안내가 이어졌다. 무거운 카메라 가방을 짊어진 터라 대중들과 잠시 이별하고 먼저 탑승을 했다. 비행기로 연결되는 통로를 지나는데 양쪽이 유리로 되어 있어서 좌우로 무수한 통로가 보였다. 『화엄경』의 중중무진법계(重重無盡法界-끝없이 관계 맺으며 펼쳐지는 세계)는 우리가 이르는 곳마다 그 모습을 드러내고 있었다.

젊은 시절 가끔 타던 비행기의 마일리지를 사용하지 않았더니 좀 나이 먹어 (요즘엔 내 나이에 이 표현을 잘 쓰진 않지만, 한 바퀴 돈 셈이니까) 비즈니스 클래스의 편한 좌석으로 되돌아오니 편하긴 했다. 절에서는 생각해 본 일도 없는 후한 대접을 비행기에서 받다니 즐거웠다. 음료에서부터 시작해서 뜨끈한 물수건도 주고, 전채요리에서부터 몇 단계의 식사와 각종 음료가 서비스되었다. 이전에 싱가포르항공의 서비스가 좋다고 외국인들이 좋아했지만 요즘엔 우리나라 항공을 최고로 친단다. 비행기 소음에 귀가 아파서 미리 준비한 소음차단 헤드폰을 끼고 아주 낮은 볼륨으로 클래식을 들으며, 외국인이 쓴 미얀마에 대한 여행기를 읽었다.

❶ 이륙을 하기 위해 움직이는
　비행기 안에서 본 밖의 풍경
❷ 비행기가 허공으로 날아오른 뒤
　내려다 본 인천공항과 주변의 풍경
❸ 기내에서 사무장이 승객들에게
　미소로 응대하는 모습

어느 순간 바간의 뙤약볕 아래 큰 나무가 되어 그늘을 제공하고 있었다 - 1996년 촬영

나는 바간의 큰 나무가 되어 뙤약볕에 지친 사람들에게 그늘을 드리우고 있었다. 나는 바간의 다 허물어져 가는 탑이 되어 오가는 이들을 지켜보고 있었다.

어느 순간 나는 낡은 탑이 되어
순례자들을 바라보고 있었다 - 1996년 촬영

어느 순간
나는 탑이 되어
오가는 사람들을
품에 안고 있었다
- 1996년 촬영

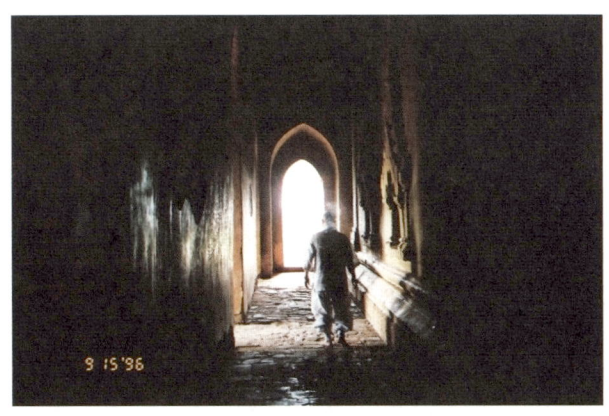

나는 큰 탑이 되어 내 품안에서 오가는 이들을 쓰다듬고 있었다. 나는 대지 아래 토굴에서 가부좌를 틀고 온종일 앉아 있는 비구가 되어 있었다. 나는 대빗자루 하나 들고 황금빛 탑을 쓸고 있었다. 그 순간 몸이 심하게 흔들렸다. 눈을 뜨니 스튜어디어스가 물수건을 내밀고 있었다. 아마도 잠깐 잠이 들었었나 보다.

1996년 바간의 토굴을 방문하고 있다 - 땅 속 토굴은 정말 시원했다

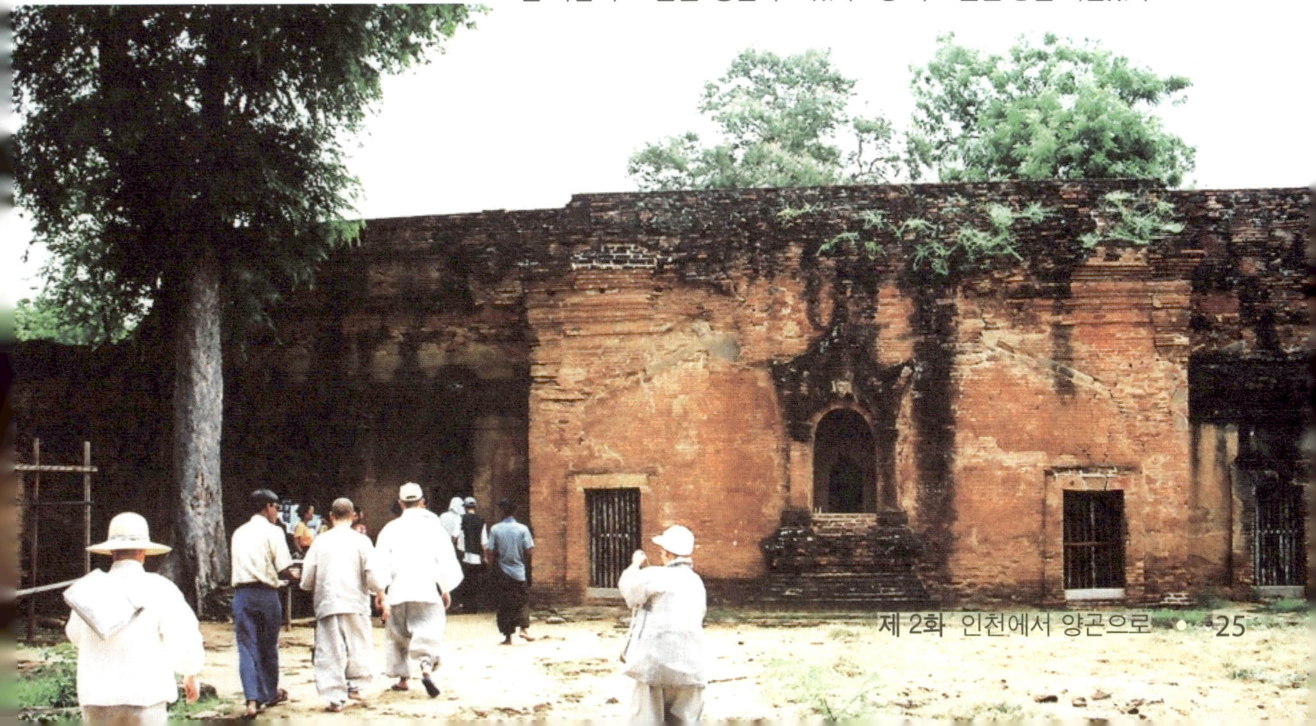

1996년 쉐지곤 파고다를 참배하고 뜨거운 땅을 느끼며 한 컷을 찍었다

우리는 30여 분을 이렇게 서서
입국허가를 기다려야 했다

2층에서 살펴 본 양곤 국제공항 청사 내부

드디어 밖으로 나와서
밤 풍경을 살펴 본
양곤 국제공항

시계를 보니 12시 40분, 미얀마 시간으로는 10시 10분이다. 15분 후쯤 비행기는 양곤의 공항에 착륙했다. 1996년에는 비행기에서 내려 걸어서 대합실로 갔던 것 같다. 2012년 11월 20일은 바로 공항청사로 연결되었다. 2층의 공항청사는 내부가 거의 흰색과 아주 옅은 회색으로 되어 있어서 환했고, 녹색 화초로 꾸며 놓아서 눈이 시원했다.

2층에서 계단을 내려가며 보니 건너편 창밖에 손님을 맞으려 나온 사람들이 눈을 반짝이며 우리를 바라보고 있었다. 조금 걸어가자 곧 입국심사대가 나왔다. 심사를 맡은 관리는 아주 진지한 태도로 심사를 했다. 그게 너무 진지하다 보니 1인당 소요되는 시간이 너무 길었다. 우리는 30여 분이나 줄을 서 있어야 했다. 다시 짐 검색까지 마치고 청사를 나오며 보니 50여 분이 지난 현지시각 23시 24분이었다.

❶ 늦은 시각에 도착한
   그랜드 팰리스 호텔의 모습이 정겨웠다
❷ 늦은 밤 공항 앞 왕복 6차선의 도로를 내닫고 있다
❸ 밤 11시가 지난 시각의 그랜드 팰리스 호텔의 로비

왕복 6차선의 시원한 도로를 지나 20여 분을 달리니 비로소 육신을 쉬게
할 숙소가 나타났다. 그랜드 팰리스 호텔(Grand Palace Hotel)은 한적한 곳
에 있었다. 로비에 들어가자 정면에 미얀마풍의 액자들이 걸려 있었고, 카운
터에는 대만에서 만들었음직한 포대화상(중국에 실존했던 계차스님)이 보였다. 시
선을 오른쪽으로 돌리니 뜻밖에도 일본의 옛 모습을 그린 그림이 보였다. 이
호텔을 일본인이 경영하는 것인가? 미얀마 대만 일본풍의 이 묘한 분위기는
뭐란 말인가? 호텔에서 제공하는 음료수를 마시고 체크인을 한 후 방에 들어
간 시각이 25시 21분이었다. 여행사 사장이 특급호텔 방을 구하지 못해 아랫
단계의 호텔에 묵게 되었다며 걱정했던 호텔이었지만, 하룻밤
몸을 누이기에는 훌륭한 곳이었다.

로비의 카운터에 놓여 있는 포대화상은
대만에서 조성된 것으로 보였다

❶ 로비의 카운터 뒤편에 미얀마 전통 기법으로 만든 그림
❷ 일본의 옛 모습을 그린 그림이 로비의 벽면에 걸려 있었다
❸ 2층으로 올라가는 계단 위에 걸려 있었던 일본 그림
❹ 고급스럽진 않았지만 깨끗하고 소박한 침실이었다
❺ 미얀마 어느 사원을 그린 듯한 옻칠에 금박의 그림
❻ 양곤의 상징인 쉐다곤 황금사원을 밤에 찍은 사진도
걸려 있었다

　혹시나 해서 노트북을 들고 로비로 내려가 인터넷을 시도했으나 좀체 연결
이 되질 않았다. 미얀마에서는 인터넷을 사용하기 어렵겠다고 생각하며 2층
의 내 방으로 오르는데 또 하나의 일본풍 그림이 보였다. 나는 이 호텔 경영자
가 일본 사람이라는 생각을 굳히며 방으로 돌아와 샤워를 하였다. 침대에 몸
을 누이며 시계를 보니 02시를 훌쩍 넘기고 있었다.

호텔에서 공항으로 03

방을 나서며 찍은 호텔 복도
- 각 방마다 사람들이 있으련만
누군지도 모르고 떠나야 한다. 인연이란 -

우리 때문에
일찍 나와 있어야 하는 이들을 보며
왠지 미안한 생각이 들었다

낯선 곳에 이르면 늘 그러하듯이 04시경에 자동적으로 눈이 떠졌다. 욕조가 없기에 샤워장에 들어가 뜨거운 물로 한참 몸을 덥힌 후 세안을 끝냈다. 침향을 향로(사실은 주먹만한 이태리 전기곤로)위에 올린 후 차를 달여 몇 잔을 마시며 정좌했다. 잠시 후 모닝콜이 울려 시계를 보니 04시 30분이었다. 미얀마의 국내선이 모두 아침 이른 시각에 출발하기에 서둘러야만 했던 것이다. 가방을 다시 꾸린 후 카메라를 들고 복도에서부터 다시 촬영을 시작했다. 인적이 없는 로비며 밝아오는 호텔의 현관 앞 풍경을 찍고 체크아웃을 한 시각이 05시 15분이었다.

어젯밤 야경과는 또 다른 분위기의 그랜드 팰리스 호텔

호텔 현관 앞에 있던 꽃이 어둠 속에서도 미소를 보여 주었다

바로 버스에 오르려고 했더니 로비 옆의 식당으로 안내를 했다. 어젯밤 얘기로는 너무 이른 시각에 출발하기에 도시락을 준비할 것이라고 했는데, 밤사이 상황이 바뀐 것이었다. 호텔에서 간단한 아침식사를 제공해 주기로 했다는 것이었다. 여행사의 노력 특히 현지 가이드의 역량 발휘라고 볼 수 있는 변화였다. 여행 중의 도시락이라는 것이 빵과 우유 정도라는 것을 아는 사람은 안다. 그러니 이른 새벽에 준비해 준 호텔 종업원들의 그 마음이 얼마나 아름다운가. 참으로 감사한 마음으로 죽 한 공기와 과일을 먹었다.

❶ 호텔에서 예외적으로 이른 시각에 아침을 준비해 주었다
❷ 아침공양을 마치고 마지막으로 들른 해우소에는 예쁜 꽃이 반겨 주었다

❶ 이른 아침을 준비하는
바지런한 사람들로
생동감이 살아나고 있는 거리
❷ 드디어 국내선 공항에 도착
- 각자 자기의 가방을 챙겨 주셔요

05시 40분 국내선 공항을 향해 출발했다. 도로는 이른 일과를 준비하는 사람들로 생동감을 되찾고 있었다. 가이드가 여권을 거두며 설명을 했다.

"미얀마에서는 아직도 이동에 대한 신고를 해야 합니다.
등록된 주민이 아닌 손님이 잠을 잘 경우는
미리 신고센터에 통지해야 하고,
저희처럼 호텔을 이용할 때도 호텔에서 보고를 한답니다.
국내선을 이용할 때 다른 공항에서는 필요 없지만
양곤공항에서만은 여권을 보여야만 티켓을 구입할 수 있습니다."

06시 10분 국내선 청사 앞에 도착했다. 어딘가 낯익다고 생각했더니 1996년도에는 국제선과 국내선이 함께 이용하던 공항이었다. 단층으로 된 공항청사는 예전 모습에서 별반 달라진 것이 없었고, 양곤국제공항(Yangon International Airport)이라는 명패를 바꾸지 않고 있었다.

❸ 공항 앞 광장을 보며 나는 타임머신을 타고
16년 전으로 가고 있었다
❹ 1996년 신세를 진 라마다 에어포트 호텔의 정경 - 1996년 촬영

나는 문득 다시 타임머신을 타고 16년 전으로 날아갔다. 공항에서 지척에 있던 라마다 에어포트 호텔(Ramada Airport Hotel)에서 묵게 되었는데, 총지배인이 한국인이었다. 한국의 스님들이 묵는다는 것을 알고 일부러 인사를 하러 온 지배인 부부와 사진까지 찍으며 한참을 얘기를 나누던 기억이 새로웠다.

당시 라마다 호텔 체인에서
최초로 한국인이
총지배인이 되었다던 부부와
- 1996년 촬영

16년 전에는 국제공항으로 사용했던 공항
- 아직도 국제공항이라는 이름표를 걸고 있다

　1층 방에서 단잠을 잔 나는 이른 새벽 혼자 카메라를 메고 호텔 주변을 서성거리다가 인근의 마을로 갔다. 여행사 직원은 당시 미얀마의 사정에 대해 걱정되는 점이 많다면서 개인행동에 대한 책임을 지지 않겠노라고 수차례 엄포를 놓았지만, 죽음에 대한 두려움이 없는 출가자에게 그 엄포가 통할 리가 없었다. 호텔에서 20여 분을 걷자 가난한 나라의 공항 주변이 그러하듯이 빈민촌이 나타났다. 처음 안개 속에 그 모습을 보았을 때는 환상인 줄 알았다. 그러나 사람들의 움직임이 보이고, 그들이 내게 따뜻한 미소를 보였을 때 나도 스스럼없이 그들에게 다가갈 수 있었다. 가져간 과자와 볼펜은 순식간에 낯선 벽을 허물고 친구가 되게 하였고, 잠시 후엔 그들과 한 식구가 되어 있었다. 아이들은 내 손을 잡고 자기네 집으로 끌고 갔었고, 온 식구들이 나를 방 안으로 맞아 주었던 것이다. 비록 두어 평 밖에 되지 않는 협소한 방에 열 명 정도가 북적거렸으나 나는 그 체온이 좋았었고, 그 미소가 여행의 피곤함을 말끔히 씻어 주었다. 마침 아침밥을 짓고 있던 참이었는지라 밥하는 것을 살필 수 있었는데, 물을 많이 붓고 죽 끓이듯 하다가 그 물을 부어버리고 다시 물을 부어 밥을 하는 것이었다. 동남아의 쌀이 찰기가 부족하기도 하지만 이처럼 기름기를 제거하고 밥을 하니 입김에 날릴 수밖에 없지 않겠는가. 그때 가이드에게 그 까닭을 물었더니 웃으며 설명해 주었다.

"처음 저는 한국에서 가져 온 쌀로 밥을 했습니다.
보름이 지나자 소화가 되질 않아서 결국 이 사람들처럼 밥을 해 먹었더니
소화불량이 사라졌습니다."

❶ 안개 속에 신기루처럼 나타났던 호텔 인근의 빈민촌 마을
❷ 간밤의 비로 흥건한 마을의 공터를 돼지 한 마리가 어슬렁거리고 있었다
❸ 저 닭은 아마도 나그네의 방문을 알리느라고 목청을 돋우나 보다
❹ 한 평쯤이나 될까 하는 방에서 가족들이 문을 열고 나를 반겼다
❺ 초대된 집 방안의 모습
  - 이런 환경에서도 그들의 미소는 너무나 아름다웠다
❻ 아이들이 손을 잡고 나를 안으로 초대해 준 집의 모습
❼ 아마도 주워 온 물건 중에 돈이 될 만한 것을 가리고 있는 듯이 보였다
❽ 나그네가 좀 생소했던가?
  - 그래도 안주인은 미소를 잃지 않았다
❾ 마을 아이들이 모두 나와서 나와 친구가 되어 주었다
❿ 밥을 하고 있는 안주인의 미소를 보라, 어찌 가슴이 따뜻해지지 않겠는가
❶~❿1996년 촬영

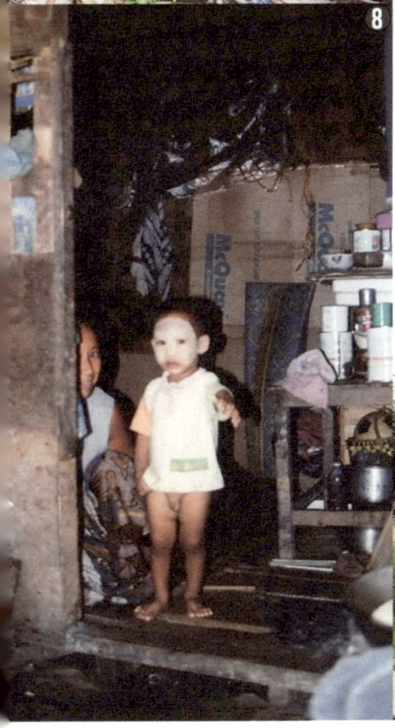

시간 때문에 할 수 없이 떠나는 나를 아쉬운 듯 바라보던 아이들의 눈빛을 잊을 수 없다
- 1996년 촬영

나는 16년 전 새벽의 그 방문을 지금도 잊지 못한다. 그처럼 가난한 마을에서 그토록 환대를 받을 줄이야 상상이나 했겠는가. 정해진 일정 때문에 떠나야 하는 나를 잘 통하지 않는 언어로 밥을 먹고 가라고 붙잡을 땐 나도 모르게 눈시울이 붉어지고 있었던 것이다. 돌아보고 또 돌아보며 떠났던 16년 전의 그 마을은 이젠 내 마음 속에만 존재할 뿐 현실에선 찾을 수 없었다. 그때 그 아이들이 어쩌면 어른이 되어 내 곁을 스치고 있을지도 모를 일이라는 생각이 들자, 미얀마 사람들이 가족처럼 느껴지기 시작했다.

❶ 티켓을 구하기 전까진 이 대기실에서 기다려야 한다 - 안쪽이 짐을 부치는 곳이다
❷ 대기실 한 켠의 선물 코너에는 부담이 되지 않는 가격대 물건들을 진열해 두었다

양곤의 국내선공항청사는 들어서면 횡으로 긴 대기실이 있고 여행사들의 티켓창구가 있다. 우리는 왼쪽 끝에 있는 짐 부치는 곳에 가방을 갖다 두고는 가이드 고모정 팀장이 티켓을 구입해 올 동안 대기실에서 잠시 휴식을 취하기로 했다. 금방 돌아올 줄 알았던 고 팀장이 늦어지자 사람들은 주변을 서성이기도 하고, 바로 옆에 있는 기념품 코너를 기웃거리기도 했다. 나도 덩달아 가서 살펴보았더니 품질이 아주 좋은 물건은 없었다. 아마도 외국인들을 대상으로 하는 모양이었다. 상점 위의 창을 보니 금속의 보호 틀이 있었는데, 제법 정교하게 만든 꽃 형태였다. 미얀마 사람들은 늘 부처님께 꽃을 공양 올리는데, 이들의 마음속에는 꽃이 자리 잡고 있는 것 같았다. 그들이 늘 미소 짓는 이유를 어느 정도 알 것도 같았다.

창을 보호하는 쇠틀은 기하학적인 꽃문양으로 만들어져 있었다

승가대학교 동문인 혜욱스님의 가슴에
있는 노란 딱지가 우리팀 인식표이다

06시 36분, 드디어 고 팀장이 티켓을 가지고 왔다. 그리고는 우리의 옷에 노란 딱지를 붙였다. 뭐냐고 물었더니 공항 직원들이 어느 비행기를 타야 하는지를 구분하기 위함이란다. 미얀마는 우리나라처럼 비행기마다 게이트 번호가 정해지는 것 없이 하나의 문을 나가게 되는데, 비행기의 이륙시각이 거의 비슷해서 다른 비행기로 갈 수가 있기에 인식표를 붙여서 구분한다는 것이었다. 대중들은 왼쪽에 있는 몸수색대로 갔다. 국내선이라 그런지 주머니의 물건을 꺼내지 않아도 그냥 통과했고, 물통을 그대로 들고 들어갈 수 있었다. 대합실에는 이미 많은 유럽인들로 북적대고 있었다. 16년 전의 대합실이 어떠했는지가 별반 기억에 없는지라 비교할 순 없지만 새롭게 꾸몄다는 느낌

이 들었는데, 입구 쪽의 천장 바로 아래는 굵은 선을 두어 변화를 주었다.대합실이 꽤 넓어서 입구 쪽에는 우리가 앉을 자리가 남아 있었다. 둘러보니 1층 안쪽으로는 스낵코너가 있어서 가벼운 식사나 커피를 마실 수 있었고, 안쪽 2층에는 식당도 있었다. 반대편에

탑승 대합실 입구 쪽 천장 아래에는
굵은 선을 두어서 단순함을 피했다

는 VIP라운지도 있었고, 그 곁에는 잡지와 신문을 파는 곳도 있었다. 스님들이 신문 파는 곳을 유심히 살피고 있기에 가 보았더니, 19일에 방문했던 오바마 대통령과 수치여사의 사진이 신문 1면에 크게 실려 있었다. 역사적인 사건

▲ 대합실 안쪽의 천장 아래에는 미얀마의 옛 이야기나 전설을 그린 듯한 그림이 삼면에 있었다

인지라 나도 카메라로 신문의 화보를 찍었다. 그랬더니 유럽 사람들이 몰려 와서 사진을 찍느라고 법석을 떨었다. 안쪽으로 들어가 살피다 보니 천장 바 로 아래에 미얀마의 전설인지 역사인지는 자세히 알 수 없었으나 그림이 삼 면에 그려져 있었다.

아마도 미얀마 사람들의 나라에 대한 자긍심의 표현이 아닌가 하고 생각해 보았다. 꽤 지루할 만도 하건만 대중들은 즐겁게 담소하며 시간활용을 잘 하 는 것 같아 다행이다 싶었다.

❶ 차를 타기 전에 오바마 대통령 그리고 클린턴 장관과 담소하는 수치여사
❷ 19일 수치여사 집을 방문한 오바마 미국대통령과 수치여사가 신문 1면에 실려 있었다
❸ 대합실 2층에는 식당이 있어 오래 기다리는 승객이 식사를 할 수 있도록 했다
❹ 스님들이 잡지와 신문을 파는 곳에서 무언가를 유심히 살피고 있다
❺ 지루한 기다림을 즐겁게 만드는 지혜가 충만하다

07시 쯤 되자 항공사 직원들의 외침이 들렸고, 그에 따라 탑승할 사람들이 줄지어 나갔다. 몇 번인가 그런 일이 있은 후 07시 15분에 이윽고 가이드가 우리를 불렀다. 티켓을 확인하고 활주로 쪽으로 나가자 버스가 기다리고 있다가 비행기가 있는 곳으로 태워다 주었다. 둘러보니 소형의 프로펠러비행기가 많이 보였다. 예전에 중국을 여행할 때 국내선을 이용하면 프로펠러비행기가 많았다. 엄청나게 바람을 많이 타는 관계로 흔들림이 매우 심했던 기억이 나서 걱정을 했는데, 다행히 우리가 타는 기종은 소형이라도 제트비행기였다. 좌석이 정해지지 않은 관계로 빈자리에 앉는 방식이 향수를 불러일으켰다. 한 줄에 다섯 좌석씩 있는데 앉아보니 무릎이 앞좌석에 딱 맞춰졌다. 기내에는 묘한 냄새가 배어있긴 했으나 조금 있으니 특이함을 즐길 만했다. 서비스로 음료와 빵이 제공된다기에 커피 한잔을 마셨다.

이른 아침부터 양곤강에는 크고 작은 배들이 시민의 발이 되었을 것이다 - 역시 유화같다

비행기 앞에서 금방 나온 공항청사를 돌아보며   이 쬐그만 비행기가 우리를 바간까지 태워 줄 것이다

07시 40분에 이륙을 한 비행기가 수평을 유지하자 창밖으로 양곤을 보았다. 비행기의 낡은 창유리와 안개가 합작을 하여 양곤 시내도 양곤강 주변도 마치 사실적이지 않은 유화처럼 보였다.

비행기에서 본 양곤이 마치 사실성의 기법을 배제한 유화처럼 느껴진다

❶ 이 우람하고 이질적인 건축은 뭐란 말인가. 전망대라도 세워 사람들을 유인하려 했었나?

❷ 꿈에도 그리던 바간의 모습이 몽환처럼 눈앞에 모습을 드러내고 있다

❸ 우기에는 물로 가득 찼을 강이지만 지금은 바닥을 다 드러내고 있다

    비행기가 이륙한지 30여 분이 지나자 황토색을 드러낸 밭이 많아졌고, 이윽고는 강물이 다 말라서 바닥을 보였다. 그리고 또 30여 분이 지나자 16년 전에 보았던 그 탑의 왕국 바간이 모습을 드러내었다. 눈을 부비며 다시 살피는데 이상한 건축물이 눈에 들어왔다. 색은 비록 붉은 벽돌색이었으나 새로 지은 것이 분명해서 주변의 풍광과는 어울리지 못하는 외톨이가 보였다. 아마도 관광객을 위한 전망대 비슷한 것이리라.

점차 마른 바닥을 드러낸 밭이 많아지고 있어서 건기임을 잘 알겠다

❶ 활주로에서 본 바간의 냥우공항 청사가
   꽃나무에 반쯤 가려져 보인다

❷ 광장 쪽에서 본 냥우공항의 청사는
   전통적인 미얀마 양식으로
   지어진 것을 알 수 있다

❸ 바간 냥우공항 대합실에서
   탑승을 기다리고 있는 유럽 사람들

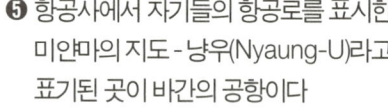

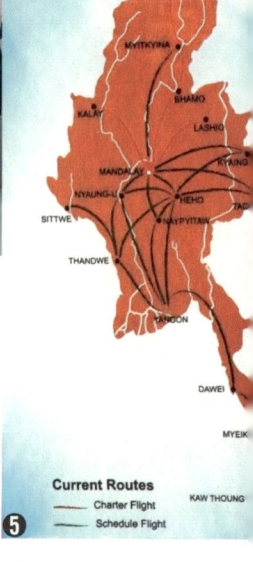

❹ 바간 냥우공항 광장에 도열한
   광고판들이 바간의
   여러 모습을 보여주고 있다

❺ 항공사에서 자기들의 항공로를 표시한
   미얀마의 지도 - 냥우(Nyaung-U)라고
   표기된 곳이 바간의 공항이다

08시 30분 비행기는 바간의 냥우(Nyaung-U)공항에 착륙했다. 공항청사가 가까웠지만 버스로 청사 현관까지 태워 주었다. 미얀마도 이제 서비스에 대한 개념이 바뀐 모양이었다. 안으로 들어가자 탑승할 외국인들이 보였다. 짐을 작은 차로 옮겨 오느라 시간이 꽤나 걸리는 모양이었다. 카메라를 들고 광장으로 나가니 담에 바간지역 광고판들이 사진으로 세워져 있었다. 광장에서 보는 공항의 청사는 미얀마 양식이었고, 금칠을 한 미얀마 문양이 빛을 뿌리고 있었다.

바간의 아침시장 05

바간의 공항을 오가다가 문득 16년 전의 모습이 회상되었다. 미얀마라고 하면 동남아에서도 발전을 멈춘 나라라고들 한다. 그러나 어제 오늘 내가 본 것은 그런 보도가 엉터리라는 것이다. 미얀마 자체의 과거와 오늘을 비교한 것이 아니라 아주 급변한 다른 나라들과 비교한 내용이라는 점이다.

1996년의 공항은 오래전 우리나라의 어두컴컴한 버스터미널의 모습이었다. 농협에서 쌀가마 무게를 다는 목이 긴 거북이 같은 저울로 가방의 무게를 달던 것이 재미있어 도반들이 저울에 몸무게를 달아보던 모습하며, 꾸밈새라고는 찾아보기 어려운 그저 단순 밋밋한 공항의 안과 바깥 모습이었다. 광장이라는 것도 울퉁불퉁한 상태로 겨우 포장 흉내를 내었었고, 그저 철제 경계선이 전부인 그런 상태였었다. 그래도 지금은 시골 촌놈 데려다가 목욕과 이발을 시킨 후 기성품 양복으로 갈아입힌 정도는 되었으니, 변해도 정말 엄청 변한 것이다.

❶1996년의 바간 냥우공항에서는 쌀가마 다는 저울로 가방무게를 체크했다
❷공항의 대합실은 마치 시골 버스터미널을 연상시켰다 ❸냥우공항 광장은 바로 이런 모습이었다
❹바간 냥우공항 광장 밖으로 여경으로 보이는 두 사람이 지나가고 있다 ❶~❹1996년 촬영

❶ 큰 버스는 양보하고 중간 크기의 버스에 올라 바간으로 들어가고 있다
❷ 바간으로 들어가는 길이 깨끗하게 포장되어 있고 가로등까지 설치되어 있다
❸ 1996년의 바간에는 제멋대로의 전봇대에 빨래줄 같은 전선이 걸려 있었다

09시 5분, 드디어 가방을 다 찾아서 버스에 올랐다. 버스가 부족하여 울산 자광사 팀에게 큰 버스를 양보하고, 우리는 중간 크기의 버스를 이용하기로 했다. 공항을 벗어나자 곧 깨끗하게 포장되고 가로등까지 설치된 길이 나타났다. 16년 전에는 거의 비포장도로에 가로등 같은 건 아예 생각할 수도 없는 형편이었다. 그저 아무렇게나 생긴 긴 나무를 잘라 세운 전봇대에 빨래줄 같은 전선을 걸어둔 것이 위태로워 보이던 시절이었다.

1996년의 바간 도로는 이처럼 포장이 되지 않은 상태로 남아 있었다

가이드 고모정 팀장이 버스에 오르자마자 아침시장 얘기를 했다.

"이곳은 전기 공급이 원활하지 않아서 집집마다 냉장고를 사용하기가 어렵습니다. 그래서 음식을 안전하게 먹는 방법은 매일 장을 봐서 요리를 하는 것입니다. 사람들은 이른 아침에 장에 나와서 야채나 다른 것들을 사서 집으로 갑니다. 물론 옷이나 다른 생필품도 다 팝니다. 가는 도중 잠시 아침 시장에 들리겠습니다. 시장이라고 해야 그저 햇빛이나 가리는 정도니까 너무 기대는 하지 마

뛰어난 실력으로 미안마 성지순례를
알차게 만들어 준 고모정 팀장

십시오. 바간은 비가 가장 적은 곳이라서 어설픈 모양이지만 그래도 크게 불편하지는 않나 봅니다."

9시 14분, 우리는 가게들이 있는 도로가에 내렸다. '이 정도면 양호한데…' 하고 생각하는 순간, 고 팀장이 우리를 건물 사이로 안내했다. 도로의 가게 뒤로 돌아가자 곧바로 난민촌 같은 시장이 나타났다.

❶ 바간의 아침시장을 둘러보기 위해 버스에서 내려 뒷골목으로 가고 있다
❷ 도로변의 가게 뒤로 돌아가자 아침시장의 입구가 나타났다

아침시장의 주인공은 뭐니 뭐니 해도 바로
찬거리를 만들 야채들이다

퍼질러 앉아 흥정하는 모습이 내 어릴 적
5일장에 갔을 때를 연상시켰다

　가장 앞줄은 거의 반찬거리 야채나 간단한 과일 종류가 있었는데, 퍼질러 앉
아 흥정하는 모습들이 내 어린 시절 부모님과 십 리 밖 5일장에 가서 본 모습
과 비슷했다. 그중에 곰방대를 든 할머니가 있었는데, 그 주름투성이 얼굴이
내내 가슴에 잔영으로 남았었다. 야채가게를 지나 뒷줄로 들어서면 옷이나
모자 등을 파는 곳이었다. 그 사이로 띄엄띄엄 미얀마의 전통화장품인 '다나
카(Thanakha)'를 파는 곳도 있었다.

　1996년 미얀마 여행 때 처음 알게 된 이 다나카는 알고 보니 그 역사가 아주
오래된 것이었다. 2000년 전 고대국가였던 베
익따노(Peikthano)의 여왕이었던 스리크세트
라(Srakhsetra)가 사용했다는 기록이 남아 있
으며, 그 외에도 공주나 왕족의 여인들이 사
용했다는 기록들이 많이 전한다고 했다.

곰방대를 들고 흥정하던 이 할머니의 잔상이
꽤 오랫동안 내 가슴에 남아 있었다

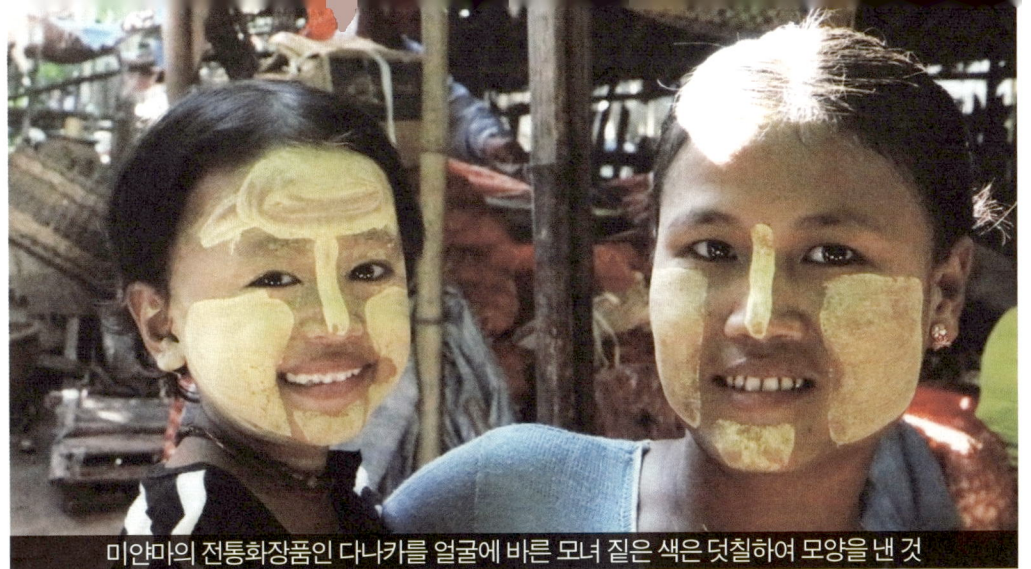
미얀마의 전통화장품인 다나카를 얼굴에 바른 모녀 짙은 색은 덧칠하여 모양을 낸 것

   다나카는 주로 미얀마의 중북부지역인 만달레이(Mandalay)나 머그웨이 (Magwe) 등의 건조한 지역에서 자라는 나무이다. 적당한 굵기의 나무를 알 맞게 잘라서 보관하다가 돌로 만든 갈판에 물을 조금 붓고 갈아서 그 액체를 바르면 된다. 마르면 아이보리 혹은 노란색이 된다. 다나카는 우선 자외선으 로부터 피부를 보호해 주며, 무엇보다도 더위를 식혀주는 효과가 탁월하다. 그래서 얼굴뿐만 아니라 온몸에 발라야 큰 효과를 볼 수 있다. 소녀나 여인들 은 얼굴에 전체적으로 바른 뒤 다시 덧발라 얼굴에 무늬를 만들어서 멋을 낸 다. 남자들은 해가 진 뒤에 집에 있을 때 온몸에 바르고 잠을 잔다. 요즘엔 미 리 갈아서 크림처럼 만든 것을 팔기도 한다.

   젖먹이를 데리고 앉아 있던 다나카 가게를 지나 뒷골목에 가서 론지(longy) 와 셔츠를 하나 샀다.

❶ 아기에게 젖을 물리고 있는 다나카 가게의 주인 아주머니 - 나무토막이 다나카 나무

❷ 뒷골목으로 들어서면 론지 등의 옷과 머플러 셔츠 등을 파는 가게들이 있다

1996년 순례 시 론지를 입고 있는 모습 - 58만불로 유명한 몽유와의 딴보디사원에서

론지는 미얀마 전통복장인 일종의 치마다. 몸통의 네 배 정도 되는 폭의 옷
감 양 끝을 이어서 바느질을 한 것으로, 몸이 들어가면 거의 반 정도가 남는
형식이다. 길이는 거의 가슴까지 올라온다. 몸을 가운데 두고 론지를 양손으
로 펴서 겹치는 방식으로 몸에 맞춘 후 돌려서 매듭을 몸 안에 집어넣으면 착
용이 끝난다. 속옷은 입지 않는데, 외국 사람들은 매듭이 풀려 내려가기 때문
에 입는 것을 꺼린다. 그래서 허리 양쪽에 끈을 달아서 묶도록 한 것을 팔기도
했다. 남자는 매듭을 앞쪽에 하고 여자는 매듭을 옆구리에 한다. 나는 1996년
순례 때 공항에서 하나 사서 미얀마 전 일정과 태국의 치앙마이까지 입고 다

❶ 아침시장 입구에는 옹기류와
벽돌 등을 파는 가게도 있다

❷ 1996년에 들른 이 시장은
대표적인 곳으로,
번듯한 가게는 화교들이
주인이었다

❸ 아침시장 입구에 있던 낡은 수레
- 아직도 이 수레를 사용하나 보다

❹ 1996년 만달레이 저녁시장 입구
- 도착한 때가 이른 시각이라 번잡하지 않았다

❺ 1996년, 스님들이 걷고 있는 옆으로
자전거들이 줄을 지어 손님을 기다리고 있었다

넜었다. 아침시장을 떠날 때 6년 전의 저녁시장 구경이 생각났다. 그때는 만
달레이의 제법 번화한 큰 시장이었다. 양쪽의 상점들과 가운데의 노천시장으
로 형성된 곳이었는데, 번듯한 상점들은 거의 화교가 주인이었다. 우리가 시
장에 도착한 시각이 좀 일러서 사람들은 그렇게 많지 않았다. 그때도 이미 중
국의 싸구려 물건들이 깔려 있었는데, 가이드는 가능하면 물건구입에 신중하
길 당부했다. 만약 사더라도 1회용이라고 생각하면 된다는 말도 덧붙였다. 짐
을 이동하는 수단은 거의 자전거로, 시장 입구에는 불러주길 기다리는 자전
거가 수십 대나 서 있었다.

1996년도쯤에는 순례자가 그리 많지 않았을 때였다 - 가끔은 이상한 듯 보기도 했다

1996년 시장에는 유난히 어린아이를 안은 여인들이 많아서 자비를 베풀어 주십사고 손을 내미는 통에 앞으로 나가기가 힘들었는데, 2012년 바간의 아침시장에는 그런 사람이 전혀 없었다.

쉐지곤 파야에 이르다 06

2012년 11월 22일 아침 열기구에서 찍은 쉐지곤 파야의 원경 - 뒤에 있는 강이 이라와디

09시 36분 아침시장을 떠나 이라와디(Irrawaddy-'Ayeyarwady 아예야르와디' 라고도 표기함)강 가까이 있는 쉐지곤 파야(Shwezigon Paya-'쉐지공 퍼야' 라고 읽기도 함)로 향했다.

1992년 유네스코에서 발간한
바간 자료집에 있는 쉐지곤 파야
- 서쪽 출입구에서 본 전경

쉐지곤 파야를 위에서
내려다봤을 때의 구조 - 1992년 자료집

1992년 유네스코에서 발간한 바간 자료집에 있는 쉐지곤 파야의 전경(좌)과 조감도(우)

우리가 흔히 '파고다'라고 부르는 불탑을 미얀마에서는 파야(Paya)라고 한다. 파야는 신성한 곳이라는 뜻이다. 파야는 크게 2가지 형식이 있다. 원뿔형 비슷한 미얀마 종(鐘) 모양의 제디(zedi)와 직사각형의 모양인 파토(phato)가 있다. 제디는 주로 부처님의 사리(치아, 뼈) 또는 머리카락 등을 모시고 있거나, 유명한 스님과 연관되는 물건이 있는 곳으로 양곤의 쉐다곤 파야(Shwedagon Paya)나 바간의 쉐지곤 파야가 대표적이다. 파토는 직육면체 또는 정육면체의 공간에 불상을 모셔 놓은 형태이다. 바간의 아난다 파야(Ananda Paya)는 아름다운 파토 건축을 자랑한다.

바간(Bagan-영어식으로 '버강'이라고도 하며, 유네스코 책자에는 파간Pagan이라고 표기했음)의 대표적 제디(zedi)인 쉐다곤으로 가는 도중에 고팀장이 미얀마의 역사를 설명하였다.

"미얀마의 역사는 기원전으로 올라갑니다. 중앙아시아로부터 내려온 '몬족'이 딴륀(Thanlwin)과 싯또웅(Sittoung)강변에 정착한 것이 시작입니다. 그들은 몬 - 크메르계 언어를 사용하였으며, 지금의 미얀마에 거주한 최초의 사람들로 알려져 있습니다. 몬족은 이곳을 "황금의 땅"
으로 칭하였고, 인도 아소카왕과의 무역을 시
작하면서 국가적인 체계를 만들었습니다.

▲현재의 미얀마 영토와
바간의 위치 - 중앙 부분의
붉은 밑줄 친 곳이 바간

▶중국이 원나라일 때의
옛 바간(파간으로 표시) 왕
조의 지도

그 뒤를 이어 티베트에서 퓨(Pyu)족이 들어
와 바간에 정착하였는데, 몇 세기가 지나 바마
르족(Bamar) 아래에 들어가게 되었습니다. 이
사건은 풍요로운 이라와디강변을 따라 정착했
던 바마르족의 지배를 강화시키면서 바간일대
의 지배권을 바마르족이 가지게 되었습니다. 이 바마르족으로부터 버마왕국의
기원으로 보는 이들이 많습니다.

특히 아노라타(Anawrahta)는 앙코르왕조의 타이·로프부리 정복으로 미얀
마로 밀려난 몬족을 원조해서 캄보디아군을 퇴치한 후, 1044년 이라와디강 유
역에 있는 바간에 도읍하여 나라를 세웠습니다. 이후 아노라타는 마침내 미얀
마를 통일하기에 이르렀는데, 불교에 귀의하여 몬족으로부터 문학 및 불교·
미술 등의 인도문화를 수용해서 새로운 문화적 발전을 이루었습니다. 바간왕조
(1044~1287)는 독자적인 역사적 기록을 비문(碑文)의 형태로 남기게 되어 미얀
마 사상 최초로 그 실재(實在)를 증명할 수 있는 왕조가 되었습니다.

한편 본디 온순한 민족이 아닌 몬족은 훗날 반란을 꾀하여 아노라타왕의 아들
을 죽이게 되는데, 이 반란을 평정한 짠시따(Kyanzitta)가 바간왕조의 지배권을
갖게 되었습니다. 짠시따왕은 미얀마 역사에 있어 황금시대를 열었습니다. 그
는 이라와디강변에서 농작물을 경작케 함으로써, 이라와디강 주변에 새로운 문

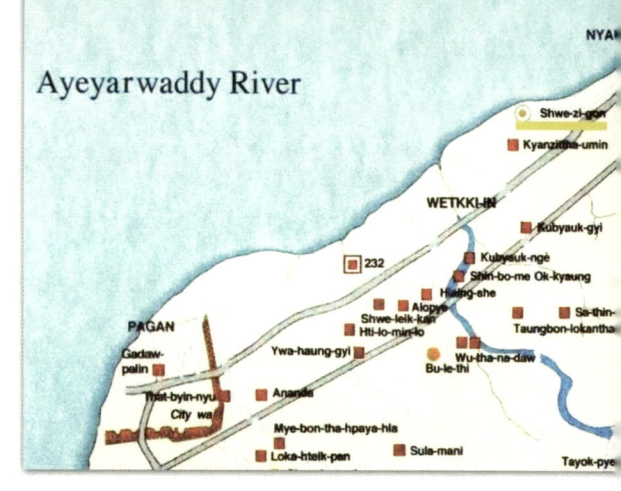

명의 태동을 가능케 하였습니다. 왕은 이곳에 수천 개의 사원을 만들고, 문화와 예술을 꽃피우게 됩니다. 바간왕조는 1세기 정도 이곳을 지배한 후, 몽골군에 의해 멸망하게 되었습니다."

바간에서 이라와디강에 가까이 있는 쉐지곤의 위치
- 상단의 노란색 밑줄이 있는 곳

09시 35분 드디어 우리는 바간의 상징적 파야(Paya-탑)인 쉐지곤 파고다에 도착했다. 쉐지곤(Shwezigon)의 '쉐(shwe)'는 '황금'을 뜻하며 '지곤(zigon)'은 '모래언덕'이라는 뜻이니, 쉐지곤은 '황금의 모래언덕'이라는 뜻이 된다. 아노라타왕이 불교에 귀의한 후 스리랑카로부터 부처님의 사리를 모셔오게 되었는데, 사리를 모신 코끼리가 걸음을 멈춘 곳에 사리탑을 조성한 것이 쉐지곤 파야다. 착공한 지 30년 만인 1087년 짠시따왕 때 완공된 이 탑은 미얀마 방식으로 지어진 최초의 탑으로, 구운 벽돌로 지어서 덧칠을 하고 금박을 입혔다. 사리탑에는 부처님의 치아사리와 두 개의 견골 사리가 모셔져 있다고 한다. (앞머리에서 나온 정골사리가 모셔져 있다는 주장도 있음)

아주 먼 곳에서도 금빛의 탑이 우뚝한 쉐지곤
- 아침 안개 속에서

◀ 쉐지곤 파야로 들어가는 회랑의 시작
 - 이곳에서 신을 벗어야 함
▷ 쉐지곤으로 들어가는 첫 번째 회랑에는
 물건을 파는 가게가 좌우에 있다

　　동쪽 입구의 긴 회랑에는 1996년이나 2012년이나 각종 가게가 늘어선 것이
별반 차이가 없어 보였다. 회랑 입구에 신을 벗어두고(고 팀장은 이것을 미얀마 정장
차림이라고 표현했다) 맨발로 회랑에 들어서니 꽃을 든 여인이 웃는 얼굴로 꽃을
내밀었다. 처음 참배하는 곳이니 대중들이 꽃 공양을 올리면 참 좋겠다 싶어
인원수 대로 꽃을 샀다. 애써 구하지 않아도 이처럼 준비를 해주니 참으로 좋
은 벗이 아닌가. 그런데 이번엔 다른 여인이 금박을 내밀며 선물이란다. 몇 번
사양하다가 결국 고맙다는 인사를 하고는 받았다. 긴 회랑을 지나니 부처님
을 모신 불당이 나타났다. 남방식의 상호를 한 입불상은 여원인(與願印)과 시
무외인(施無畏印)의 변형처럼 보이는 손 모양을 하였다.

◀완전히 쉐지곤의 영역으로
 들어서는 회랑에는 가게가 없다
　　　　　　쉐지곤의 황금탑 바로 앞에는 ▶
　　석가모니부처님을 모신 불당이 있다
▼두 번째 회랑의 끝에 도달하면 금빛 전각이 먼저 맞이한다

잠시 참배하고는 왼쪽으로 가서 지붕만 있는 건물 안으로 들어갔다. 미얀마 성지순례의 첫 예불 및 기도를 올리기 위해서였다.

예불을 올리고 정근을 할 때쯤에는 대중의 마음이 황금탑보다 더 빛나고 있었다

침향과 차 공양을 올린 후 일행에게 꽃을 나눠주고 꽃 공양을 올리게 하였다. 여행사 직원들까지 모두 공양을 올린 후에 예불을 하였다. 기쁨 충만한 마음으로 예불을 올린 후 석가모니불 정근을 할 때는 대중의 마음은 이미 황금의 탑보다 더 빛나고 있었다. 축원을 올릴 때쯤 대중의 마음 속에는 이라와디강보다 더 아름다운 강물이 유유히 흐르기 시작했다.

미얀마 성지순례의 첫 예불
- 지심귀명례 삼계도사 사생자부…

예불을 올리기 전에 향과 차와 꽃을 공양 올렸다
- 꽃 공양 올리는 모습

지극한 마음으로 올리는 예불은
주변의 모든 것을 정화한다

축원에 들어갈 때쯤 대중은
자신이 이미 부처님 곁에 있음을
확신하게 된다

쉐지곤의 변화 07

쉐지곤에서 기도를 마친 후 보이차 마실 준비를 하면서 고팀장의 설명을 듣고 있는 대중

　예불과 기도를 올린 후 공양 올린 보이차를 한잔씩 나눠 마시며 쉐지곤에 대한 고팀장의 설명을 들었다. 1996년의 기억으로는 우리가 기도 올린 바로 앞이 사진촬영에는 가장 좋은 자리였지만, 현재 행사를 준비하는 시설물이 자리 잡고 있어서 부득이 다른 자리를 찾아야만 했다.

　잠깐 쉬는 사이에 기도 전에 금박을 선물했던 청신녀(淸信女-여자신도-미얀마에서는 사찰에서 장사하는 이들도 모두 신자라고 보면 된다)가 다가왔다. 고팀장에게 보살님들도 개금을 할 수 있느냐고 물었더니 탑의 하단에는 가능하다고 해서 인원

수 대로 금박을 구입했다. 남방불교에서는 여신도는 말할 것도 없고 심지어 비구니 스님(미얀마에는 비구니계를 받을 수 없고 사미니계만 받는다)들도 불상에 직접 손을 대는 것이 금기사항이다.

그래서 1996년 만달레이의 마하무니사원에서 개금을 할 기회가 있었는데, 비구스님들만 불상이 모셔진 안으로 들어가 개금을 했고, 비구니스님들은 밖에서 기도만 올릴 수밖에 없었던 안타까운 일이 있었다.

1996년 9월 17일,
만달레이의 마하무니사원의 큰 법당에는
개금을 할 수 없는 청신녀들이 금박과 꽃 등을 공양올린 후 열심히 기도를 하고 있다

1996년 9월 17일 만달레이 마하무니사원에서 부처님의 손 부분에 개금을 하던 모습

대중들에게 정말 어려운 기회라고 설명한 후 금박을 판 여인을 따라 오른쪽으로 자리를 옮겨 철제 보호대를 열고 탑의 기단으로 들어갔다. 대중들은 포장지를 벗기고 금박을 들고 있다가 금박판매원이 탑에 무언가를 칠한 후 붙이라고 가르쳐 준 대로 정성껏 개금공양을 올렸다. 모두가 참으로 특별한 체험을 한 시간이었다.

고팀장이 열심히 방법을 설명하는 가운데
사리탑으로 들어간
비구니스님들이 기뻐하고 있다

개금을 하다가 문득 옛날 읽었던 삼국유사의 이야기 하나가 떠올랐다.

「경남 창원의 백월산(白月山) 자락에 노힐부득과 달달박박이라는 두 젊은이가 살고 있었다. 스무 살이 되던 어느 날 밤에 노힐부득과 달달박박은 서쪽에서 빛이 쏟아지더니 금빛 팔이 나와 이마를 쓰다듬는 상서로운 꿈을 꾸게 된다. 그 꿈을 꾼 후 두 사람은 출가를 하였다.

달달박박은 백월산 북쪽에, 노힐부득은 동쪽에 암자를 짓고 수도에 들어간 지 삼 년이 되던 어느 날 해질 무렵이었다. 달달박박의 암자에 아름다운 낭자(娘子)가 찾아와서, 먼 길을 가는 사람으로 길을 잃었으니 하룻밤 재워달라고 청하였다. 하지만 스님은 수행자 혼자 있는 곳이라 재워줄 수 없다고 정중히 거절하였다. 청을 거절당한 낭자는 노힐부득의 암자로 가서 역시 재워주길 청하였다. 노힐부득스님은 낭자의 사정을 딱하게 여겨 안으로 들게 한 후 잠자리를 마련해 주고는 자신은 밤새 경전을 읽었다. 그런데 새벽녘이 되자 낭자가 갑자기 산기

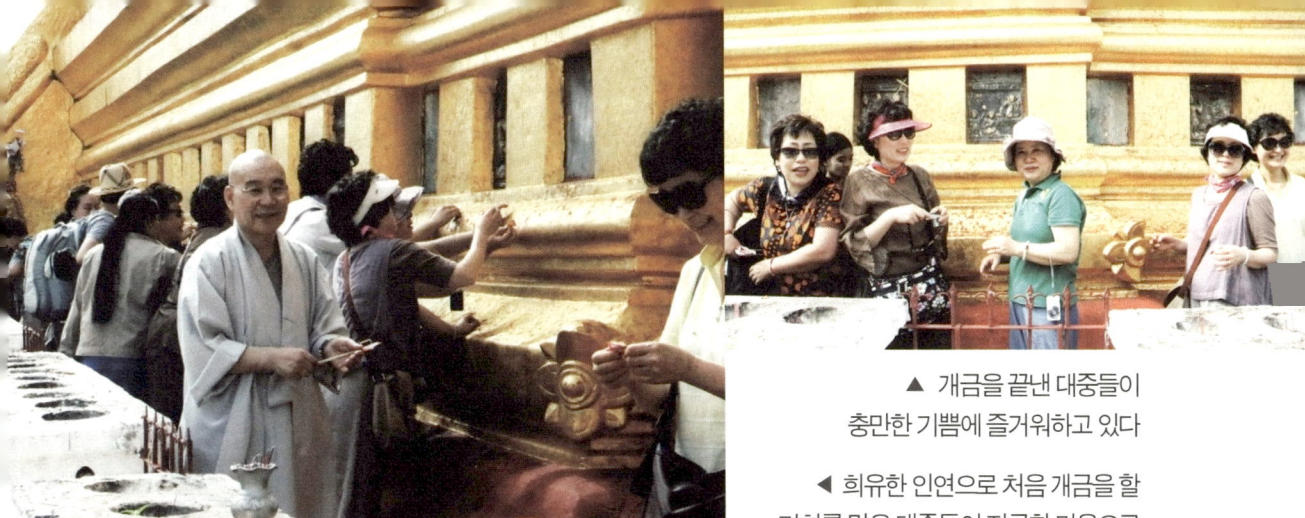

▲ 개금을 끝낸 대중들이
충만한 기쁨에 즐거워하고 있다

◀ 희유한 인연으로 처음 개금을 할
기회를 맞은 대중들이 지극한 마음으로
금박을 붙이고 있다

(産氣)가 있다면서 목욕물을 마련해 달라고 하였다. 갑작스런 일에 놀라면서도 스님은 물을 끓여 목욕을 도와주게 되었다. 그런데 낭자가 목욕을 마친 목욕통에는 물이 금빛으로 변하면서 향기가 진동하였다. 낭자는 스님에게 좋은 일이 있을 것이니 목욕을 하길 권하였다. 노힐부득 스님이 목욕을 하자 정신이 맑아지고 몸이 날아갈 듯 가벼워졌는데, 낭자는 온데간데없고 옆에 연화대(蓮花臺)가 놓여 있었다.

　아침이 되자 달달박박 스님은 간밤의 낭자가 노힐부득 스님의 암자로 갔을 것이라고 판단하여 궁금해하며 가보았다. 달달박박 스님이 암자의 문을 열었더니 노힐부득 스님은 연화대에 앉아 황금빛 미륵불이 되어 있었다. 자초지종을 듣고 난 달달박박 스님이 자기도 성불할 방법이 없는지를 물었다. 미륵불께서 남아 있는 목욕물을 가리켜 보이자 달달박박 스님이 그 물로 목욕하니 역시 황금빛의 아미타불이 되었다. 그러나 물이 약간 부족했던 관계로 얼룩덜룩한 몸빛이 되었다.」

황금빛 성불은 자기를 버리고 상대를 살리는 자비로 인해 가능하다는 것을
아는 이들은 다 안다. 석가모니의 45년이 바로 그것을 몸소 보여주신 것이다.
　비록 탑이긴 하지만 황금을 붙이는 모든 이들이 모두 자비의 삶을 살 수 있
다면 참 좋겠다는 생각을 해 보았다.

◀ 1996년 당시엔 건물들이 꼭대기를 제외하고는
검거나 붉은색으로 어두운 분위기였다

▼ 2012년 사리탑 주변의 모든 건물이 이처럼
개금이 되어 있다 - 이런 신심이 미얀마를
바꾸는 힘이 아닐까

개금을 한 후 물러나 사진을 찍으며 보니 탑은 말할 것도 없고 건물들도 많이 다르다는 느낌이 들었다. 1996년에는 탑의 하단은 분명 금빛이 아니었고 건물들도 어두웠던 기억이 떠올랐다. 16년이 흐르는 사이 사리탑은 기단까지 개금이 되었고, 주변의 작은 탑이나 건물의 지붕 부위가 대부분 금빛으로 바뀌어 있었다. 우리가 걱정했던 미얀마의 정치적 문제나 여러 가지 어두운 그림자를 미얀마 사람들은 신심으로 변화시키고 있었구나 하는 생각이 문득 들었다. 지금의 미얀마의 변화는 단순히 국제사회의 강압 때문만이 아니었던 것이다.

▼2012년 탑의 오른쪽 마당에서 찍은 모습에는
　건물까지도 개금이 되어 있음을 알 수 있다

1996년의 쉐지곤 사리탑은
하단부가 붉은색으로
개금이 되지 않은 상태였다

2012년 10월의 사리탑은
기단까지 완전히 개금이 되어 있다

쉐지곤의 이모저모 08

쉐지곤 사리탑의 네 모서리에서
탑을 지키는 황금사자상

개금을 빨리 끝내고 혼자 먼저 나와서 탑의 사면을 지키는 황금사자상에게 다가갔다. 가까이서 보니 황금 사자의 뒷다리가 기형적이다. 그러나 그것은 좌우에서 바라보는 것을 염두에 둔 것인데, 법당의 불상도 몸에 비해 얼굴이 큰 것은 멀리서 우러러볼 때의 조화를 생각하여 조성했기 때문이다. 그래서 사람들은 참배하면서도 불상의 얼굴 부위가 지나치게 크다는 것을 알아채지 못한다.

사자는 불교에서 상징하는 바가 크다. 쉐지곤처럼 탑의 모서리에 있는 경우는 탑을 호위하는 신성한 짐승인 신수(神獸)의 역할이기

황금사자상을 정면에서 보면 뒷다리 부분이
아주 어색해 보이지만 측면에서 보면 정상으로 보인다

불상의 조성도 실제의 인체비례가 아닌 안정적으로 보이는 것을 염두에 둔 것이다
- 자세히 보면 얼굴이 몸에 비해 훨씬 크다

도 하지만, 사자의 모양 자체가 부처님을 상징하기도 하는 것이다. 그래서 부처님의 자리를 사자좌(獅子座)라 하고, 부처님의 설법을 사자의 포효라는 뜻의 사자후(獅子吼)라 하는 것이다. 사자는 또한 최고의 불교적 지혜를 상징하기도 해서, 문수보살이 타고 다니는 것이 푸른 털의 사자로 그려진다.

문수보살은 항상 용맹하고 지혜로운 푸른 사자를 타고 다닌다
- 개화사 주지실

잠시 고개를 돌려 도량을 둘러보는데, 벽돌로 된 속살을 그대로 드러낸 작은 탑과 새로 만든 듯 흰옷을 걸친 더 작은 탑이 이웃하고 있는 것이 보였다. 미얀마에서 보는 대부분의 탑이나 심지어 큰 불상까지도 내면은 붉은 벽돌로 조성되었다. 그리고 표면은 여러 가지 기법으로 에워싸서 세밀한 형상을 완성한 것이다. 쉐지곤의 대탑도 역시 안은 붉은 벽돌이며, 매끄럽게 마무리된 위에 금을 입힌 모습을 우리가 보고 있는 것이다.

뒤의 벽돌이 보이는 것은 오래된 탑이고 앞의 것은 새로 조성되었거나 단장한 것

전생의 악업으로 몸에 피고름 흐르는 종기가 많고
악취가 심해 따로 물가에서 수행해야 했던 스님이
신통력을 갖춰 수호신처럼 추앙되고 있다는 나한상

그 사이에 고팀장은 개금을 끝낸 대중을 한 아라한상이 있는 곳으로 인도하여 열심히 설명을 하고 있었다.

외따로 안치되어 있는 이 아라한상은 실존했던 스님으로, 비록 출가를 하긴 했으나 전생의 악행으로 인해 몸에 피고름이 나는 종기가 무수히 났고 또한 악취가 진동하여 대중들과 함께 수행을 할 수가 없었다.

그래서 혼자 물가에 머물며 항상 물로 몸을 씻으며 수행을 했는데, 마을과 멀리 있는 관계로 탁발을 하여 공양시간을 맞추기가 어려웠다. 그래서 계율로 정해진 공양시간을 넘기지 않으려 무척이나 신경을 쓰면서 공양을 했다고 한다. 조성된 모습도 발우에 손을 넣은 채 오른쪽으로 고개를 돌려 해를 보는 모습이다. 남방불교는 하루 한 끼만 정식 식사가 허용되며, 오후에는 간단한 음료 정도만 섭취할 수 있다.

이 스님은 매우 열심히 수행하여 신통력도 생겨서 나중에는 사람들의 추앙을 받게 되었는데, 특히 물을 의지하여 생활하는 이들에게는 수호신처럼 받들어진다고 한다. 마치 우리나라의 용왕신앙처럼 신앙의 대상이 되었기에 많은 사찰에서 신자들을 위해 스님의 상을 안치했다고 한다.

스님의 상에서 물러나 마당으로 가니 용을 잡아먹는다는 금시조(金翅鳥)를 안치한 높은 기둥이 있었다. 마치 이 탑을 훼손하려는 어떤 무리도 용서하지 않겠다는 듯 날개를 펼치고 기둥 위에서 용을 짓누른 채 위용을 뽐내고 있었다.

금시조는 범어로는 가루다(Garuḍa-팔리어로는 Garula)로 불법을 수호하는 호법(護法)의 팔부중(八部衆)에 속하는데, 경전에서는 '가루라'로 소개되고 있다. 금빛 날개를 펼치면 336만 리나 되는 거대한 새로 수미산 아래에 살면서 나쁜 용을 잡아먹는 것으로 설명된다. 사실 용(龍)도 호법의 팔부중에 속하

날개를 편 당당한 모습에 삿된 무리가 감히 침범할 수 없을 것 같다

기에 잡아먹는다는 것이 이치에 어긋나는 듯이 보인다. 그러나 용이 제 힘만 믿고 악행을 저지를 때는 바로 이 금시조에 의해 제압된다는 상징이 있다. 한편 금시조가 좋은 용까지 잡아먹으면 가뭄이 일어나게 되므로, 이 경우는 스님의 가사에서 실 한 올을 뽑아 금시조의 입에 물려두면 더 이상 용을 잡아 먹지 않는다는 전설이 미얀마에는 전한다고 한다. 그래서 미얀마 사람들은 스님께 가사를 공양 올리기를 좋아한단다.

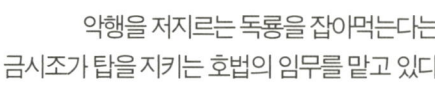

악행을 저지르는 독룡을 잡아먹는다는
금시조가 탑을 지키는 호법의 임무를 맡고 있다

옆에서 보면
금시조가 용의 꼬리를
발로 움켜쥔 모양임을
알 수 있다

금시조가 있는 앞이 탑을 배경으로 사진 촬영에 최적의 장소라 하여 단체사진을 찍고는 약간의 자유 시간을 가졌다. 예나 지금이나 단체사진 찍는 데 익숙하지 않지만, 어쨌거나 대중이 즐거워하지 않는가.

사리탑을 배경으로 최초의 단체사진을 촬영했다

▲▼ 1992년도에 간행된 유네스코 자료집에 있는 자타카 부조

1 h and 1 i - Glazed jataka plates, first terrace, west face

▲ 부속건물의 내부에 있는
나무에 조각한 자타카의 내용

▼사리탑의 기단부에 있는
부처님 전생이야기의 한 장면

쉐지곤은 부처님의 사리를 모신 곳이다. 남방불교에서 부처님의 사리를 모신 곳에는 대체로 자타카(Jataka-부처님의 전생 이야기)의 내용을 많이 표현해 놓았는데, 쉐지곤도 마찬가지이다. 아쉽게도 탑 위로 올라갈 수 없어서 자세히 살피기는 어렵지만 탑의 기단부에는 많은 전생 이야기를 부조로 표현했고, 또 부속건물의 내부에도 나무의 조각 등으로 자타카의 내용을 설명하고 있다.

쉐지곤에는 특이한 상이 있다. 탑의 동쪽에 있는 부속건물에 낫의 우두머리인 더자밍 낫(Thagyamin Nat)을 비롯하여 37낫이 안치되어 있다.

미얀마에 불교가 들어오기 전에 원주민들은 애니미즘적인 정령 신앙을 갖고 있었다. 이 정령들을 낫(Nat)이라고 불렀는데 사람들은 낫이 모든 자연에 존재한다고 믿었다. 낫은 역사적으로 존재했던 사람들로 비참하

미얀마에 불교가 들어오기 전에 있었던 정령신앙의 대상인 낫(Nat)이 불교에 수용되어 사찰에 안치되어 있다

게 죽은 인물들의 정령이라고 여긴다. 미얀마 사람들은 낫이 원한을 가지고 있다고 여기며 낫을 잘 모시면 보호를 받고 잘 모시지 못하면 해를 받는다고 믿었다. 그래서 가정마다 마을마다 낫을 모시는 사당을 지었다. 집이나 다른 건물을 짓거나 농사를 지을 때도 사당을 지어 땅의 신에게 음식이나 향이나 꽃을 바쳐서 그를 달래곤 했다. 왕 같이 높은 지위에 있던 사람이 죽어서 낫이 되면 지위가 높기 때문에 사당의 크기도 크게 지었다. 이들 낫들을 잘 모시면 전쟁에서 이기게 하거나 중요한 일을 잘 완수할 수 있게 한다고 믿었다.

아노라타(Anawrahta) 왕도 처음에는 낫을 신앙하였다. 그러다가 불교에 귀의한 후에는 낫 신앙을 퇴치하고자 했고, 모든 낫 사당을 부수고 동물을 희생

제물로 바치는 것을 금지하는 등 많은 노력을 했지만 사람들은 지하에 숨어서 낫을 모셨다. 그래서 왕은 낫 신앙을 수용하고 기존의 낫들을 36낫으로 정리하고 이것들을 관장하는 37번째 낫을 탄생시켰다. 이 37번째 낫은 낫들의 왕인 더자밍(Thagyamin-영어식으로 타기아민)이다. 아노라타의 뒤를 이어 쉐지곤탑을 완공한 짠시따(Khanzittha)는 민간신앙을 수용하는 측면에서 쉐지곤 내에 이 낫을 안치하도록 명했다고 한다.

쉐지곤을 떠나다가 천진한 아기들을
만나 즐거운 마음으로 사진을 찍다

10시 45분, 우리는 다음의 순례지로 가기 위해 쉐지곤과 작별을 했다. 긴 회랑을 되돌아 나오는데 자꾸만 되돌아보게 되는 까닭이 무엇일까? 회랑의 끝에 이를 때쯤 천진한 꼬마들이 보였다. 혜욱스님이 너무 사랑스러웠던지 사진을 찍어달라고 했다. 사진을 찍으며 아이들의 모습을 보니 바로 곁에 있는 가게의 연꽃 조각보다 더 아름다웠다.

쉐지곤 참배를 마치고 나오다가
회랑의 가게에서 본 연꽃 문양의 조각

틸로민로 그 선택의 자리 09

난다 레스토랑의 해우소 근처에 있던 큰 수반의 수초가 더위를 식혀 주었다

▲ 우리의 근심을 풀어 놓을 수 있도록 해우소를 제공한 난다 레스토랑의 간판
◀ 난다 레스토랑의 해우소 가는 길은 나무와 꽃으로 꾸며져 있어 즐길만 했다

10시 50분에 쉐지곤 파야를 떠난 버스가 5분 후쯤 '난다 레스토랑 (Nanda Restaurant)' 앞에 섰다. 공항을 떠난 지 두 시간 가까이 흐르는 동안 해우소(解憂所-화장실)를 만나지 못했는데, 점심공양을 할 식당이기에 지나는 길에 근심을 풀기로 한 것이다. 해우소로 가는 길은 나무로 채워져 있어 시원한 느낌을 주었다. 모처럼 근심을 내려놓은 대중의 모습이 한결 편해보였다. 사람들은 채우는 것을 좋아하지만 사실 비우는 것이 훨씬 더 즐겁다. 채운 후에는 그것을 관리하느라 또 고생이지만, 비운 뒤에는 관리할 것이 없으니 곧 바로 편해진다.

▲ 1996년에 참배할 때는
사원의 첨탑 부분들이 사라지고 없었다

▶ 2012년의 모습은
첨탑들이 뽀족하게 복원되어 있었다
- 해가 사원 바로 위에 있다

　11시 07분, 우리가 도착한 곳은 틸로민로(Htilominlo) 파야이다. '틸로밍로'
라고도 표기하기도 하며 또 'Tilominlo'로 영자표기하기도 하는데, 건축기법
으로는 파토(phato)라고 한다.

　1996년에 참배한 것을 기억하고 있었는데, 막상 입구에서 살펴보니 어쩐지
낯설게 느껴졌다. 내 기억이 잘못 되었나? 한참을 살피다가 뒤늦게 알아차렸
다. 사원 가장 윗부분의 첨탑을 모두 복원한 것이었다. 16년의 세월이 흘렀고,
단장을 새롭게 했으니 외형이 낯설게 느껴졌던 모양이다. 하긴 함께 살던 사
람도 치장을 하고 밖에서 만나면 다른 사람처럼 보인다고 하지 않는가.

1996년 순례할 때
대문을 들어서니 탑이 없는 사원 앞에
나무들이 시립하고 있었다

틸로민로는 높이가 46m로 바간에서는 두 번째로 높다. 가장 높은 것은 탓빈뉴(Thatbyinnyu-'땃빈뉴' 라고도 발음)로 61m의 장대한 모습이 멀리서도 하얀 성채처럼 보인다. 틸로민로의 대문을 지나자 또 낯선 풍경이 나타났다. 분명 이전에 왔을 때는 양쪽에 나무들이 반겼는데, 이번엔 가게들이 들어서 있었다. 이전 바간에 순례자들이 많지 않았을 때엔 사원도 첨탑이 훼손된 채로 있었거니와 사람들의 생업에도 큰 도움이 되지 않았던 모양이다. 그러나 이제는 많은 변화가 일어나고 있으며, 물론 정부 차원의 예산이 큰 몫이겠지만 생업에 도움을 받는 불자들의 보시로 탑들도 하나씩 상처를 어루만지고 있는 것이다. 사원은 이제 가장 윗부분에 금빛 첨탑을 빛내며 어깨를 편 모습으로 서 있었다.

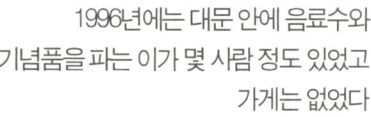

1996년에는 대문 안에 음료수와
기념품을 파는 이가 몇 사람 정도 있었고
가게는 없었다

2012년 현재는 대문과 본채 사이에 가게들이 양쪽으로 시립하고 있다

    틸로민로(Htilominlo)는 '일산(日傘)의 뜻대로 왕의 뜻대로'라는 의미이다. 이 명칭에는 재미있는 에피소드가 따라다닌다.

    「바간왕조 제7대 왕 나라빠띠시투(Narapatisithu)는 전쟁에 나가 치명적 상처를 입고 돌아왔다. 대부분 죽을 것이라고 관심을 기울이지 않았지만 후궁 한 사람만이 지극정성으로 간호를 했고, 기적적으로 왕은 되살아났다. 왕은 후궁의 정성에 감동하여 소원을 말해보라고 했다. 후궁은 자기의 아들인 다섯 번째 왕자에게 왕위를 물려달라고 청했다. 위로 네 명의 왕자가 더 있었

기에 왕은 난감해 했다. 그러다가 한 가지 방법을 생각해 낸 것이 일산의 뜻
에 맡기는 방식이었다. 왕은 모든 왕자를 빈터에 둥글게 자리하게 하고는 자
기가 출타할 때 사용하던 일산을 덕망 높은 신하에게 맡겨 가운데에서 돌리
게 하였다. 일산이 멈추면서 꼭지가 가리키는 왕자에게 왕위를 계승케 한다
는 조건이었다. 그런데 묘하게도 멈춘 일산은 다섯 번째 왕자를 가리켰다. 이
코미디 같은 방법으로 막내인 난따웅먀(Nantaugmya, 재위 1211~1234)가 왕위를
계승하게 되었다. 난따웅먀는 우산을 돌렸던 자리에 감사의 뜻으로 사원을
건립하였는데, 1218년에 완공했고 그 이름을 '일산의 뜻대로 왕의 뜻대로'라
는 의미의 '틸로민로'로 정했다.」

아침의 햇빛 속에 깨어나는
틸로민로 사원과 주변의 모습

1996년에는
채색으로 가사가
표시되어 있고
본존 앞은
비어 있다

스님의 뒷모습에 드리운 긴 그림자가
남쪽을 향해 보고 있음을 나타내고 있다

2012년 현재는
본존이 황금으로
장엄되었고 앞에
도 여러 공양물이
놓여 있다

  그림자의 방향으로 보아 우리가 들어간 대문은 북문인 듯했다. 물론 처음 들어간 불당 또한 북향이라고 봐야 할 것이다. 북향의 불당에 모셔진 본존과 뒷면의 모양을 보니 옛 기억이 또렷하게 되살아났다. 그런데 본존불이 좀 다르게 느껴졌다. 16년 전엔 분명 채색으로 가사가 표현되어 있었는데, 현재는 완전히 개금을 한 상태였던 것이다. 하긴 사원의 상부를 복원하고 황금첨탑을 세운 이들이 불상을 개금한 것은 너무나 당연한 일 아니겠는가. 예전엔 우리가 올린 꽃이 전부였으나 지금은 꽤 많은 장엄물이 부처님 앞에 놓여 있는 것도 달랐다.

 입구에서 들어오는 빛이 묘하게도 부처님의 미간백호에 모이면서 자연스럽게 미간에서 광명을 놓으시는 부처님 전에 엎드려 마음속으로 1218년의 장엄한 모습을 복원해 가며 아주 천천히 절을 올렸다.

 "붓담 사라남 가차미(Buddham saranam gacchami-부처님께 목숨 다해 의지하옵니다), 담맘 사라남 가차미(Dhammam saranam gacchami-가르침에 목숨 다해 의지합니다), 상감 사라남 가차미(Sangham saranam gacchami-스님들께 목숨 다해 의지합니다)". 온 사원 안에 울려 퍼지는 수많은 스님들과 왕을 비롯한 불자들이 합송하는 삼귀의를 마음으로 들으며 마음 가득 환희로움이 강물처럼 흘렀다.

입구에서 들어오는 빛이 부처님 미간에 모여 자연스럽게 미간백호광을 놓는 모습

해가 솟을 때 하늘에서 본 바간은 마치 황금빛 도시에 사부대중이 기도하는 모습이었다

하늘에서 내려다 본 이른 아침의 바간에는 빛나는 물줄기가 흐르고 있었다

미얀마 사원은 대개 이처럼
안에서 돌면서 참배할 수 있도록
회랑으로 연결되어 있다

틸로민로의 품에 안기다 10

이 서양인들은
사원의 예법을 모르고
자기들끼리 왔기에
반대방향으로
돌고 있다

틸로민로 사원은 내부의 회랑을 통해 돌면서 참배할 수 있도록 되어 있다. 초기에는 하나의 불당만을 둔 형태로 조성되던 것이 점차 삼면 또는 사면에 부처님을 모시고 내부를 회랑으로 연결하는 구조를 갖추게 되었다. 틸로민로는 바간왕조에서 세운 마지막 큰 사원이다. 물론 소규모 사원은 그 이후에도 끝없이 세워졌다.

북향의 불당에 참배를 끝내고 왼쪽 회랑으로 방향을 잡았다. 부처님이나 탑을 참배할 때는 항상 우요삼잡(右繞三匝-부처님이나 불탑에 경의를 표할 때, 자신의 오른쪽을 그 대상으로 향하게 하여 세 번 도는 예법)의 예법으로 돌아야 한다. 특히 와불(臥佛-누워 계신 부처님)을 모신 경우에는 자신의 뒷모습이 부처님의 얼굴로 향해서는

▲ 이처럼 벽화가 훼손된 것은 지진으로 인해 회벽이 떨어졌기 때문이라고 했다

◀ 회랑의 천장에도 이처럼 빠짐없이 문양을 그려 두었다

안 된다. 천천히 둘러보니 불당 천장과 벽은 말할 것도 없고 회랑의 천장과 벽에도 모두 프레스코(fresco-이탈리어 말로 '신선하다'의 뜻) 기법으로 기하학적인 문양과 불화가 그려져 있었다.

프레스코 기법이란 벽화를 그릴 때 쓰는 화법으로 덜 마른 회반죽 바탕에 물에 갠 안료로 벽화를 그리는 방법이다. 그림물감이 표면으로 배어들어 벽이 마르면 그림은 완전히 벽의 일부가 되어 물에 녹지 않으며, 그림은 바탕이 있는 한 그대로 유지된다. 프레스코는 석고가 마르기 전에 재빨리 그림을 그려야 하는 어려움이 있으며, 그림의 수정도 거의 불가능해 정확하고 숙련된 기술이 필요하다. 단점으로는 습기가 찰 경우 석고가 부서지므로 그림도 함께 떨어져 나간다는 것이다. 하지만 건조한 지방에서는 가장 오래 유지되는 기법이기도 하다.

옛 사람들의 신심이라도 찾아내려는 듯 자세히 살피는 대중들의 모습이 곱다

　부분적으로는 완벽한 모습을 유지하고 있는 문양도 있었고, 연륜을 드러내기라도 하듯 떨어져 나간 부분을 얼싸안고 있는 곳도 있었으며, 결코 허물어지지 않는 내면을 갖추었다는 듯 속살을 드러낸 채로 당당한 모습을 보이는 곳도 있었다. 그런 것들과 미소를 주고받다가 문득 돌아보니, 대중들이 옛 사람들의 신심을 배우기라도 하려는 듯 세심한 눈길로 이곳저곳을 살피고 있었는데, 그 모습이 참 고와 보였다.

위의 문양 아랫 부분에는
위를 받쳐주는 형식의 문양이 있다

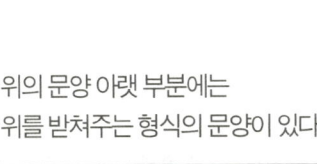

틸로민로의 천장과 벽면에는 주로 이 문양이 많다

이 불화는 세월의 풍상을 전해주는 듯하다
- 정확한 형태를 알기가 어렵다

회벽이 떨어져 나가고
맨살을 드러낸 모습이지만
결코 기죽지 않는다

동쪽의 불당은 벽화의 보존 상태가 매우 좋았다
- 사람들로 붐비고 있는 모습이다

이 부처님만 유일하게 좌대까지 개금이 되어 있다
- 아래에 돈이 다 보이는 복전함이 다섯 개 보인다

    방향을 꺾어 동쪽의 불당으로 가니 꽤 많은 참배자로 북적거렸다. 모셔진 부처님은 북향의 불당과 닮아 있어서 같은 이가 조성한 것으로 보였다. 좌대까지 개금이 된 불단에는 정갈한 꽃만 있을 뿐 다른 공양물이 없어서 복잡하지 않았다. 불단 앞에는 다섯 개의 투명한 복전함(福田函-보시하는 돈을 넣는 통으로 보시자의 복을 기른다는 뜻에서 '복의 밭'이라고 함)이 놓여 있었다. 미얀마의 사원에는 복전함의 속이 다 보이게 투명한 곳으로 만들어 놓았다. 게다가 수가 많은데, 이는 그 보시금이 쓰일 용도별로 만들어 놓았기 때문이다. 만약 복전함에 '좌대'라고 표시되어 있으면 오직 좌대의 보수에만 사용되는 것이다.

틸로민로의 동쪽 대문이다 - 대문 안에도 가게들이 시립해 있다

출입문 안쪽에 설법을 하시는 손모양의 부처님이 서 계신다

참배를 하고 둘러보니 불당의 벽과 천장의 벽화가 거의 완벽하여 처음 조성했을 때의 그 모습을 엿볼 수 있었다. 뒤를 돌아보니 사원의 동문이 인사를 했다. 동문 쪽으로도 참배자들이 많이 드나드는지 상점들이 좌우로 시립해 있었다. 불당의 문 가까이에는 참배자들에게 가르침을 전하시려는 듯 설법인(說法印)처럼 보이는 수인(手印)을 한 입불상이 계셨다. 어떤 이들의 손에서는 감미로운 음악이 나오고, 어떤 이의 손에서는 아름다운 그림이 나오며, 어떤 이의 손에서는 역사가 남겨지기도 했다. 우리 부처님의 손에서는 자유와 평화와 자비가 나와 사람들의 마음을 어루만져 주신다.

틸로민로의 휴식 11

틸로민로의 회랑에는
세상 모든 것이 들어와 쉬고 있었다

남쪽의 불당을 향해 모서리를 도니 빛과 사람과 어둠이 회랑에 들어와 쉬고 있었다. 그랬다. 틸로민로의 회랑에는 햇빛도 들어와 쉬고 어둠도 들어와 쉰다. 사람도 들어와 쉬고 허공도 들어와 쉬며, 고요함도 들어와 쉬고 소란스러움도 들어와 쉰다. 틸로민로는 우리에게 이렇게 속삭인다.

"그대 잘남도 여기 쉬게 하고 그대 못남도 여기 쉬게 하라. 그대 슬픔도 내 품에서 쉬게 하고 그대 아픔도 내 품에서 쉬게 하라." 마음으로 이 소리를 들을 수 있는 사람은 맨발로 걸으면서도 발소리 날까 저어하게 된다. 나는 틸로민로의 깊고 그윽한 회랑을 걸으며 또다시 내 옷자락 소리가 천둥처럼 세상 만물을 놀라게 함을 살폈다.

▲ 회랑의 곳곳에 있는
불감에는 작은 불상들이
모셔져 있다

◀ 세상 모든 것을 다 품어
쉬게 하시는 부처님의
모습이 저기 보인다

▶ 부처님 상호가
앞의 두 부처님과는 완전히 다르다
- 얼굴이 머리쪽으로 높게 올라가 있다

▲ '일산의 뜻대로 왕의 뜻대로'라는
틸로민로의 전설을 말하는 듯
하얀 일산이 서 있다

빛과 어둠에 방해가 되지 않도록 숨죽이며 걸음을 멈추고 살피니, 저만큼 부처님께서 옆모습을 보여주셨다. 기쁜 마음으로 앞으로 나아가니 중간 중간 회랑의 불감(佛龕-벽면보다 깊은 공간을 두어 불상을 모시는 곳)에서 작게 조성한 부처님들이 미소를 보이시며 용기를 북돋아 주신다. 반쯤 다가서니 틸로민로의 얘기를 전해주고 싶은지 일산 두 개가 부처님 앞에서 빛을 발하고 있었다. 그러고 보니 불당마다 일산이 두개씩 있었다. 가까이서 보니 이미 참배한 앞의 두 부처님과는 상호가 많이 달랐다. 얼굴이 유난히 위에까지 올라가서 머리카락 부분(나발螺髮-소라처럼 말려있다고 해서 소라머리카락이라고 표현함)이 거의 뒤쪽으로 밀려 있었다. 앞으로 돌아가 부처님께 인사를 올리며 다시 우러러 뵈오니 거의 얼굴 부분만 보였다. 아마도 이 사원을 세운

어쩌면 이 모습은 사원을 지은 왕이거나
부왕의 모습을 닮은 것이 아닐까?

난따웅먀(Nantaugmya)왕의 모습과 비슷하게 조성했거나 아니면 부왕인 나라빠띠시투(Narapatisithu)의 모습을 참조하지 않았을까?

뒤를 돌아보니 남쪽 대문은 한가롭다. 그림 그리는 이가 손님이 오거나 말거나 개의치 않는다는 듯 그늘 속에서 여유롭게 휴식을 취하고 있고, 개 한 마리가 남쪽 문을 책임지겠다는 것인지 법문 듣는 자세로 햇볕 속에 앉아 있다.

남쪽 대문 안은 상점들이 없어 한적하다
- 화가는 나무 아래에서 휴식을 취하고
개만 허공법문을 듣고 있다

◀ 쏟아져 들어오는 빛이 눈부셔
잠시 걸음을 멈추고 빛으로 샤워를 했다

▼ 눈부신 빛을 통과하여 계속 나아가면
점점 부처님의 윤곽이 분명해진다

서쪽을 향해 모서리에서 몸을 돌리는 순간 쏟아져 들어오는 햇빛에 눈
이 부셔 멈춰 섰다. 내가 처음 부처님을 뵈었을 때가 그랬다. 너무나 눈이 부
셔서 부처님의 모습도 제대로 보지 못한 채로 멍하니 서 있었다. 내가 꿈꾸던
그 모든 것이 하나의 허상이었음을 깨닫고 그 빛을 통과하여 다시 한 걸음씩
부처님께로 다가갔었다. 이윽고 부처님께서는 당신의 곁을 내어 주셨다.

누구라도 멈추지 않고
계속 나아간다면
부처님께서는 당신의 곁을 내어 주신다

서향(西向)의 부처님을 향해 마주 섰을 때, 오른손의 항마촉지인(降魔觸地印-부처님께서 보리수 아래에서 마왕 파순의 무리를 항복받으실 때 대지의 신에게 증명해 보이라고 땅에다 손끝을 댄 모양)이 앞의 부처님들과는 많이 다른 것을 보았다. 네 개의 손가락이 대지에 뿌리를 내린 듯 세워져 있었다. 어쩌면 정토를 이 대지 위에 구현하시려는 본원(本願)과도 같은 것이리라.

대지에 뿌리를 내린 듯한 오른손 항마촉지인이 정토구현의 본원을 나타내는 듯하다

북쪽을 향해 회랑으로 나서니 측문(側門)에 철제 가림막이 보였다. 북쪽으로 난 문이라 들어오는 빛이 약해서 바깥 풍경도 어느 정도 보였지만, 보는 사람과 바깥의 풍경 사이에 있는 문의 가림막이 선명하게 제 존재감을 드러내고 있었던 것이다. 지혜가 제대로 빛을 발하지 못할 때엔 자기를 보호하기 위한 가림막인 관념도 선명하게 제 존재감을 내세우며 알아달라고 떼를 쓸 것이다.

북면의 측문에는 빛이 약해서 철제 가림막이 제 존재감을 강변하고 있었다

가림막이 있는 측문을 지나 동쪽으로 방향을 바꾸니 처음 뵈었던 북향의 부처님 옆모습과 떨어져 나간 회벽이 동시에 들어왔다. 8백년 세월 동안 묵묵히 흥망성쇠를 지켜보신 변화 속의 한결같음이 가슴을 따뜻하게 해 준다. 가까이 다가서니 불단 위에 등불공양을 올리는 용기로 보이는 작은 공양구가 여러 개 보였다. 어릴 적에 보았던 간장 종지처럼 청록의 그림이 그려진 사기그릇이었다. 가운데가 좀 더 깊게 되어 있어서, 거기에 기름을 담아 심지를 넣어 불을 붙이면 될 듯하다. 아니면 가운데 초를 넣고 촛대로 써도 무난할 것 같았다. 틸로민로의 사방불당을 참배한 내 눈에 마지막으로 이 공양구가 보인 것은 아마도 다른 이들에게 빛이 되라는 암시 같은 것이리라.

불단의 공양구는 빛을 담당하는 등공양구로 보였는데, 세상의 빛이 되라는 뜻이리라

한바퀴 돌아
처음 절 올린 부처님을 다시 뵙다

부처님께 하직인사를 올리고 나오는데, 양탄자 위에 고양이 한 마리가 눈을 감고 누워 있었다. 이 고양이는 처음 들어갔을 때부터 그 자리에 있었는데, 꽤 긴 시간 참배를 하고 돌아왔는데도 똑같은 모습이었다. 수많은 참배자들의 걸음에 위협을 느꼈을 만도 하련만 고양이는 전혀 개의치 않는 듯 했다. 두려움을 넘어선 선지식은 그 어떤 경우에도 흔들리지 않는 법, 틸로민로에서는 고양이가 선지식의 품격을 제대로 보여주고 있었다.

두려움과 흔들림을 넘어선 부동(不動)의 경지를 보여준 고양이 선지식

틸로민로의 장엄 12

밖에서 본 북면의 측문에는
어둠과 철제 가림막이 보이고 있다

불당을 나와 사원의 외곽을 살펴보았다. 먼저 측문이 눈에 들어왔다. 사원 안에서는 바깥 풍경과 철제 가림막이 동시에 보였으나, 밖에서 볼 때는 어둠과 그 앞에 있는 철제 막만 보였다. 내면의 지혜가 발현되지 않는 범부의 관념인 아상(我相) 등은 상대에게 그 상(相)만 보이는 결과가 되고 만다.

외벽의 모습은 내벽과는 달리 세월의 풍상을 분명하게 보여 주고 있었다. 틸로민로의 내벽과 외벽은 다른 방식으로 치장되었다. 내벽이 회벽에 그림을 그리는 방식으로 마무리를 하였다면, 외벽은 벽돌로 모양을 내고 거기에 특수한 보호벽을 덧씌우면서 입체적 조형을 하였다. 외벽의 마감은 모래와 아교 그리고 사탕수수 끓인 물을 버무려 반죽을 한 후 벽돌 위에 두텁게 바르면서 원하는 형태를 만드는 방식이었다. 일종의 모르타르(mortar)라고 할 수 있는 기법을 사용했던 것이다. 이것은 외형을 멋있게 장엄하기도 했지만 방수효과도 거둘 수 있어서, 사원을 오래 유지시키는 효과를 거둘 수 있었던 것이다. 이 기법을 스투코(stucco)라고 한다.

외벽은 붉은 벽돌이 드러난 곳과 모래도포가 남아 있는 곳으로 대비된다

아랫부분의 벽면을 보면
대비면이 보다 분명해진다

측면에서 비스듬히 살펴보니 틸로민로는 대단한 입체감을 보여주고 있었다. 바간에 비슷한 사원이 있지만 틸로민로는 보존상태가 뛰어난 편이다. 게다가 틸로민로처럼 다양한 입체감을 보이는 사원건축을 만나기는 어렵다. 심지어 벽돌이 다 드러난 곳을 바라봐도 반하지 않을 수 없는 아름다움을 보여주었다. 벽돌의 모양 자체도 매우 다양하게 쓰임새에 따라 제각기 다른 모양으로 만들어져서 구워졌다. 그 대표적인 것으로는 반죽이 벗겨진 작은 탑이 있었는데, 고스란히 드러난 벽돌은 처음부터 완벽하게 탑의 형태를 만들기 위한 것이었다.

틸로민로의 입체적 조형미는 놀라울 정도이다

북면 오른쪽을 찍은 사진인데 벽돌이 드러난 그 자체로도 반할 만하다

① 수컷의 용이거나 도깨비로 볼 수 있다

② 가까이 당겨서 보면 암수의 용이거나 도깨비 문양이다
③ 암컷의 용이거나 도깨비로 볼 수 있다
④ 벽면에 맨살을 드러낸 작은 탑을 보면 벽돌이 다양한 형태로 만들어졌음을 알 수 있다

완벽하게 모래 도포가 남아 있는 벽을 보니 마치 커튼을 드리운 것 같은 문양이 이어지고 있었다. 그 문양을 줌렌즈로 당겨 살펴보니 낱낱이 용처럼 혹은 도깨비처럼 보였다. 마치 암컷과 수컷이 번갈아 있는 형태인데, 그것이 무엇이건 이 사원을 수호하려는 마음을 읽을 수 있었다.

모래 도포가 거의 남아 있는 면의 상단은 이처럼 커튼을 드리운 듯하다

눈을 옆으로 돌리니 모서리 부분의 문양이 완벽하게 남아 있는 곳이 있었는데, 그 모서리의 문양 역시 도깨비나 용의 얼굴을 하고 있었다. 바로 옆에 벽돌이 완전히 드러난 곳을 살펴보니 벽돌의 색이 달랐다. 아마도 최근의 지진에 의해 남아 있던 모래층이 떨어져 나간 모양이었다. 사실 바간의 불탑은 남아 있는 흔적까지를 따지면 5,000여 기가 되지만, 탑의 형태를 유지하고 있는 것은 2,500여 기에 불과하다. 세월이 흐르는 동안 인위적으로 훼손된 것도 많겠지만 수차례의 지진에 무너진 것도 상당한 숫자라고 할 수 있겠다. 벽돌로 지어진 탑은 모서리 부분 등이 취약한데, 틸로민로를 지을 때 그 취약점을 보완하기 위해 사암을 벽돌 사이 곳곳에 넣어 붕괴를 막으려 노력한 흔적이 보였다.

모서리에 완전한 형태로 남아 있는 문양
- 옆의 벽돌면 색이 다른 것을 볼 수 있다

모서리 부분은 취약하기에 이처럼 사암
(검은 부분)을 깎아서 넣었다

모서리 모래문양도 자세히 살펴보면
도깨비나 용의 모양이다

틸로민로의 뼈대는 두말할 것도 없이 붉은
벽돌이다. 심지어 불상까지도 골격은 벽돌로
조성되었다고 한다. 그런데 내 눈에 다른 재
질의 부조가 보였다. 불당의 정문 옆 좌우 감
실에 안치된 인물상은 사암으로 조성하여 모
래도포를 한 듯 했다. 머리에 쓰고 있는 관이
나 여타의 차림새로 보아 왕의 모습이라고 볼
수 있는데, 영원히 부처님을 모시며 이 사원
을 지키려는 원력의 표현처럼 보였다.

불당의 문 양쪽 외벽의 감실에 안치된 인물상은
사암으로 조성하여 모래도포를 하였다

잠시 눈을 돌려 담 쪽을 보니 여러 가지 그림을 진열한 가게가 있었다. 다가가 살펴보니 모래그림이었다. 특히 스님들이 탁발 나가는 그림을 많이 그렸다. 이전에 라오스를 순례할 때 루앙프라방에서 구입한 탁발그림은 거친 닥종이에 물감으로 그린 것이었는데, 바간에서 만난 모래그림이 훨씬 섬세하게 그린 것을 알 수 있었다. 모래그림이란 염색한 모래를 아교나 사탕수수 끓인 물을 활용하여 그린 것을 말한다. 바로 탑을 도포한 기법을 응용한 것인데, 여기에 염색한 모래를 사용한 것이 다른 점이라 할 수 있겠다.

모래를 염색하여 그린 그림
- 스님들 탁발 나가는 장면이다

라오스 루앙프라방에서 구입한 탁발그림은 닥종이에 물감으로 그린 것이다

틸로민로를 떠나며 돌아본 사원의 지붕 위로 새 한 마리가 날고 있었다

불당으로 향하는 길은 하나인 듯 둘인 듯 불일불이(不一不二)이다

　둘러보니 대중들이 다 나가고 없었다. 사원의 바깥 사방을 다 둘러보고 싶었지만 기다릴 대중을 생각하다 보면 내 뜻은 버릴 수밖에 없다. 대문에서 걸음을 멈추고 불당을 향해 반배를 올리는데, 사원의 지붕 위로 난따웅먀왕의 영혼인 듯 새 한 마리가 날고 있었다. 대문에서 불당의 정문까지 하얀 대리석 두 줄이 깨달음의 정도(正道)를 일깨우려는 듯 곧게 뻗어 있는데, 내 눈에는 둘인 듯 하나인 듯 불일불이(不一不二)의 모양이다.

난다 레스토랑 13

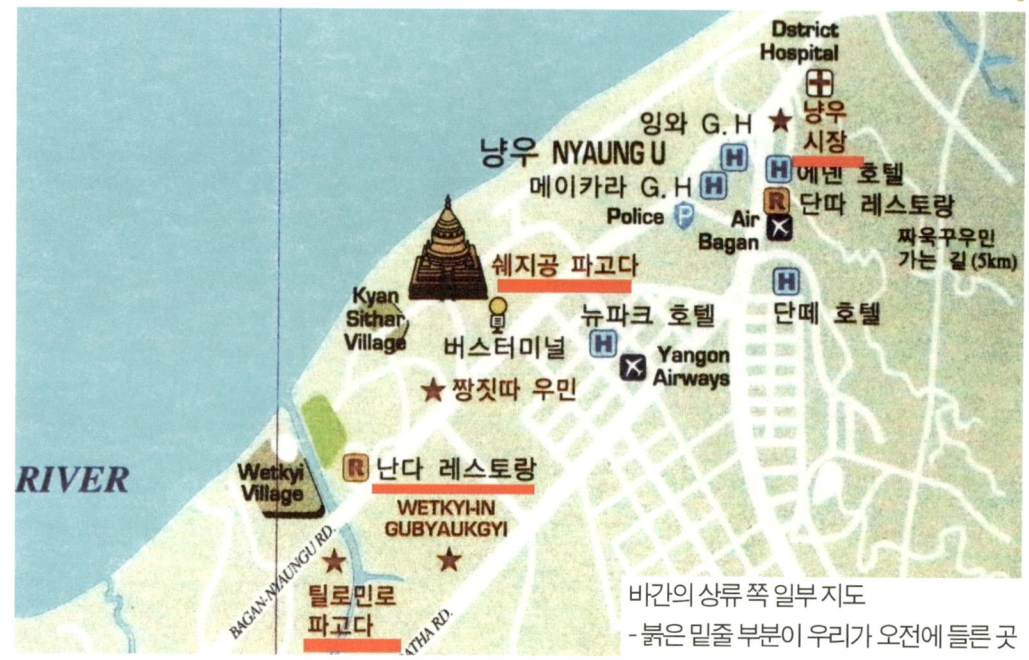

바간의 상류 쪽 일부 지도
- 붉은 밑줄 부분이 우리가 오전에 들른 곳

점심공양을 해결하려 난다 레스토랑(Nanda Restaurant)을 향해 버스가 출발한 시각이 11시 40분이었다. 틸로민로를 참배하기 전에 생리현상의 근심을 풀기 위해(解憂) 잠시 들렀던 난다 레스토랑은 틸로민로에서는 다시 쉐지곤 파야 쪽으로 약간 올라가야 한다. 바간의 지도상에서 보면 가장 윗부분의 공항에서 내려오다가 시장이 있고, 다시 시장에서 내려오면 쉐지곤 파야가 있다. 쉐지곤을 참배하고 가까이 있는 틸로민로로 가는 길목에 난다 레스토랑이 있어서, 이 셋은 거의 지척에 있다고 볼 수 있는 것이다. 때문에 5분 뒤엔 우리가 난다 레스토랑에 들어서고 있었다.

난다 레스토랑의 입구는 주변의 분위기에 맞추어 붉은 벽돌로 쌓았다. 그래서 대문에서는 살짝 사원에 들어가는 분위기가 되긴 했다. 그러나 곧 갖가지 식물들이 나와 인사를 하는 바람에 식물원 분위기로 변신했다. 예쁜 꽃의 환영을 받으며 식당을 마주하니, 마치 더운 지방 왕의 피서처라도 되는 듯 위엄을 갖춘 지붕이 작열하는 태양 아래 모습을 드러내었다. 하지만 바깥의 강렬한 빛살 때문에 건물 안은 어둠밖에 보이지 않았다.

❶ 난다 레스토랑의 입구는 사원에 들어가는 분위기였다
❷ 강렬한 빛살 때문에 정확한 윤곽을 잡기 어려웠던 식당 본채
❸ 대문을 지나면 곧바로 식물원과 같은 분위기로 바뀐다
❹ 주인을 대신해서 입구에 나와 인사하는 꽃

▲ 얼핏 보면 붉은 금빛의 맞배지붕처럼 보이는 식당의 천장
▶ 천장을 자세히 보면 갈대에 물을 들여 돗자리 형으로 짠 것이다

잠시 후 어둠에 익숙해진 눈이 천장아래에서 난다 레스토랑이라는 간판을 인식했다. 검은 바탕에 금색으로 난다 레스토랑(Nanda Restaurant)이라고 쓰고, 그 위에는 여의봉을 든 손오공을 연상시키는 인물이 구름과 더불어 허공을 나는 모습을 그렸다. 간판 너머로 천장을 보니 붉은 금색처럼 보이는 맞배지붕이 보였는데, 자세히 살펴보니 갈대에 물을 들여 얽어 짠 것이었다. 미얀마에서 서민들의 집을 방문해 보면 대부분 갈대로 돗자리 모양으로 얽어 짜

▼ 식당 안 천장 아래에 높게 달려 있는 식당의 명패에는 손오공 비슷한 인물이 있다

삼면이 트인 식당은 80여 명이 동시에 식사를 할 수 있다
- 전면의 커튼이 인형극 무대

식사를 하면서 바깥을 감상하는 것도
즐거운 일이었다

지붕과 벽을 만들어 놓았는데, 난다 레스토랑은 그 재료를 사용하면서 좀 고급스럽게 색을 넣고 모양을 낸 것이었다.

80여 명이 동시에 식사를 할 수 있을 정도로 넓은 식당 안에는 울산 자광사 스님과 신도들이 먼저 와서 공양을 하고 있었다. 우리가 자리를 잡고 막 공양을 시작했는데 자광사 스님이 먼저 나간다며 인사를 했다. 그리고 잠시 후 서양인들이 단체로 들어와 자리를 잡았다. 탁 트인 실내에서 공양을 하며 바깥을 감상하는 것도 제법 운치 있는 일이다. 그저 허겁지겁 식사를 하고, 또 허겁지겁 다음 구경거리를 찾아 내닫는 여행은 그저 피로만 쌓이고 자칫 짜증만 증폭시킬 수 있다.

식당의 한 면이 금빛 커튼을 드리우고 있어서 공연을 하기도 하는가 보다 하고 혼자 짐작을 하고 있었는데, 공양을 반쯤 했을 때 커튼이 열렸다. 그리곤 미얀마 음악이 흘러 나왔다. 무대에는 부처님께서 설법하시는 것을 신자들이 듣는 장면이 인형극으로 연출되었다. 미얀마에서는 인형극 공연이 많다고 들었는데, 불자들의 나라답게 불교 얘기가 주제인 인형극을 감상하게 되었다. 곧이어 여인이 혼자 나와서 공양을 올리는 듯한 장면이 연출되었고, 무대 위 커튼 앞으로 인형을 움직이는 사람인 인형술사가 나타나서 줄을 움직이는 모습까지를 보여 주었다. 비록 같은 장소에서 식사를 하였지만 간발의 차로 인형극을 보지 못하고 떠난 다른 팀을 생각하니 조금 안타까웠다. 우리의 삶에서 서두르는 것만이 능사는 아닌 것이다.

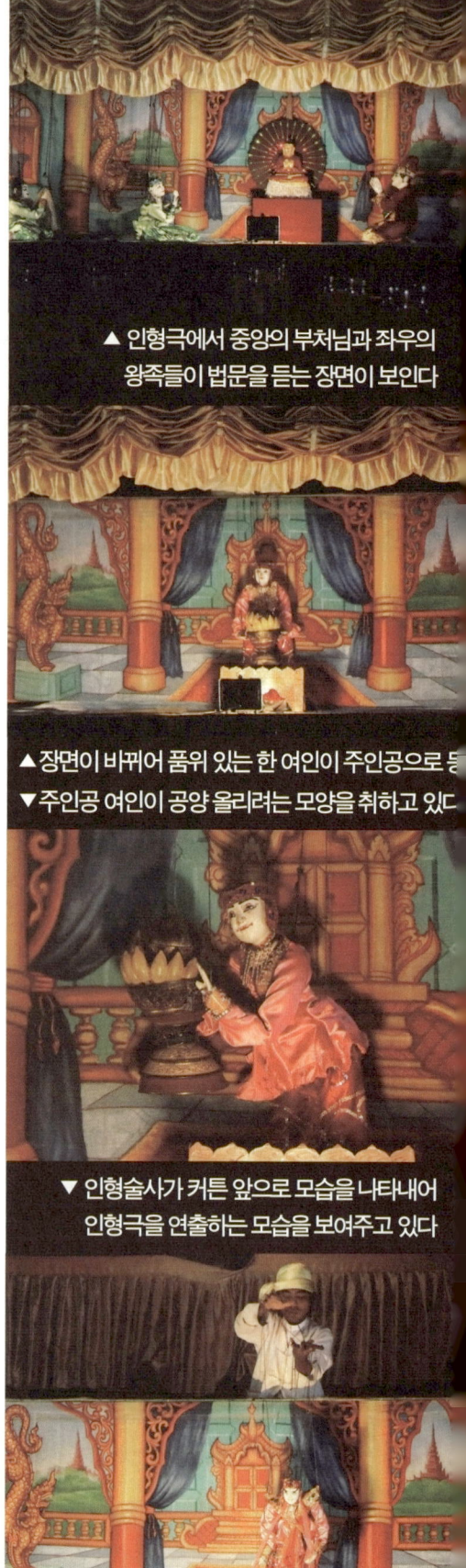

▲ 인형극에서 중앙의 부처님과 좌우의 왕족들이 법문을 듣는 장면이 보인다

▲ 장면이 바뀌어 품위 있는 한 여인이 주인공으로 등...
▼ 주인공 여인이 공양 올리려는 모양을 취하고 있다

▼ 인형술사가 커튼 앞으로 모습을 나타내어 인형극을 연출하는 모습을 보여주고 있다

공양을 끝내고 나오는데 화사한 모습으로 고개를 숙이며 아쉬움을 표하는 꽃

인형극 공연을 즐기며 점심공양을 여유롭게 한 후에 보이차를 한잔씩
마셨다. 비록 찻잔을 제대로 갖춘 다회는 아니지만, 여행에서 맛보는 차향과
맛은 또 다른 운치를 느끼게 한다. 이런 저런 한담을 나눈 후 길을 나서려니,
화사한 꽃이 고개 숙여 아쉬움을 표했다.

아르타우카 호텔 14

1996년 신세를 졌던
골든 익스프레스 호텔 위치
- 틸로민로 위의 붉은 밑줄

12시 45분, 난다 레스토랑을 나와서 호텔로 향했다. 호텔로 이동 중에 고팀장의 설명이 이어졌다.

"현재 미얀마에 살고 있는 교민은 약 1,800명 정도가 됩니다. 난다 식당은 한식을 좀 배운 주방장의 요리라서 한국인의 입맛에 어느 정도는 맞을 것입니다. 지금은 성지순례를 오시는 분들보다는 한국의 일반 관광객이 패키지로 오는 경우가 많은데, 그래서 요리사들에게 한국 요리를 가르쳤습니다. 또한 각 도시마다 한식당이 있기에 큰 기대를 하지 않는다면 무난하게 한 끼를 넘길 수 있을 것입니다."

호텔을 향하던 도중 1996년 사원을 참배하고 바로 호텔로 갈 수 있었던 기억이 떠올라서 그때 묵었던 골든 익스프레스의 위치를 책에서 찾아보았다. 가이드북에서는 틸로민로 파야와 난다 레스토랑 사이에 있는 것으로 보아 아마도 버스가 지나는 길에 있을 것으로 생각되었지만, 대중들에게는 아무런 추억도 없는 곳이라 굳이 들리자고 할 수가 없었다. 대신 성지순례를 떠올리기 전에 찾아보았던 인터넷의 사진이나 설명을 되짚어 보았다.

1996년의 골든 익스프레스 호텔(Golden Express Hotel-당시에도 같은 이름이었는지는 기억이 분명치 않다)은 아주 한가한 길가에 외따로 홀로 있었던 것 같다. 호텔의 객실채는 당시와 지금의 사진을 비교해 보니 겉모양이 동일했고 색칠만 달랐다.

1996년에 묵었던 골든 익스프레스 호텔
- 시골 분위기가 난다

1996년에 묵었던 골든 익스프레스 호텔의 객실채들
- 고급스러운 분위기는 아니다

1996년에 묵었던 골든 익스프레스
호텔의 세탁 광경

1996년에 묵었던 골든 익스프레스
호텔의 객실 입구

　1996년에는 객실채 바로 옆에 발전시설이 있었는데, 자주 정전이 되는 바람에 발전기의 통통거리는 소리를 계속 들어야 했었다. 방에는 침대와 의자가 있었고, 샤워기와 변기가 있는 세면실이 있었을 뿐이었다. 천장과 벽에는 도마뱀이 친구하자며 반겼었다. 호텔의 입구 쪽에 오피스와 식당이 있었는데, 이른 아침 식사를 할 때는 조명이 어두워 음식의 색깔도 제대로 알아보기 어려웠다. 이 식당에는 아주 작은 상품진열대가 있었고, 그곳에 상호가 원만한 손바닥 크기의 불상이 있었다. 살까말까 망설이다가 양곤에 가면 더 많은 불상을 볼 수 있을 것이라고 생각하여 모시지 않았었다. 그러나 양곤의 불상 판매처에 들렀을 때에야 내가 무슨 실수를 했는지 뼈저리게 느낄 수 있었다. 바간에서 본 그 원만한 상호와 견줄 만한 불상을 찾을 수 없었고, 결국 1996년엔 불상을 모시고 오지 못했다. 그때 이후로 여행지에서는 마음이 가는 물건이 있고 가격이 적당하기만 하다면 곧바로 사게 되었다.

1996년의 골든 익스프레스
호텔 정원은 촌스러웠다

1996년에 골든 익스프레스 호텔 앞
가게에서 모셔 온 설법하시는 부처님

초저녁 휴식을 취하던 시각에 나는 혼자 어슬렁거리며 호텔을 나와 바로 앞에 있던 작은 가게에 갔는데, 옻칠 공예품을 파는 곳이었다. 크고 작은 그릇을 둘러보다가 문득 내 눈에 들어온 것은 옻칠과 금박으로 그린 그림이었다. 주로 미얀마의 옛 이야기나 풍경을 그린 것이었는데, 마침 설법상의 불화가 한 점 있어서 살 수 있었다. 불화를 들고 방에 돌아왔을 때 도반들이 보고는 모두 그 가게로 몰려갔지만, 아쉽게도 내가 모신 것이 유일한 불화라고 했다.

인터넷에서 찾아본 현재의 골든 익스프레스 호텔은 객실채를 제외하고는 다 바뀐 것 같았다. 물론 옛 객실채 뒤에 신축한 객실채가 있다고 했다. 뿐만 아니라 객실의 내부는 완전히 바뀐 분위기였고, 정원에는 시원한 풀장도 있었다. 식당도 많이 달라져 보였으며, 잔디밭의 파라솔 아래에서 식사를 하는 사진을 보면서 격세지감을 느꼈다. 최근에 이 호텔에서 묵었던 이들의 평가는 낮은 가격에 비해 만족도가 높은 곳으로 추천되고 있었다.

최근의 골든 익스프레스 호텔의 객실채
- 색칠이 다르고 주변을 잘 정리했다

현재의 골든 익스프레스 호텔 풀장
- 정면의 대문은 후문이거나 측문일 것이다

아르타우카 호텔 앞
좌측 거리 풍경

아르타우카 호텔 앞
우측 거리 풍경

아르타우카 호텔의
얼굴은 도로에
붙어 있다

내가 1996년으로 돌아가 있는 사이에 버스가 호텔에 도착했다. 시계를 보니 13시 15분, 식당에서 30분이나 걸렸다. 상류 쪽의 식당에서 하류 쪽의 뉴 바간(New Bagan)으로 이동했으니, 끝에서 끝으로 이동한 셈이었다.

발음하기도 어려운 아르타우카 호텔(Arthawka Hotel-이 발음이 맞는 것인지를 여행사에 물었으나 잘 모르겠다는 답만 돌아왔다)은 인터넷에서 3성급의 호텔로 소개되어 있었고, 골든 익스프레스 호텔의 두 배 가격이었다. 여행사에서 계획했던 숙박시설에는 이 호텔이 포함되지 않았는데, 최근에 서양 사람들이 워낙 밀려들고 있어서 특급호텔을 잡기가 하늘에 별 따기만큼 어렵다고 했다. 그래서 첫날 양곤의 그랜드 팰리스 호텔과 더불어 바간의 아르타우카 호텔은 차선책으로 묵게 된 곳이라 했다. 결국 여행사에서는 그 차액을 1인당 14만 원씩 되돌려 주었다.

　아르타우카 호텔은 한가로운 이면도로에 얼굴을 내밀고 있었는데, 난다 레스토랑에서 작별인사를 했던 꽃이 먼저 와서 화사한 웃음으로 우리를 반겼다. 미얀마의 모든 호텔이나 식당이 그렇듯 호텔 입구에는 물그릇에 꽃잎으로 문양을 만들어 손님을 환영했다.

난다 레스토랑에서
배웅하던 꽃이
먼저 와서 반겼다

미얀마에서는
부처님께도
꽃을 공양하지만
손님을 맞을 때도
꽃으로 한다

카운터 뒤에는
바간의 풍경을
그린 그림이 걸려
있었다

로비의 중앙에는 남방불교의 사리함을 본뜬 제법 큰 목기가 놓여 있었는데, 불탑을 대신해서 놓아둔 것이 아닐까 하고 짐작했다. 그 옆에는 옻칠에 금박으로 만든 부엉이 한 쌍이 탁자 위에서 손님을 맞이했다. 로비에는 꽤 많은 의자와 탁자가 배치되어 있어 손님을 배려하는 마음을 읽을 수 있었고, 카운터 뒤에는 시원스런 바간의 풍경화가 걸려 있었다. 직원들만 다니는 작은 문 뒤로 좁은 공간이 보이긴 했으나 정원이라 하기에는 어설펐다. 대신 로비의 앞쪽에 시원한 풀장이 있었는데, 2층으로 된 호텔의 객실은 이 풀장을 가운데 두고 직사각형으로 배치되었다.

로비의 가운데에 있었던
사리함 모양의 목기

로비에서 즐거워하는 대중들
- 지칠 줄 모르는 에너지를 지녔다

로비의 탁자 위에는
부엉이 한 쌍이 손님을
맞이하고 있었다

2층의 복도에서 촬영한 풀장
- 정면 아래에 로비가 있다

   나무로 된 계단을 통해 2층으로 올라가니 바로 눈 아래에 풀장이 들어왔다. 오후 1시 반경의 무더위를 식히려고 낮잠을 즐기는 이들이 보였다. 내가 쓸 방은 도로를 바라보는 위치였는데, 창밖에 좁게나마 정원이 있어서 도로가 곧바로 보이지는 않았다. 그러나 얇은 한 겹의 유리창은 바깥 소리를 막기에는 역부족이었다. 1시간의 낮잠 시간은 자주 들리는 차량들의 소리에 눈 한번 붙이지 못하고 속절없이 흘러갔다.

직원들의 전용 문으로 엿본 풍경
- 정원이라 하기에는 부족하다

내가 묵었던 1205호실
- 창밖에 좁은 정원이 있고 그 뒤가 바로 도로이다

우 바 녜 인 칠기작업장(옻칠공방) 15

우 바 녜 인 칠기작업장(옻칠공방)의 간판
- 우 바 녜 인은 사람 이름이다

14시 40분에 호텔을 떠난 우리는 5분 후에는 우 바 녜 인(U BA NYEIN) 칠기작업장(漆器作業場-옻칠공방 lacquerware workshop)에 들어서고 있었다.

칠기(漆器-옻칠그릇)는 3,000
여 년 전쯤 동양(중국으로 봄)에
서 시작된 생활용기였다. 그
러나 서구문명 특히 대량생
산에 의존하는 생활방식인
오늘날에는 실생활의 현장에
서는 거의 사라지고 예술품

옻칠공예의 기법을 복합적으로 사용한 작품
- 부조기법과 상감기법 등을 확인할 수 있다

의 한 장르로 박물관이나 미술관에 갇혀 있는 실정이라고 볼 수 있다. 물론 한국, 중국, 일본, 미얀마, 태국, 라오스 등의 나라에서는 여전히 전통적인 방법으로 칠기를 제작하고 있다. 문제는 생칠(生漆-옻나무 진액)의 대량생산이 중국과 미얀마를 제외하고는 거의 불가능하다는 점이다. 한국도 이제 거의 중국산 생칠을 수입해 쓴다고 들었다.

미얀마 칠기 공예의 역사는 12세기 바간왕조(1044~1287)에서 시작되었다. 당시 주변국가와의 전쟁을 통해 받아들이게 되었는데, 칠기를 생산하는 재료를 구입하기 쉬웠던 바간왕국에서 급속한 발전을 하게 된 것으로 보인다. 미얀마에서 칠기는 전통적으로 거의 모든 사회적 활동에 사용되어 왔다.

미얀마에서는 칠기공예를 '융(yun)'이라고 하는데, 이것은 칠기공예에서 가장 발달한 기법이다. '융'은 칠기 표면에 문양을 새기고 여러 색의 안료를 넣는 전칠(塡漆)의 가장 전통적인 기법이다. 이외에도 금박장식의 '쉐자와(shwezawa)'와, 부조(浮彫-돋을새김)형식의 '떠요'와, 유리를 상감(象嵌-무늬를 파서 다른 것으로 채우는 기법)에 활용한 '흐망지쉐차' 등의 칠기기법이 있다.

찬란한 불교문화를 꽃피웠던 바간왕조의 자리 - 열기구에서 이른 아침에 촬영

▲ 우리나라에서도 예전엔 이렇게
생활용기로 사용하였다 - 골동 옻칠상

◀ 우리나라 스님들이 사용하는 5합 발우
- 옻을 칠하는 횟수에 따라 색은 달라진다

한국이나 일본 등 동양의 다른 국가나 유럽 등에서 옻칠공예는 현재 대중적인 것이라고 할 수는 없다. 가장 비싸고 특별한 것이라는 인식이 지배적이다. 그래서 일본에서는 최고급 식기로 대접받지만 아무나 쓸 수 있는 대중적인 것이 아니며, 한국에서도 스님들의 발우 등으로나 겨우 사용되고 있는 실정이다. 물론 고급 식탁에는 가끔 칠기가 등장하기는 한다.

사실 불상에 개금(蓋金-표면을 금으로 덮는 짓)을 할 때도 옻칠을 열 번 이상 한 후 마지막에 옻칠이 굳기 전에 바로 금박을 붙이는 과정을 4~5회 해야 한다. 이 방법으로 개금을 한 불상은 최하 500년 정도는 개금을 하지 않아도 된다. 최근에 이 기법으로 불상을 개금한 사찰은 극히 드문데, 개화사 불상은 모두 이 기법으로 개금을 하였다.

◀ 개화사 삼존은
전통적인 옻칠개금을 하였다
- 세월이 흐를수록 금빛이 깊어진다

❶ 개화사 본존 아미타불 - 개금을 위해 기존의 금박을 벗김 ❷ 본래 있던 금박을 완전히 제거한 모습
❸ 첫 번째 옻칠을 올린 상태 - 떨어져 나간 나발을 보완하지 않았음
❹ 옛 불상이라 머리의 나발이 떨어져 나간 것을 전문가에게 부탁해 새로 만들어 붙임
❺ 혹시 있을지도 모르는 균열을 방지하기 위해 부드러운 베로 배접을 함

현재 개화사의 성상(聖像) 중에서 아미타불, 관음보살, 지장보살, 미륵보살, 포대화상, 부동명왕 등은 모두 삼 개월 동안 옻칠을 하고 금박을 붙이는 기법으로 개금을 하였다. 2004년 한여름 더위에도 비닐로 막을 치고 온도를 최대한 올린 상태로 가습기를 가동해 가면서 옻칠을 한 뒤 마르면 연마작업을 하고 또 칠하기를 되풀이하길 10회쯤 했다. 그런 후에야 투명한 옻을 칠하면서 금박을 붙이길 5회쯤 하여 완성했었다.

❻ 전체에 배접을 한 후 옻칠을 입힌 상태 - 배접의 모양이 아직 보임
❼ 배접 후 몇 번의 옻칠 후 부족한 부분을 보완함
❽ 열 번 정도의 옻칠을 통해 완벽한 모습을 갖춘 모습 ❾ 몸체의 아랫부분부터 금을 입히기 시작함
❿ 몸체에 네 번 정도 금박을 입힌 상태 - 다시 다듬은 후에 얼굴부분까지 금을 입히면 완성

옻은 습기에 아주 강하며(방수防水), 벌레로부터의 피해를 예방하고(방충防蟲), 부식을 방지(방부防腐)하며, 세균의 번식을 억제하는 효능을 지녔다. 그래서 고급 건축의 기둥이나 대들보 등 중요부재에는 옻을 여러 겹 칠한 후에 단청을 입히는 것이 최상의 방법이지만, 워낙 막대한 비용이 들기 때문에 시행하기가 쉽지 않다. 중국 자금성의 중요건축물의 부재는 모두 옻칠을 한 후에 단청을 했다고 들었던 기억이 있다.

미얀마에 옻칠 기법이 들어온 것은 12세기였으나 칠기가 보편화 된 것은 16세기부터라고 한다. 칠기공예의 재료인 생칠, 대나무, 목재, 안료, 금박 등이 풍부한 것이 큰 장점인 미얀마에서는 옻칠이 매우 다양하게 사용된다. 일반 가정의 그릇, 가구, 악기, 건축물의 실내장식, 종교의례 용기, 불상, 불화에 이르기까지 사용되지 않는 곳이 없다. 다시 말해 칠기는 미얀마 문화 전반에 걸쳐 제 존재감을 드러내고 있다는 것이다. 어떻게 이런 일이 가능한 것일까? 미얀마의 옻칠 기법은 도입된 이래로 끝없이 변신을 거듭해 왔기 때문일 것이다. 한국과 일본의 칠기가 고정된 위치에 만족하면서 그 위상을 고수하려고

중국 북경 자금성의 전각 기둥 등은 옻칠을 한 후에 색을 입혔다고 한다 - 태화문 전경

했기에 오랫동안 화석처럼 겨우 명맥을 유지했다면, 미얀마의 칠기는 무한 변신으로 어울림을 만들어가는 연기(緣起)와 공(空)의 원리가 생활 속에 그대로 나타난 것이리라. 미얀마의 칠기문화는 무한 변신만이 주인공의 위상을 유지하는 것이 가능하다는 교훈을 들려준다.

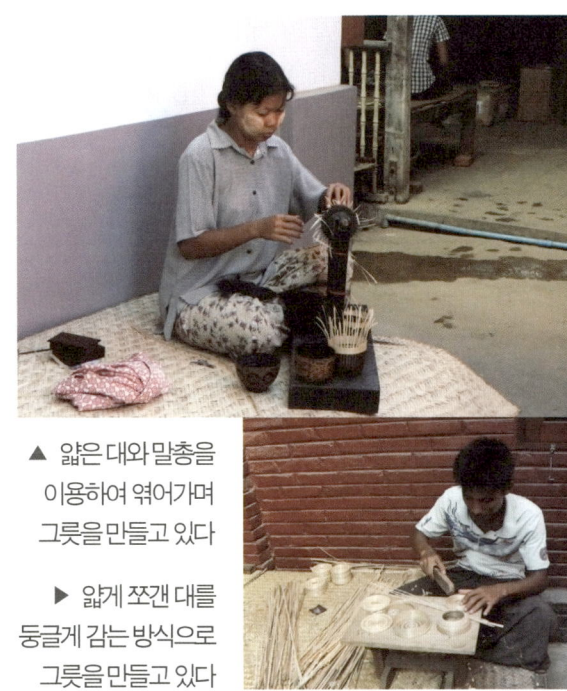

▲ 얇은 대와 말총을 이용하여 엮어가며 그릇을 만들고 있다

▶ 얇게 쪼갠 대를 둥글게 감는 방식으로 그릇을 만들고 있다

미얀마어로는 옻을 띳씨(thitsi)라고 한다. 고도 1,000m 이상 산악지대에 자라는 인도 멀구슬나무(Melanorrhoea usitata-'버마나무'

라고도 부르며, 미얀마에 자생하는 옻나무이다. 20m까지 자라는 교목이다)에서 진액을 채취한 것이 생칠인데, 미얀마의 가장 북쪽인 까친 주(Kachin State)에서 주로 생산된다. 미얀마의 옻은 독이 없다. 그래서 우리나라에서 옻을 탄다고 표현하는 가려움증과 두드러기가 일어나지 않기에 누구나 다룰 수 있다. 나무 표면에 V자 홈을 만들어 진액을 받는데, 열매를 맺는 3개월쯤을 제외하고는 언제나 채취할 수 있다. 옻은 돌, 금속, 나무, 대나무, 천 등과의 접착성이 뛰어나서 다양한 용도로 사용할 수 있다.

미얀마에서 칠기의 재료로 가장 고급소재는 대나무인데, 미얀마 중부의 이라와디강변에 위치한 사가잉(Sagaing-현지인들은 저가잉으로 발음) 지역의 것을 가장 선호한다. 참고로 미얀마에서는 대나무의 용도가 마흔 가지가 넘는다.

잘 말린 대나무를 3m정도로 잘라 원하는 두께로 칼로 쪼개서 제작하려는 그릇의 형태를 엮어서 만드는데, 공방에서는 섬세한 손놀림을 지닌 여성들이 주로 이 일을 맡는다. 틀이 잘 되어야 하므로 매우 중요한 공정이다.

색상을 내는 주홍색, 황색, 녹색은 안료에서 얻는다. 그중 주홍색은 중국에서 진사(辰砂)를 수입해 곱게 갈아서 수은산화물과 생칠을 혼합하여 사용하는데, 칠기의 표면에 바르기 전에 색상의 부드러움을 위해 몇 가지 혼합과정을 거친다. 이 특수한 과정은 최고의 장인들만이 할 수 있으며, 전수자가 아니면 가족들에게까지도 비법을 알려주지 않는다고 한다. 현재 가장 인기 있는 색은 갈색으로, 수입하는 진사의 가격이 계속 오르자 진사에 옻을 많이 배합해 만들었다고 한다. 황색은 북부 샨(Shan) 주에서 나오는 웅황(雄黃-orpiment)을 부드러운 가루로 만들어 사용하고, 녹색은 쪽풀에서 얻는 인디고(indigo)를 사용하는데, 최근에는 주로 인도와 독일에서 수입한다.

미얀마어로는 칠기를 윤데(yunde)라고 한다. 윤데의 보편적인 제작과정을 살펴보면 다음과 같다.

먼저 용기의 모양을 만드는데 이것을 소지(素地-밑바탕)라고 한다. 소지는 두 가지 방법으로 만든다. 옛날의 방식은 얇게 쪼갠 대를 둥글게 말아서 만드는 방식이었다. 그러나 오늘날 바간의 공방에서는 둥글게 마는 방식과 더불어 직물을 짜듯 엮어내는 방식도 사용한다. 이 가운데 대와 말총으로 엮어 짠 것은 무게도 가볍고 신축성이 좋아 최상의 소지가 된다. 하지만 제작기간이 훨씬 길고 특별한 기술을 요하므로 최고의 장인이라야 가능하며 가격도 비싼 편이다.

떠요기법과 쉐자와기법을 사용한 양곤의 쉐다곤 파야의 불상과 법당

완성된 기본 소지의 표면을 매끄럽게 하기 위해서는 떠요(thayo)라는 것을 바른다. 떠요는 생칠을 점도가 높게 끓인 후에 골회(骨灰-동물의 뼈를 끓여 아교질과 지방질을 제거한 후 고온에서 태워 가루로 만든 것)와 소똥과 겉겨 등을 태운 재를 섞어 만든다. 떠요를 바른 후에는 지하 건조실에서 말린 후에 다시 칠을 덧바른다. 이 과정은 여러 번 되풀이 되며, 그 횟수가 많아질수록 고급제품이 된다. 지하실은 기본적으로 습해야 하며, 만약 건기에 제작할 때에는 인공적으로 습도를 높이지 않으면 안 된다. 칠기를 제작할 때 건조하면 옻이 잘 굳어지지 않는다.

충분히 건조된 칠기는 사포나 숫돌 등을 이용해 표면을 문질러 광택을 낸 후

유리를 상감하는 흐망지쉐차기법으로 조성된 부 파야의 법당

다시 옻을 덧칠한다. 이 과정을 거친 칠기는 검은 광택을 낸다. 다음으로는 표면에 문양을 그려 넣고, 그 문양을 조각칼(세공침이라고 함)로 파낸다. 여기에 주홍색 안료를 여러 번 발라서 음각의 홈을 채우고 적당히 말린 후 홈 밖에 묻은 안료를 물과 겨로 닦아낸 후 말린다. 완전히 마르면 님나무(neem tree) 송진으로 만든 아교를 덧발라 마무리한다. 아교가 충분히 마르면 다음의 색상을 넣는데, 앞에서 살펴본 공정을 거쳐 이루어지며, 청색, 황색, 녹색 등 서너 가지가 사용된다. 이런 과정을 거쳐 완성되기까지는 짧게는 3개월에서 길게는 2년이 넘게도 걸린다. 물론 가격은 문양의 복잡성이나 색의 조화, 그리고 제작기간 등에 따라 천차만별의 차이가 난다.

　이 외에 입체적인 부조 작품을 만드는 '뗘요'와, 유리를 상감(象嵌-무늬를 파서 다

른 것으로 채우는 기법)에 활용한 '흐망지쉐차' 그리고 금박
장식의 '쉐자와(shwezawa)'등의 칠기기법도 복잡한
공정을 거치는데, 이런 기법은 대개 불교적인 공양구
나 불구(佛具) 또는 전각의 장엄에 사용된다.

옻칠이 된 용기에 문양을
그린 후 그 문양을 조각
칼로 파고 있는 아가씨

옻칠작업장에 들어갔을 때 처음 만난 것은 여인
이 대나무와 말총으로 소지(素地)를 만드는 광경이었
다. 그리고 남자가 대나무를 둥글게 말아서 소지(素
地)를 만드는 모습도 보였다. 한쪽에서는 문양을 넣
고, 다른 쪽에서는 여성들이 조각을 하고 있었으며,
색을 넣고 씻어내는 공정도 보였고, 금박을 입히는
사람도 있었다. 물론 지하 건조실에는 칠기를 건조하
고 있었다.

녹색 안료를 음각에 채워
적당히 말린 후 사포질로
음각 밖의 부분을
닦아내고 있다

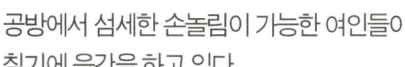

공방에서 섬세한 손놀림이 가능한 여인들이
칠기에 음각을 하고 있다

금박을 넣은 후
금박이 들어가서는
안될 부분에
미리 칠한 황색 안료를
닦아내고 있다

옻칠작업장을 둘러본 후 상품을 진열한 곳으로 옮겼다. 그곳에는 작은 용기에서부터 큰 용기에 이르기까지 다양한 크기의 그릇들이 진열되어 있었고, 단순한 문양의 생활용기에서부터 금박을 붙인 것이나 금상감(金象嵌)을 한 고급용기까지 있었으며, 가격 또한 천차만별이었다. 우리는 특별한 방으로 안내되었다. 근래의 최고 장인이 만든 칠기를 따로 보관한 곳이었다. 과연 그 솜씨가 감탄할 만했다.

나는 1996년의 설법상과 같은 옻칠금박의 불화를 구하고 싶었다. 마침 녹야원에서의 최초 5비구를 상대로 설법하시는 불화가 여러 점 있어서 자세히 살펴보기로 했다. 모두가 높은 곳에 걸려 있어서 내려달라고 부탁을 하여 가까이서 보았다. 그러나 결국 나는 빈손으로 그곳을 나와야 했다. 금박이 일정하지 않거나 부처님의 상호가 원만하지 않았기 때문이다. 나는 결국 1996년에 모시고 온 그 설법상이 참으로 훌륭하게 조성되었다는 것만 확인한 셈이었다.

우 바 녜인의 상품 진열장
- 공방은 오른쪽으로 들어가야 있다

◀다양한 공양구들이
진열되어
있는 것이 보인다

◀비교적
서민들이 생활에
사용할 것 같은 그릇들

화려한 공양구와▶
몸을 치장하는데
필요한 장신구들

▲비교적 소품에 속하는 접시류 등이
진열되어 있는 곳

▼따로 마련된 방에는 인간문화재급 장인의 작품만 있었다

▲금박으로 문양을 넣은
고급형 접시 종류

사리함 형식의 용기는
아마도 공양에
사용하는 것이리라 ▶

마누하 파야의 본당 **16**

아르타우카 호텔에서
그리 멀지 않은 곳에
마누하 파야와 난 파야가 있다
- 붉은 밑줄

칠기공방을 둘러본 후 버스에서 보이차를 한잔씩 마시고 출발한 시각이 15시 25분이었고, 5분 뒤 우리는 마누하 파야에 들어서고 있었다.

마누하 파야에는 바간 왕조의 미얀마 통일 염원과 불교의 홍포(弘布)에 관한 역사가 숨어 있으며, 그 희생자라고 할 수 있는 마누하 왕의 슬픈 삶이 녹아 있는 곳이다.

미얀마어로 표기한 아래에 영어로 마누하 파야를 부기한 간판

마누하 파야의 입구에 있는
큰 나무의 그늘에서 물건을 파는 사람들

　　부족국가 형태의 작은 나라였던 바간은 1044년 즉위한 아노라타
(Anawrahta-팔리어 발음-아노야타Anawyahta라고도 함)에 의해 본격적으로 강력한 왕
조가 시작된다. 그래서 아노라타(재위1044~1077)를 바간 왕조의 초대 왕으로 본
다. 아노라타는 서남부 미얀마를 정복하면서 점차 세력을 넓혀가고 있었다.
그러던 중 1056년 바간의 남쪽 몬족(Mon)의 나라 따똥(Thaton-흔히 '타톤'이라고
발음) 왕국에서 올라온 '신 아라한(Shin Arahan)'이라는 22세의 젊
은 상좌부불교(북방에서는 흔히 소승불교라고도 함)의 스님을 만
나 불교에 대한 설명을 듣고 신자가 되었다. 당시의
바간은 정령인 낫(Nat)에 대한 신앙과 힌두교 신앙
등이 뒤섞인 상황이었다. 아노라타 왕은 불교적인
가르침에 감동을 받기도 했지만 한편으로는 강력
한 왕권의 강화와 바간 왕조의 통합을 위해 불교를
국교로 삼았다.

　팔리어와 영어로 설명해 둔 안내비석이 마누하 파야의 입구에 서 있다

마누하 파야의 본당과 주변 건물이 가까이 있어 답답하다
- 우측 모퉁이에서 본 것

'신 아라한' 스님으로부터 따똥 왕국에 불교의 경전이 있음을 들은 아노라타 왕은 사신을 파견하여 경전을 필사하여 보내 줄 것을 청하였다. 그러나 따똥의 왕 마누하(Manuha)는 전쟁을 일삼는 폭군인 아노라타 왕에게는 불경을 보내 줄 수 없다고 거절했다. 이에 화가 난 아노라타는 따똥 왕국을 정복하고는 마누하 왕 부부와 수많은 기술자들을 포로로 잡아 왔다. 감금된 상태로 지내던 마누하가 1059년에 풀려나 지은 사원이 마누하 파야이다. 이 사원의 본당 외형은 직사각형이며, 위로 올라갈수록 점점 더 작은 직사각형의 층으로 이루어져 있다.

본당 앞의 전실에 있는 발우 모양의 용기가 보임   고팀장으로부터 쌀 공양에 대한 설명을 듣고 있는 대중

본당의 앞에는 전실(前室)이 큰 홀로 되어 있는데, 홀의 안쪽 중앙에는 남방 스님들의 발우형태(남방불교의 발우는 우리와 달라 큰 항아리 형이다)인 커다란 금빛 용기가 있다. 본래의 용도는 신자들이 쌀을 공양 올리는 것이다. 1년에 두 번 쌀을 공양 올리면, 이 쌀로 300분의 스님들께 공양을 올렸다고 한다. 안이 궁금한지 사람들은 사다리를 타고 올라가 들여다보고는 돈이 있음을 알고는 주머니를 뒤적여 돈을 꺼낸다. 그런데 아래에서 보는 것과는 달리 안은 좀 실망스럽게 되어 있다. 금박을 안에도 붙이면 좀 나아 보이려나? 미처 쌀을 준비하지 못한 이들을 위해 복전(福田)이 여러 개 준비되어 있다.

사다리 위에 올라가서 들여다본 용기 안쪽 모습

본당 앞에 있는 전실을 옆에서 촬영한 것

쌀 공양기를 돌아가면 본당의 입구가 나타난다

발우모양 용기를 돌아가면 최근에 붙인 듯한 '마누하 파야'라는 간판이 있고, 그 아래로 부처님의 무릎만 보인다. 이 무슨 기이한 현상이람. 안으로 들어가니 참배할 공간이 매우 협소하다. 부처님 무릎 가까이 다가가 고개를 완전히 뒤로 제치니 비로소 10m 정도 높이의 부처님 좌상(坐像) 전체 모습이 눈에 들어왔다.

참배하는 곳에서도 몸을 낮추지 않으면 부처님의 모습을 다 뵐 수 없다

▶ 중앙의 본존 앞을 지나 오른쪽으로 좁은 통로를 지나면 중앙 불당보다 더 좁은 불당과 존상이 나타난다

▼ 중앙 본존에서 좌측으로 통로를 지나면 거의 비슷한 불당과 존상이 나타난다

　　광각렌즈를 사용해서 겨우 전체 법체(法體)를 사진에 담을 수 있을 정도니 참으로 답답한 노릇이다. 존상의 등은 벽에 붙었고, 머리는 천장에 거의 닿았으며, 양팔은 좌우 벽에 붙다시피 했다. 마누하 파야에는 전면(前面)에 좌상(坐像)의 삼존불(三尊佛)을 모셨는데, 각 존상은 각기 다른 불당에 안치되었다. 이 세 불당을 이어주는 통로는 두 사람이 겨우 비낄 수 있을 정도였다. 아무리 감금당한 상태로 지낸 자신의 처지 때문에 이렇게 조성을 했다고 하더라도 이건 지나친 감이 있다.

본존불의 바로 앞에서 광각렌즈로
겨우 촬영할 수 있는 전체 모습 - 10m쯤의 높이

삼존불을 참배하고 우측으로 나오니 작은 종이 매달려 있고 사람들이 타종을 하고 있었다. 미얀마에서는 언제라도 소원을 빌며 타종을 할 수 있단다. 우리나라에서는 정해진 시각이나 특별한 경우를 제외하고는 타종을 할 수가 없다. 각 나라마다 관습이 다르니, 그 나라에선 그곳의 관습대로 하는 것도 좋을 것이다. 대중들이 모처럼의 기회를 놓치지 않으려 돌아가며 종을 치고 각자의 소망을 염원했다. 본당의 측면을 돌아 뒤편으로 가면서 나는 대중들에게 이왕 소원을 말하려면 큰 소원을 가지라고, 저녁예불 때 종을 치며 염불하는 종송(鐘頌)의 뜻을 설명해 주었다.

"이 종소리를 듣고 번뇌가 다 끊어지고,
 지혜가 커져서 깨닫고자 하는 마음 내어지다.
 지옥을 떠나고 삼계윤회 벗어나,
 부처를 이루고 중생을 제도하여지다."

본당의 앞 오른쪽에
작은 종이 매달려 있고,
사람들은 소원을 빌며 종을 친다

본당의 뒤쪽으로 돌아가니 또 다른 불당이 있는데, 그곳에는 와불(臥佛)이 모셔져 있다. 하나의 건축이지만 내부의 회랑이 없이 완전히 밖으로 나가서 돌아가야 하는 구조로 되어 있다.

마누하 파야의 열반당 - 서쪽에서
동쪽을 향해 광각렌즈로 찍은 것

열반상의 발모양은 가지런하다
- 쿠시나가라 열반당의 열반상

열반상의 머리부분은 몸체와 수평이다
- 쿠시나가라 열반당의 열반상

　　와불(臥佛)에는 와선상(臥禪像-누운 상태로 선정에 드신 모습)과　열반상(涅槃像-임종하시는 모습)이 있다. 와선상은 오른손으로 머리를 받쳐서 머리가 몸보다 위로 올라가 있으며, 발모양은 오른발과 왼발이 어긋나 있다. 열반상은 팔을 땅에 붙인 상태로 손바닥 위에 머리를 두어서 몸과 수평상태가 되며, 발은 왼발과 오른발이 상하로 가지런하다. 마누하 파야의 열반당 와불은 당연히 열반상이다. 먼저 참배하는 이들이 밖으로 나오길 기다리며 고팀장이 설명을 하는 동안

와선상은 머리부분이 높고 두 발이 엇갈린다 - 양곤 차욱탓치 사원의 와불

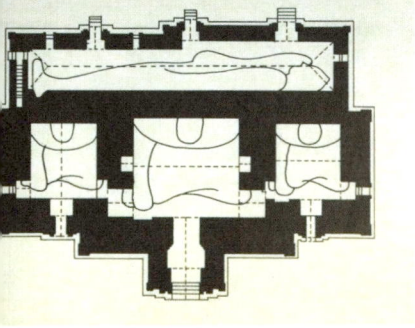

마누하 파야를 위에서 본 단면도
아래가 삼존을 모신 불당이고
위의 긴 공간이 열반당

열반당의 전면을 광각렌즈로 촬영하였다. 그
때 꼬마들이 서툰 발음으로 '서까모니불'을 외
치며 나를 보고 손을 흔들었다. 나도 그만 꼬
마가 되어 웃으며 손을 흔들었다.

마누하 파야는 동향(東向)으로 앉아 있
고, 열반당은 뒤편에 있으니 서향(西向)이다.
그러므로 열반상은 머리가 북쪽을 향하고 있
고, 발은 남쪽으로 뻗었다. 서쪽에서 열반당
을 보면 문이 세 곳이 보인다.

마누하 파야 열반당 중간에서 열반상의
발쪽을 본 것 - 대중 뒤로 발이 보인다

◀ 열반상의 발 바로 앞에서
사진을 찍으니 다리 부분만 찍혔다
▼ 열반당의 우측 문에서 촬영하면
겨우 얼굴 부분이 보일락 말락 한다

왼쪽에 있는 문은 열반상의 머리 쪽에 있으므로 출구가 되기에 들어가서는 안 된다. 가운데 문은 잠겨 있고, 오른쪽 문은 들어가도 되지만 정확한 입구는 아니다. 열반당 입구는 남쪽 면으로 돌아가면 바로 나온다. 이 문은 열반상의 발바닥 뒤에 있다. 문 안으로 들어서니 열반상의 발바닥이 앞을 가린다. 살짝 비켜 좀 더 나아가면 이번에는 긴 다리 부분만 보인다. 겨우 두 사람이 비킬 수 있는 좁은 공간 때문에 30m쯤 되는 와불상을 한눈에 뵙는 것은 불가능하다. 결국 발에서부터 조금씩 나아가면서 그만큼씩만 부처님을 친견할 수밖에 없다. 결국 얼굴 아래까지 가서 우러러 본 후에야 전체 모습을 그려낼 수 있다.

　이 열반당에 대해서도 가이드나 안내책자에서는 마누하 왕이 답답하고 억울한 심경 때문에 이처럼 협소한 공간에 답답한 상태로 열반상을 모셔 놓은 것이라고 설명한다. 하지만 너무나 편안해 보이는 열반상의 얼굴 표정은 뭐라고 할 것인가? 어떤 책에서는 죽음만이 결국 편안함에 이르는 유일한 길임을 상징한다고 설명했다.

열반당의 중앙문에서 촬영하면 상체 부분을 찍을 수 있다

▶ 열반당의 북측 문에서 찍으면
와불의 얼굴 부분이 확실히 들어온다

▼ 열반상의 머리맡에서 사진을 찍으니
불상의 하체 부분이 보이지 않는다

마누하 파야 본당의 남쪽에 있는 작은 사당에 마누하 왕과 왕비가 안치되어 있다

열반당을 참배한 후 남쪽 측면으로 돌아서면 작은 사당 하나가 있다. 그리고 그 안에는 작은 인물상 2기가 있다. 바로 마누하 왕과 왕비이다. 왕은 정면을 향하고 있지만 왕비는 왕을 외면하고 있다. 왕비는 아노라타 왕이 경전의 필사본을 요구했을 때 그 요구를 들어주라고 간청을 했지만, 마누하 왕은 기어코 그 말을 듣지 않았다. 그 결과로 포로가 되어 감금당했다가 풀려났지만, 왕비는 결국 노예로 전락하고 말았다. 그러니 남편을 보고 싶지 않아서 고개를 돌리고 있다고 한다. 이것이 가이드가 설명하는 내용인데, 사실 여부는 알 길이 없다.

난 파야와 마누하 파야의 진실 18

　'**마**누하 파야'에서 남쪽으로 40~50m쯤 가서 약간 서쪽으로 방향을 틀면 힌두교사원인 '난 파야(Nan Paya)'가 있다. 일국의 왕이었던 마누하가 포로로 잡혀와 갇혀 지냈던 곳이다. 계단을 통해 사원으로 오르니 아낙네들이 모여 있다가 무언가를 팔려고 다가왔다. 정면에서 오른쪽으로 살짝 비켜 살펴보니 햇빛 아래로 난 파야의 모습이 드러났다.

입구 옆 사람들은 주변의 가게에
일하는 사람들인데 거의 놀러 나온 분위기다

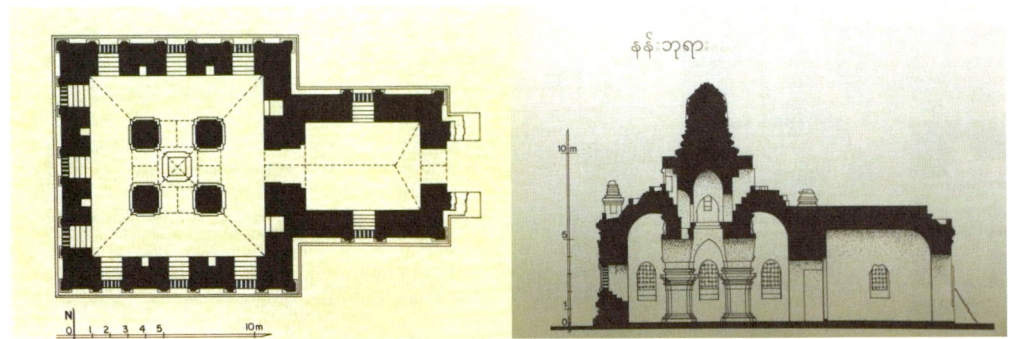

난 파야를 위에서 본 단면도
- 흰 곳은 사람이 다닐 수 있는 공간

난 파야를 측면에서 본 단면도
- 흰 곳은 빈 공간이 마련된 곳

난 파야의 외형 - 서쪽을 향해 찍은 것이라 햇빛이 강하다

중앙의 밭 전(田)자에서 고팀장이
부조 등에 대해 설명하는 것을
듣고 있는 대중들

전실을 지나면 좁은 통로가 나타난다
-통로를 지나면 밭 전(田)자 공간이다

철창으로 막아 둔 출입구의 쪽문으로 들어서니 두 사람이 비킬 정도의 통로가 있고 조금 안으로 들어서면 제법 넓은 전실(前室)이 나타났다. 전실의 좌우에는 빛이 들어오도록 창을 만들어 두었다. 전실을 지나 다시 좁은 통로를 지나면 밭 전(田)자 형의 통로가 나타나고 각 벽면에는 부조(浮彫)가 가득하다. 내부는 붕괴를 막기 위한 철제 보호대가 벽면에 설치되어 있는데, 그리 오래된 것은 아니라고 한다.

설치된 조명을 통해 보이는 문양 중에는 커튼을 드리운 듯한 연속적인 무늬의 부조이다. 중앙 지점으로 들어가자 눈에 띄는 인물상이 보였다. 얼핏 보면 연꽃을 든 관음보살 같다. 자세히 보니 얼굴이 셋(보이지 않는 뒤의 얼굴까지 넣으면 넷)이고 연화좌 위에 앉아 있는데, 한 발을 세운 자태가 흔히 볼 수 있는 보살의 모습이라고 보긴 어렵다.

좁은 입구를 지나면 넓은 전실(前室)이 나타난다
-붉은 것이 붕괴를 막기 위한 철제 보호대

이 인물상과 몇 가지 문양 때문에 불교사원일 수 있다는 설명도 있지만, 여러 가지 측면에서 힌두교 사원이라고 보는 것이 맞겠다. 아노라타 왕이 불교에 귀의하긴 했으나 그 이전까진 바간에 공식적으로는 불교가 없었다고 기록되어 있다. 만약 공식적으로 어떤 유형의 불교였건 있었다면, 아노라타 왕이 따똥 왕국에서 올라온 '신 아라한' 스님을 만나서 비로소 불교를 알게 되었다고 할 수 없기 때문이다.

가장 많은 부조는
커튼을 드리운 듯한
문양이다

사면신상(四面神像)은 힌두교의 '브라흐마'로 보는 것이 옳겠다. 물론 사면관음보살상(四面觀音菩薩像)이 있긴 하지만, 이 보살상은 대승불교가 꽃피울 때에 나타나며, 또한 머리의 보관(寶冠)에는 아미타불의 화신을 모시고 있다. 그러나 이 신상의 보관에는 화불(化佛)도 없거니와 보살의 상징인 장신구가 목이나 손에 보이질 않는다.

얼굴이 넷인 브라흐마신상
- 인도 델리국립박물관
- 2006년 촬영

❶ 얼핏보면 관세음보살이라고 착각할 정도이지만 힌두교의 브라흐마 신상이다
❷ 세 얼굴이 보이지만 뒤의 얼굴까지 넷이다 - 벽돌이 몇 개 떨어져 나갔다
❸ 손에 연꽃을 든 모양인데 특별한 장신구는 보이질 않는다

마누하 파야와 난 파야의 사이에는 공예품 등을 파는 가게가 즐비하다

　'난 파야'의 맞은편에는 모래로 그린 그림들이 관광객을 부르고 있었고, 성지 순례자를 위해 그린 누워 계신 부처님상과 스님들의 탁발 그림도 있었다. 그 옆으로 여러 상품을 진열한 가게들이 있었지만, 정작 가게 주인들은 영악스럽게 장사를 하기보다는 놀이터에 나온 듯 했다.

난 파야의 정면과 측면에는 모래로 그린 그림들이 많이 진열되어 있다

탁발하는 스님들의 뒷모습을 주로 많이 그렸고,
마누하 파야의 와불상도 그렸다

마누하 파야로 접어들면 완전히 다른 세계가 펼쳐진다 - 왼쪽이 마누하 왕 부부의 사당

'마누하 파야'를 향해 걸어가면서 나는 마누하 왕이 만들어 놓은 새로운 세계
인 불교사원을 보았다. 그래서 옛날로 돌아가 마누하 왕과 아노라타 왕을 만
나보기로 했다. 그들의 얘기를 정리하면 이렇다.

11세기 따똥 왕국은 이미 불교를 받아들여 부처님의 가르침대로 살아가려고
노력하는 나라였다. 북쪽에는 계속 전쟁을 일삼으며 작은 부족 국가들을 무너뜨
리는 아노라타 왕의 바간 왕국이 있었다. 그 전쟁을 일삼는 아노라타가 불경을
요구해 왔다. 마누하는 그것을 계기로 전쟁을 끝내게 하고 싶었다. 그래서 우선
전쟁을 멈추라고 요구했다. 그러면 불경을 주겠노라고 했다. 하지만 강대한 왕
국을 꿈꾸고 있던 아노라타는 따똥을 정복하여 불경을 갖는 방법을 택했다. 그
리고 마누하 왕 부부와 뛰어난 기술자들을 포로로 잡아왔다. 아노라타가 마누
하를 죽이지 않고 잡아온 것은 다른 목적이 있었다. 바간보다 발전된 국가였던

따뚱의 기술로 바간 왕국의 새로운 문명을 열고 싶었던 것이다. 그래서 '난 파야'에 감금했던 마누하에게 자유의 몸을 만들어 줄테니 따뚱의 기술자들을 데리고 최고의 불교사원을 지어달라고 설득했다. 불심이 깊었던 마누하는 아노라타의 제안을 받아들였다.

마누하는 새로운 땅 바간에 부처님의 전당을 멋지게 세우고 싶었다. 당시의 불당(佛堂)은 법회(法會)를 하는 장소가 아니었다. 각자가 부처님을 친견하고 자신의 고민을 고백하며, 자신의 잘못을 참회하고 새로운 원을 세우던 곳이었다. 마누하는 아노라타를 비롯한 바간 사람들에게 부처님이 얼마나 위대한 분인지를 알려주고 싶었다. 그래서 좌불상으로서는 최대가 되는 10m 정도의 부처님상을 조성하였다. 그리고는 벽돌건축의 한계 때문에 부득이 입구나 참배하는 장소는 최소화하는 건축법을 썼다. 그리고 한편으로 부처님마저도 육신은 소멸되었음을 일깨워 세속적인 욕망에서 자유로운 삶을 살도록 하고 싶었다. 따라서 동일한 사원 안에 열반상까지 모시는 불사를 한 것이었다.

이 불사를 통해 바간 왕국은 불교국가가 되었다. 왕은 말할 것도 없고 재력이 있는 이는 누구나 불탑이나 불당을 조성하기 시작했다. '마누하 파야'를 지을 때 참여했던 따뚱의 기술자는 말할 것도 없거니와 새로 참여했던 바간의 기술자들은 벽돌을 이용한 모든 기술을 발휘하기 시작한 것이다. 또한 마누하는 자신의 이름을 붙인 거대한 사원을 바간에 남김으로써, 세상 사람들에게 바간에 불교문명을 새로 연 사람으로 기억된 것이다.

'마누하 파야'는 아노라타 왕과 마누하 왕이 의도했건 의도하지 않았건 많은 상징을 보여준다. 그것을 내 나름으로 몇 가지 정리해 본다.

 '마누하 파야'에서는 밖에서 쉽게 부처님을 뵐 수 없다. 반드시 안으로 들어가야만 한다. 우리에게 본래의 부처가 있다고는 하지만 안으로 깊이 들어가지 않으면 결코 자신의 부처를 만날 수 없다. 그러므로 바깥으로만 찾아다니는 공부는 깨달음에 이를 수 없다.
 불당에 이르기 위해서는 좁고 낮은 문을 통해서 들어가야 한다. 자신의 부처를 만나는 통로는 평소 보잘 것 없다고 생각했던 자신의 마음이다. 범부의 마음이란 얼마나 좁고 낮은가? 하지만 넓게만 보이는 바깥이 아닌 그 마음이라는 통로로 향해야만 비로소 부처의 자리에 이르게 되는 것이다. 그 방법은 자신을 낮추는 하심(下心)이다.

마누하 파야의 본당은 참 많은 상징을 지녔다
- 새 두 마리가 마누하 부부의 영혼처럼 날고 있다

'마누하 파야'의 불당을 꽉 채운 불상은 참배자에게 머리의 정상을 보여주지 않는다. 겨우 얼굴까지만 볼 수 있다. 부처님은 우주를 꽉 채우고도 모자랄 만큼 위대하다. 너무나 위대해서 그 정상을 볼 수도 없다. 하지만 그 위대한 부처가 자기 내면에 있다.

'마누하 파야'에는 성불하실 때의 항마촉지인을 하신 좌불 세 분과 열반에 드시는 와불 한 분을 같은 건물 내에 모셨다. 그러나 내부통로는 연결되지 않고 밖으로 나가야 만난다. 생(生)과 사(死)는 하나이다. 그러나 보는 방향이 다르기에 산 사람이 죽음을 이해하기란 어렵다. 결국 생에 대한 집착을 완전히 놓을 때에만 생사로부터 자유로워진다. 이것이 부처의 경지이며 열반의 경지인 것이다.

다시 전실(前室)로 가서 대중들이 쌀을 공양하는 발우모양 그릇에 오른다. 정성껏 보시를 하고 내려오는 그 얼굴에 행복이 가득하다. 뒤로 돌아 바깥을 보니 많은 이들이 '마누하 파야'로 인해 생계를 유지하고 있는 모습이 보인다. 마누하 왕의 깊은 신심이 1천년이 지난 지금에도 사람들에게 새로운 삶을 제공하고 있음을 본다. 위대하다, 그 신심이여!

마누하 왕의 신심이 1,000년이 지난 지금도
사람들에게 새 삶을 열어주고 있다

대중들의 신심은 참 특별하다
- 들어갈 때 하지 못한 보시를 위해 발우 그릇에 오른다

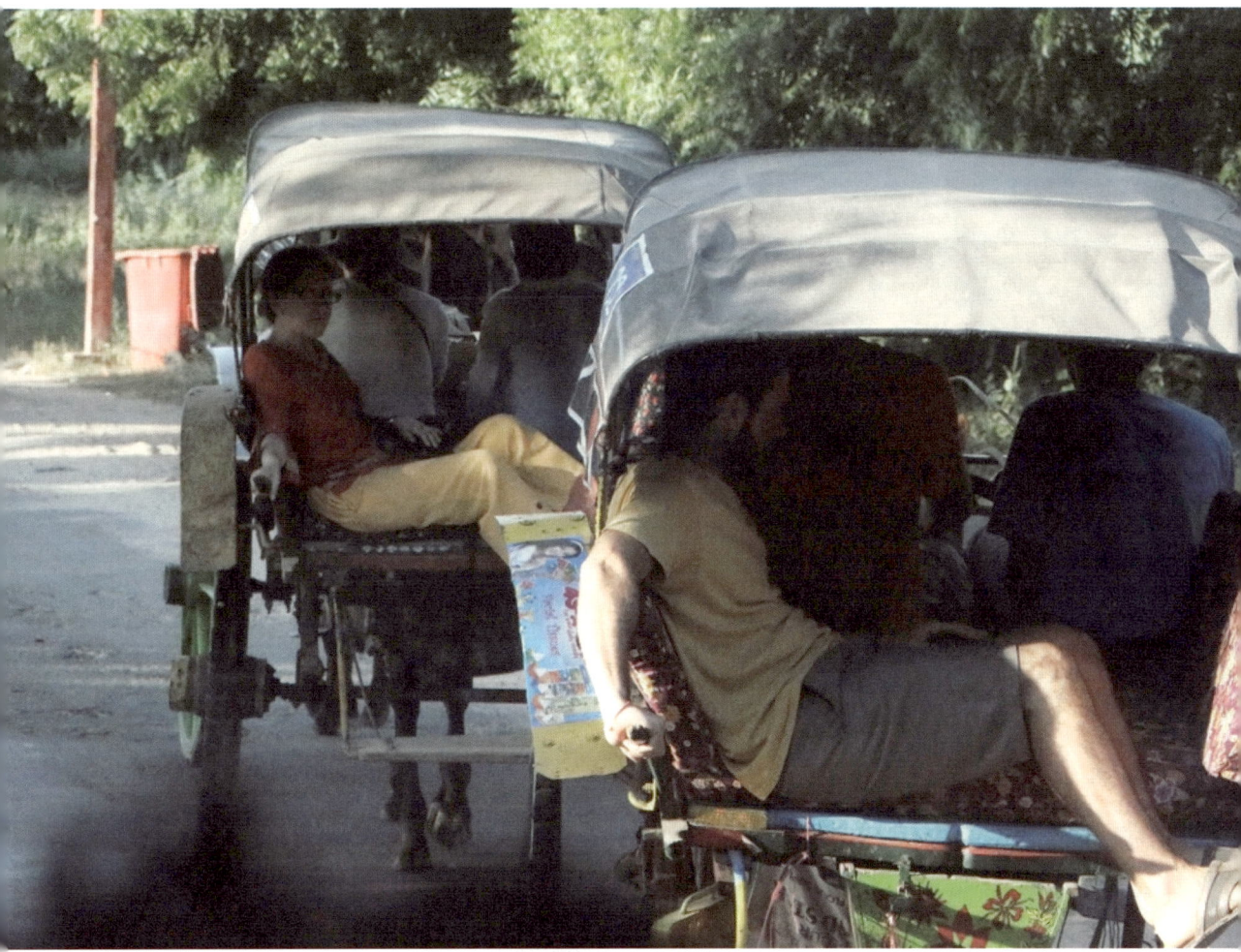

몇 사람씩 관광 온 유럽 사람들은 말이 끄는 작은 포장 마차를 많이 이용한다

16시 10분 마누하 파야를 떠났다. 말이 끄는 작은 포장마차를 스쳐지나 10분 후에 바간에서 역사가 가장 오래된 부 파야(Bu Paya)에 이르렀다.

▲ 부 파야의 입구에 있는 현대식 간판에는
   참배객을 위해 창건 연대를 써 두었다

◀ 우리나라 사찰의 사천왕문격이지만
   공양물을 파는 이들의 쉼터가 되어 있다

　　버스에서 내리자 오른쪽에 '부 파야 기원후 300(BUPAYA AD-300)'이라는 간판이 눈에 들어왔다. 3세기경에 사원이 건립되었다는 안내였다.

　　입구에는 큰 사자 두 마리가 양쪽에 있고, 그 안에 우리나라 사원의 사천왕문격인 작은 건물이 있다. 그 안의 양쪽 벤치에는 참배객들을 상대로 공양물을 파는 이들이 앉아 쉬고 있다.

◀마누하 파야(지도의 아랫부분)에서
　구 바간의 성벽 안에 있는 부 파야는
　그리 멀지 않다

▼버스를 내리면 바로 이 사자 두 마리가
　앉아 있는 부 파야의 입구가 있다

그곳을 지나면 약간 떨어져서 불당이 있다. 1996년에 참배할 때 유리장식 때문에 바간의 분위기와는 참 많이 다르다고 느꼈던 바로 그 불당이다. 불당은 벽면과 천장 및 기둥까지 갖가지 유리로 문양을 넣어서 화려하며, 얼핏 보면 자개장식처럼 보이기도 한다. 바로 옻칠기법 중 유리를 상감(象嵌)에 활용한 '흐망지쉐차'를 전체적으로 응용한 것으로 보인다.

부 파야의 불당은 유리상감 기법으로 장엄해서 아주 이색적이다

부처님께 공양을 올리기 위해 대중들이 차례를 기다리고 있다

부 파야에 대한 설명을 열심히 경청하는 대중

삼면에 벽이 없는 불당으로 들어서니 어린 아가씨가 꽃다발을 내민다. 가늘고 긴 노란 꽃대에 작고 하얀 꽃송이가 달린 꽃의 향이 좋았다. 그 꽃다발 전체를 사서 대중에게 몇 송이씩 꽃 공양을 올리라고 했다. 시간관계상 단체 예불을 모실 수는 없지만, 정성스레 공양을 올리고 삼배를 드리면 그것도 예불이 되는 법이다.

본존(本尊-법당에서 가장 으뜸이며 중심인 존상)은 백옥으로 조성된 석가 세존인데 상호로 봐서 아주 오래되지는 않았다. 오래된 불상은 여성스럽고 얼굴이 등근형에 가까우며 귀가 몸에 닿지 않는다. 그러나 본존상은 얼굴이 여유로우며 귀가 몸에 닿아 있으므로 근세에 모신 것이라고 볼 수 있다. 좌우보처(左右補處-주불을 좌우에서 모시는 존상)로는 보다 작은 존상이 모셔져 있다. 좌보처불(左補處佛)은 역시 백옥으로 조성한 항마촉지인의 석

부 파야 불단의 우보처불은 설법인을 하고 계신다 - 공양 올린 꽃이 보인다 ▶

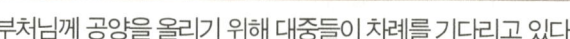

갖가지 색유리로 상감을 한 불단은
빛이 반사되면서 유리궁전을 만들고 있다

1996년 촬영한 부 파야의 불단은
장엄이 좀 달랐다
- 복전 안쪽에 하늘색 보호대가 보인다

가세존이고, 우보처불(右補處佛)는 완전히 개금이 된 설법인의 석가세존이
다. 1996년에도 삼존이 모셔진 곳에 미닫이식의 철제 보호대가 있어서 자물쇠
로 잠그게 되어 있었다. 지금도 그 장치는 마찬가지나 보호대가 있던 부분이
좀 다르게 바뀌어 있었다.

참배를 마치고 왼쪽으로 나가니 탑이 보호막에 싸여 있다. 아마도 최근의 지진으로 인한 훼손이 있거나, 개금을 다시 하기 위해 설치했을 것이다.

부 파고다(Bu Pagoda)는 바간지역에서 가장 오래된 탑이다. 바간 왕조 이전 도시국가 시대에 뾰소티(Pyusawti) 왕이 재위기간(168~243) 중 그의 선조 따무다릿을 위하여 세웠다고 하며, 사원의 앞 간판에도 'AD-300'이라고 적어 놓았다. 하지만 학자들은 850년경 북쪽에 구(舊) 바간의 성벽을 쌓았을 때 뾰(Pyu)족 양식으로 세워진 것이라고 주장한다. 이 탑은 1975년의 대지진으로 파괴되었다가 1976년에서 1978년 사이에 복원되었으며, 아랫부분의 테라스는 그때 첨가된 것이다. 장장 2,090km를 흐르며 미얀마의 젖줄 역할을 하는 이라와디(Irrawaddy) 강어귀에 우뚝 자리하고 있는 이 탑은 비교적 작은 편이지만, 옛날에는 이 강을 오르내리는 뱃사람들에게 등대로서의 역할도 했었다고 한다. 지금도 이곳에서 강을 오르내리는 배들을 볼 수 있으며, 이라와디 강으로 떨어지는 낙조(落照)를 보는 것이 일품이기에 해질 무렵이면 관광객들이 몰려든다고 한다.

부(Bu)는 미얀마 어로 '박'이라고 한다. 현지인들은 그 연유를 이라와디 강변에 자생하던 호로병 박을 모두 없애고 그 자리에 탑을 세웠기에 부 파고다(Bu Pagoda-호로병 탑)라고 이름 붙였다고 하지만 어쩐지 조작된 느낌이 든다. 아마도 탑이 호로병 박 모양을 하고 있기에 그런 얘기를 만든 것은 아닐까?

부 파고다는 호로병 박 모양으로 매우 특이한데,
우리나라의 부도에 비슷한 것이 있다

부 파고다는 보수를 위해 보호막으로 에워싸여 있어서 대중들이 실체를 보지 못했다

▲ 떠나며 돌아본 부 파야는 길게 그림자를 드리우고 있었다

◀ 불당 오른쪽에 탑을 그린 그림이 놓여 있어서 참배객들이
그나마 위안을 삼을 수 있다

　탑의 모양을 궁금해 하는 사람들에게 불당 오른쪽의 탑 그림을 보라고 알려
주고 강이 보이는 곳으로 돌아가니, 내려다보이는 강변이 1996년과는 많이 달
라져 있었다. 이전에는 탑의 바로 아래까지 배가 들어왔고, 사람들은 강에서
목욕을 하고 있었다. 그러나 현재는 강보다 높은 둔덕이 새로 생겼고, 그 둔덕
에는 많은 관광객과 정박한 배들이 있다. 둔덕 위에는 밭도 있고, 장사하는 이
들의 원두막도 보인다. 강물에 반사되는 눈부신 햇빛이 벌써 일몰을 재촉하기
시작한다.

　기념사진을 찍기에 바쁜 대중들을 재촉하여 최고의 일몰을 선사한다는 쉐산
도로 발길을 옮기면서, 그 단순하면서도 우아한 부 파고다의 진면목을 대중들
에게 보여주지 못함이 아쉬워 다시 돌아보게 된다.

1996년의 탑 아래 강변은 자연 그대로의 모습이었다

1996년에는 배들이 좀 더 위에 있었다

떨어지는 해가 이라와디 강물에 눈부신 빛을 뿌리고 있다
- 강변이 1996년과 많이 다르다

1996년 탑 아래에서는 현지 사람들이
남녀 함께 목욕을 하고 있었다

대중들이 탑 곁에서 이라와디 강을
배경으로 기념사진을 촬영

쉐산도❶ 다시 찾은 옛 기억 20

지도 좌상(左上)의 부 파야에서 지도 좌하(左下)의 마누하쪽으로 내려가면 쉐산도가 나온다 - 붉은 밑줄이 있는 곳은 쉐산도에서 살펴본 대표적인 사원

16시 40분 부 파야를 떠나 다시 왔던 길을 돌아 남쪽으로 내려가 쉐산도 파야(Shwesandaw Paya)에 이른 시각이 16시 48분이었다. 쉐산도는 '황금 머리카락'이라는 뜻이란다. 탑 안에 부처님의 머리카락을 모셨기 때문이라고 하는데, 어떤 설명에는 부처님께서 사용하셨던 발우를 모셨다고도 설명한다. 아노라타 왕이 따똥 왕국을 정복한 후 1057년 처음 이 탑을 세웠다고 한다. 지금은 일출과 일몰을 보기에 가장 좋은 장소로 이름이 높다.

❶ 주차장에서 본 쉐산도 탑 - 이미 테라스에는 사람들로 가득하다 ❷ 탑 아래에서 찍은 쉐산도의 위용
- 낮달이 보인다 ❸ 탑 북면의 가파른 계단을 오르려 하는 개화사 대중 - 실제는 보기보다 훨씬 가파르다

주차장에는 몰려든 차들로 혼잡하다. 경내로 진입하며 보니 쉐산도 파고다
에는 이미 많은 사람들이 테라스에서 서쪽을 향해 운집해 있다. 망원 줌으로
탑의 상부를 보니 보륜(寶輪)의 위용이 대단하다. 우리도 늦을세라 탑 북면의
가파른 계단을 서둘러 올랐다. 계단에는 철제 손잡이가 좌우로 설치되어 있어
서 오르내리는 사람들에게 도움을 주고 있다. 5층 테라스에 오르자 대중들이
기념사진을 찍느라고 분주하다.

망원 줌으로 당겨 본 쉐산도
파고다의 상륜부가
장엄하다

우정준 사장의 뒤쪽 아래로 창고처럼 보이는 것이 신빈따라웅 사원이다

　대중들의 모습을 따라가던 내 카메라에 어쩐지 낯익은 건물 하나가 들어왔다. 일견 창고 같은 이곳이 왜 눈에 익은 것일까? 잠시 덜컥거리던 기억이 재생되었다. 1996년에 참배한 신빈따라웅(Shinbinthalyaung) 사원이다. 겨우 한 사람이 지나다닐 수 있을 정도의 공간을 제외하고는 18m의 와불(臥佛)이 모셔져 있는 곳이다. 1996년에 이미 회칠이 많이 벗겨지긴 했지만 그래도 철제 지지대가 설치되진 않았었다. 그래서 고풍스런 벽화를 감상할 수 있어 좋았다. 그러나 여행사에서 제공한 최근의 자료에는 회칠이 많이 벗겨졌고, 철제 지지대가 설치되어 있어서 16년 전의 편안함이 많이 훼손되었다.

신빈따라웅 사원은 20m 정도의 길이에 18m의 와불이 모셔져 있다

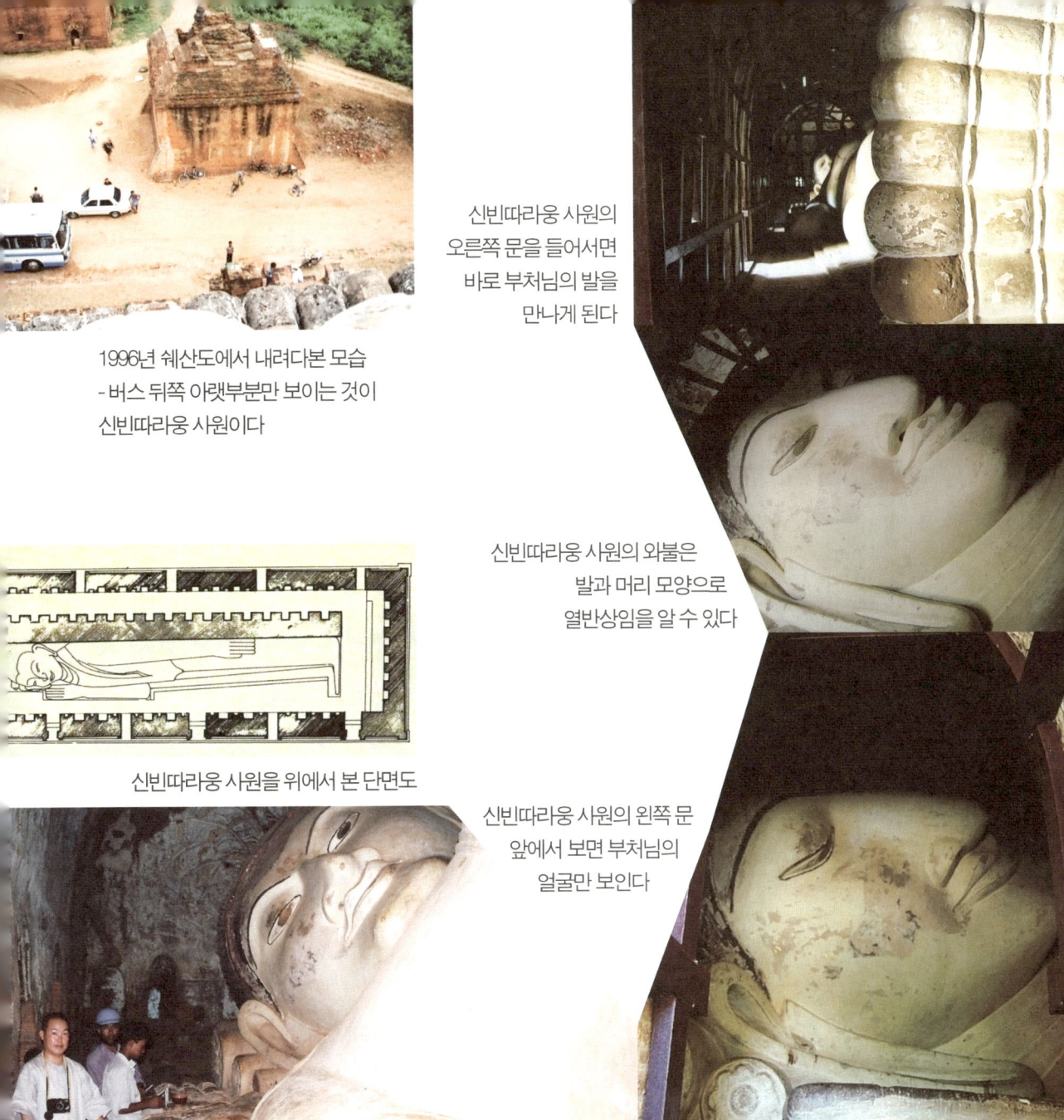

1996년 쉐산도에서 내려다본 모습
- 버스 뒤쪽 아랫부분만 보이는 것이
신빈따라웅 사원이다

신빈따라웅 사원의
오른쪽 문을 들어서면
바로 부처님의 발을
만나게 된다

신빈따라웅 사원의 와불은
발과 머리 모양으로
열반상임을 알 수 있다

신빈따라웅 사원을 위에서 본 단면도

신빈따라웅 사원의 왼쪽 문
앞에서 보면 부처님의
얼굴만 보인다

1996년 신빈따라웅 사원을 참배할 때는
사진에서처럼 지지대가 없어서
벽화까지 감상할 수 있었다

아직 일몰이 시작되지 않아서 나는 사방을 둘러보기로 했다. 먼저 서북향을 카메라의 망원 줌으로 당겨보니 낯익은 사원이 들어왔다. 바로 높이가 61m로 바간에서 가장 높은 파고다인 탓빈뉴 파야(Thatbyinnyu Paya)이다.

이 사원은 1144년에 아난다 사원 건립자인 짠시따(Kyanzitta) 왕의 손자인 알라웅시투(Alaungsithu) 왕이 건립하였다. 탓빈뉴 파고다를 지을 때, 매 일만 번째 돌을 빼내어 파고다 북동쪽에 작은 파고다를 만들었는데 이것을 텔리 파고다라고 부른다. 이 텔리 파고다의 벽돌 수를 세어보면 탓빈뉴 사원의 전체 벽돌 수를 알 수 있다. 1996년 참배할 때 가이드가 손가락으로 텔리 파고다를 가리키며 이 설명을 하였는데, 그 당시에는 별로 중요하게 생각지를 않아 가까이 다가가 찍을 생각을 하지 않았다. 다행스럽게 망원렌즈로 잡은 탓빈뉴 파야의 오른쪽으로 작은 텔리 파고다가 닮은꼴로 보인다.

쉐산도에서 서북향으로 탓빈뉴 파야가 보인다
- 오른쪽 탑이 텔리 파고다, 300mm 렌즈

사원의 입구 가까이 가서 찍은
탓빈뉴 사원의 모습

탓빈뉴 파야를 앞(좌)과 위(우)에서 본 단면도

　이 탑은 높이로 인해 바간 전체를 한눈에 볼 수 있는 최고의 전망 장소였으나, 1994년 이후로는 건축물 보호를 이유로 일반인은 1층만 들어갈 수 있다. 바간의 탑들은 대부분 겉은 크지만 내부는 비좁고 빛이 겨우 희미하게만 들어오는 구조지만, 탓빈뉴는 내부 공간을 넓게 만들어서 1, 2층에는 스님들이 거주하고 3층에는 유물을 보관하고 4층은 도서관으로 이용하도록 설계되었다. 그러나 일본군의 도굴로 현재는 남아 있는 유물이 없다.

경내에 들어가
탑의 아래에서
올려다보며 찍은
탓빈뉴 사원

❶ 항마촉지인을 하고 계시는 탓빈뉴 사원의 본존인 석가모니불
❷ 우리에게도 친숙하게 느껴지는 탓빈뉴 사원의 천장화 - 훼손되어 벽돌이 보인다
❸ 인물화가 있으나 많이 훼손되어 자세한 내용을 알기 어려운 탓빈뉴의 사원 안의 벽화

19₉₆년 비온 뒤 흙탕길을 지나 가까이 다가갔을 때 멀리서 보던 모습과 입체감이 많이 달라보였던 기억이 있다. 탑 안에는 항마촉지인(降魔觸地印)의 석가모니부처님이 모셔져 있었고, 벽화와 천장화가 남아 있었다.

이 탑빈뉴 파야를 회상하는 사이에 또 하나의 기억이 되살아났다. 1996년 참배 때 이 사원에서 그리 멀지 않은 곳에 있는 한 승원을 방문했었다. 레미옛나(Laymyethnar) 승원(僧院)이었는데, 옛날 바간왕조의 승가대학이 있었던 유적지 옆에 새로 세운 스님들의 수도처였다. 레미옛나 사원 유적지에서는 바간왕조 시대의 칠기유적이 출토되었기에 옻칠공예를 연구하는 학자들에게는 유명한 곳이다. 2000~2001년에 한국의 조계종스님과 불자들이 힘을 모아 이 유적지에 새로 사원을 지었다고 하는데, 확인할 시간적 여유가 없었다.

비 온 뒤의 흙탕길을 달려가며 찍은
탓빈뉴 사원의 원경

9 15 '96

레미옛나 승원의 법회장이면서
아울러 대중방으로 사용되는 공간의 모습

꽤 넓은 공간이었던 법회장소는 공양할 때도 사용하는 듯함
- 벽에 기대 세운 둥근 두레반 상을 볼 수 있다

바간 왕조의 승가대학이었던
레미옛나 사원의 유적 가까이 있는 레미옛나 승원

나무와 대 그리고 갈대로 만든 2층의 승원에는 신도들이 모여 법회를 볼 수 있는 큰 방이 있었고, 그곳에는 많은 사람들이 공양도 하는지 옛날 우리 시골에서 사용하던 둥근 두레반 상이 몇 개 보였다. 우리는 주지스님의 방에 초대 받아 잠시 대담을 하며 차를 마셨고, 부채를 선물로 받았다. 미얀마 스님들은 신도로부터 직접 돈을 받을 수 없다. 그래서 지퍼가 달린 이중부채에 돈을 넣어서 보시를 올린다고 한다.

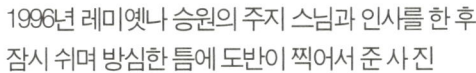

1996년 레미옛나 승원의 주지 스님과 인사를 한 후
잠시 쉬며 방심한 틈에 도반이 찍어서 준 사진

탓빈뉴 파야에서 왼쪽으로 살짝 한 눈금 정도 망원렌즈를 옮기자 바간에는 어울리지 않는 건축물이 불탑들 너머로 아스라이 보였다. 안내책자에서 본 '바간 고고학박물관'이었다. 미얀마 성지순례를 준비하면서 박물관에 대해 조사해 보라고 했더니, 바간에 고고학박물관이 있다고 했다. 시간을 만들어 관람해 보자고 알아보라 했더니 돌아온 답이 신통찮았다. 안에 들어가 보면

바간 고고학박물관이 불탑들 너머로 아스라이 보인다

별로 볼 것이 없다는 것이었다. 그래도 직접 확실하게 알아봐야겠다고 책자들을 구해 조사해 봤더니, 역시나 같은 설명이었다. 그런 과정에서 사진첩에 소개된 아주 멋진 불상을 찾아낸 것은 뜻밖의 수확이었다. 원래는 '우팔리 테인(Upali Thein)'에 봉안되어 있었다는 석가모니부처님 부조는 독특한 분위기를 느낄 수 있었다.

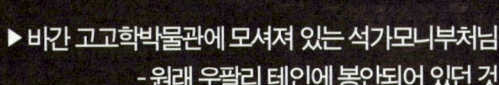

▶ 바간 고고학박물관에 모셔져 있는 석가모니부처님
 - 원래 우팔리 테인에 봉안되어 있던 것

입구 쪽에서 바라본
밍글라제디 파고다의 위용

망원렌즈를 다시 몇 눈금 왼쪽으로 옮기니 우아한 분위기의 불탑이 포착된다. 바로 밍글라제디 파고다(Mingalazedi Pagoda)이다. '밍글라 (mingalar)'는 미얀마어로 '축복'이라는 뜻이다. 미얀마 여행을 할 때 만나는 사람에게 합장한 자세로 '밍글라바' 라고 하면, '(당신을) 축복합니다' 라는 뜻 이기에 금방 친해질 수가 있다.

이 탑은 바간 왕조의 제11대 왕인 나라티하빠띠(Narathihapati. 재위 1255- 1287)가 6년의 불사(佛事)로 1277년(몇 가지 설이 있음)에 완성했다. 하지만 오래지 않아 원(元, 1271-1368)나라의 두 차례 침공을 견디지 못하고 정복당하고 만다. 결국 왕이 원나라에 들어가서 용서를 구하기로 하고 군대를 물러나게 했지 만, 그런 와중에 바간 왕조에서 종사하던 샨족의 고위관리 3명이 왕위를 찬탈 하여 바간 왕조를 멸망시켰다. 그러므로 이 탑은 바간 왕조에서 세운 마지막 탑이 되고 말았다.

이 탑은 그동안 개방되지 않다가 2011년부터 참배할 수 있게 되 었다. 이라와디 강에 가깝기 때문에 석양의 낙조를 감상하기 에 아주 좋은 곳으로 알려져 있다. 탑의 외벽에는 부처님의 전생이야기가 부조로 정리되어 있었으나 방치되어 있던 동 안에 도굴꾼들이 대부분 훔쳐가고 얼마 남지 않았다.

▶ 밍글라제디 파고다에는
부처님의 전생 이야기를
나타낸 부조가 많았다

강 건너편 산을 병풍처럼 두르고, 피어오르는 저녁 연기를 실크목도리처럼 휘날리며, 은하수처럼 빛나는 이라와디 강과 귓속말을 나누면서 늠름한 자태로 서 있는 밍글라제디를 보는 순간 정말이지 나는 말로 표현하기 어려운 기쁨이 샘솟았다. 그것은 말하자면 '축복'이었다. 밍글라제디는 주위를 압도하는 위엄으로 보는 이로 하여금 '마음 놓이게 하는 무엇'이 있다. 뿐만 아니라 일체의 군더더기를 다 제거해버린 간결한 흘러내림은 저절로 감탄을 자아내게 한다. 가장 위 상륜부는 화려한 장식을 과감히 생략하고, 연봉오리인 듯 여의주인 듯 그렇게 마무리되었다. 밍글라제디는 화려한 옷을 입지도 않고, 고운 화장도 하지 않았으며, 멋스러운 장신구를 걸치지도 않았음에도 너무나 우아하여 좌중을 압도하는 그런 여인 같았다.

이라와디 강 가까이 있는 밍글라제디 파고다는
이름 그대로 축복이다

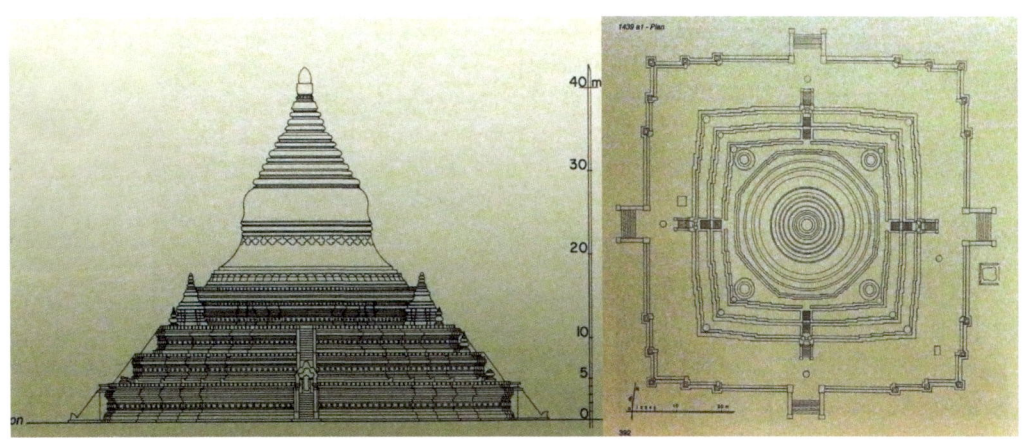

밍글라제디 파고다를 남쪽에서 본 측면도
- 더 이상 뺄 것도 보탤 것도 없다

밍글라제디 파고다를 위에서 본 단면도
- 온갖 가르침을 상징하는 만다라임을 알 수 있다

밍글라제디의 측면도를 보면 이 탑이 얼마나 위엄 있고 우아한지를 한 눈에 볼 수 있다. 40m가 넘는 이 탑에는 뺄 것도 없고 보탤 것도 없는 원만함 그 자체이다.

이 탑을 위에서 내려다보면 거대한 만다라를 만나게 된다. 단면도를 보면 알 겠지만, 이 탑에는 많은 상징이 숨어 있다. 부처님께서 어리석은 삶과 지혜로 운 삶을 괴로움(苦)과 괴로움의 소멸(滅)로 일깨워 주시는 사성제(四聖諦)의 가르침, 불교의 대표적인 가르침이 바로 이것이라고 대외적으로 내 보이신 삼법인(三法印), 불교적 삶이란 어느 것에도 치우침이 없어야 한다는 중도(中道), 여래의 깨달음은 가장 원만하다는 열반(涅槃), 열반에 이르기 위해서 닦 아야할 여덟 가지의 수행인, 팔정도(八正道) 등 무수한 상징이 이 탑에는 숨 겨져 있다. 단면도를 보면서 하나씩 그 상징을 찾아보는 것도 좋을 것이다.

사람들은 이 탑을 얘기하면서 무상을 말한다. 이때의 무상이란 허망하다는 뜻으로 사용되었다. 이유인즉 나라티하빠띠 왕은 '축복'이라는 이름으로 이 탑을 세웠지만, 결국 몽고(元)의 군대에 의해 바간 왕조가 멸망했기 때문에 그저 허무하고 무상하다는 것이다.

왜 사람들은 멸망이라는 사건 앞에서 무상을 느낄까? 무상의 원리를 하필 부정적인 측면에서만 바라보는 것이 일반 사람들의 한계인 듯하다. 무상(無常)은 흐름이고 변화이며 따라서 발전이기도 하다. 그러므로 무상은 모든 아픔을 떠나보내기도 하고 새로운 희망을 갖게도 한다. 사람들은 소유하기 위해 투쟁하고 또 괴로워하지만, 무상하기에 소유할 수 있는 것이 아무것도 없다는 것을 깨닫기만 한다면 곧 모든 괴로움으로부터 자유로워질 수 있다. 그러므로 참으로 이 무상의 이치를 깨닫기만 한다면 이보다 더한 축복은 없을 것이다.

밍글라제디 파고다는 끝없이 무상을 보여주며, 또한 축복의 길을 열어두고 있다.

낮 시간에 본 밍글라제디 파고다는
주위의 많은 탑들을 압도한다

테라스의 좁은 통로는 점차 사람들로 가득차서 움직이기가 어렵다. 그
래도 절호의 기회를 그냥 보낼 수야 없지. 다시 오른쪽으로 카메라를 돌려 서
북향으로 돌렸더니 지평선에 눈에 익은 불탑이 나타났다. 줌으로 당겼더니
내일 들리기로 되어 있는 아난다 사원이었다. 카메라에서 눈을 떼어 오른쪽
을 보니 육중한 사원 하나가 나타났다. 바로 바간에서 최대 규모의 사원인 담
마양지 파야(Dhammayangyi Paya)였다.

5층 테라스는
협소해서 사람이 많으면
다니기가 쉽지 않다
- 앞쪽에 멀리 밍글라제디가 보인다

1996년 담마양지에 들어갈 때 그 엄청난 규모에 압도되었던 기억이 있다. 그보다 더한 것은 어깨를 짓누르는 암울한 기운 때문에 도대체 무슨 사원이 이런가 하며 의아해 했던 느낌이 들었었다. 그때 첫 번째로 들어간 불당에는 참배하는 이로 하여금 무언가 위압감을 느끼게 하는 불상이 모셔져 있었다. 지나치게 힘이 들어가 각이 잡힌 어깨는 모든 이를 힘으로 복종시킬 자세였고, 그러면서도 가슴넓이와 같은 비례의 두상은 보이지 않는 그 어떤 힘에 짓눌리는 듯 목이 사라지고 마치 가슴 위에 얹혀 있는 형상이었다. 게다가 얼굴의 미소는 다분히 인위적이어서 참배를 하면서도 불상을 조성한 이의 심경이 매우 궁금했었다.

바간의 지평선 위에 아스라이 아난다 파야가 보인다

망원렌즈로 당기니 아난다 사원의 상부 탑신이 금빛 찬란하게 모습을 드러내었다

최근에 개금을 한 모습 - 어깨에 힘이 지나치게 들어갔고
머리부분이 너무 크며 어깨 아래로 내려와 있다

1996년 담마양지 사원을 참배했을 때의 불상
- 당시는 얼굴 부위만 개금이 되었다

살짝 당겨 본 담마양지는 너무나
무거운 분위기 때문에 친근감이 들지 않는다

쉐산도에서 육안으로도 확연하게
주위를 압도하는 담마양지가 보인다

첫 번째의 불당을 참배한 후에야 듣게 된 담마양지의 연기(緣起-절이나 불상을 조성한 사연과 기록)는 참혹하기만 했다.

이 사원의 건립은 바간 왕조의 비극적인 사건에서 비롯되었다. 탓빈뉴 파야와 쉐구지 파야(Shwegugyi Paya)를 조성했던 바간 왕조 제4대 알라웅시투(Alaungsithu) 왕은 53년간의 재위기간(1113-1165) 중에 바간의 법을 정비하고 도량형을 통일하는 등 그 치적이 매우 뛰어났었다. 그러나 너무 오랫동안 왕위에 있다는 사실이 아들 나라투(Narathu)에게는 매우 불만스러웠던 모양이다. 나라투는 결국 왕위를 차지하기 위해 부왕을 쉐구지 사원에서 살해하였다. 부왕 알라웅시투는 그 이름이 '내세의 부처'라는 뜻이란다. 쉐구지 사원도 자신이 묻힐 장소를 선택하여 지은 사원이라고 하는데, 어쩌면 자신의 미래를 어느 정도 예측한 듯하다. 그는 쉐구지 사원의 내부에 있는 비석에 사후의 희망을 기록해 두었다.

열기구에서 본 담마양지와 그 뒤의 쉐산도, 오른쪽으로 진행하면서 고고학박물관, 쉐구지, 탓빈뉴(흰 선 부분)

"…나는 위대한 왕으로 태어나길 바라지 않는다. 나는 오직 부처가 되길 원할 뿐이다. 나는 윤회의 강 위에 길을 만들어 고통 받는 모든 중생을 천도하여 극락으로 이끌 것이니라.…"

그래서였을까? 부왕은 아들에게 살해당하면서도 전혀 반항도, 원망의 말도 없이 자신의 죽음을 받아들였다고 한다.

대문을 들어서며 본 담마양지 사원은 분위기가 무겁다

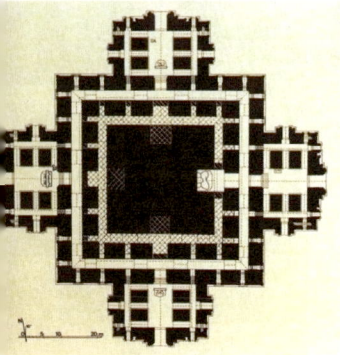

▲ 담마양지 사원의 서쪽 불당에 모셔진 쌍둥이 부처님
- 상호가 가장 부드러운 편이다

▲ 담마양지 파야를 위에서 본 단면도
- 왼쪽에 쌍둥이 불상을 모신 서쪽 법당이 있다

▶ 담마양지 파야의 동쪽 불당의 불상
- 다분히 인간적인 상호이다

　나라투는 수많은 이들을 죽인 것에 대한 참회의 뜻으로 담마양지를 조성하게 되었다. 그는 바간에서 가장 거대한 사원을 지어 자신의 죄업을 덮어버리려 했는지도 모른다. 담마양지 사원을 위에서 내려다보면 동서의 축이 약간 더 긴 십자형 건축이다. 사방에 불당을 두고 부처님을 모신 미얀마의 사원건축이 대부분 이런 형태인데, 불당 앞의 전실(前室)을 따로 두는 특성 때문이다. 동양에서 십자(十)는 완성을 뜻하기도 하고, 성스러움을 뜻하기도 한다. 그래서 동양의 모든 문양에 이 십자무늬가 다 들어있다.

　단면도에서 볼 수 있듯이 사방에 긴 전실(前室)을 두고 그 안에 불당을 모셨는데, 사방의 불상이 제각기 다르다.

　서쪽의 불당에는 정상적으로 목이 표현된 쌍둥이 부처님이 모셔졌는데, 담마양지의 불상 중에서는 가장 자비스러운 상호이다. 본존과 좌우보처의 삼존을 모시는 경우는 흔한 편이지만 본존을 쌍둥이로 모신 경우는 극히 드물다.

동쪽에는 다소 인간적인 불상이 모셔졌는데, 후불탱화로 볼 수 있는 불화가 그려져 있다. 그 불상의 뒤로 돌아가면 뒷면에 열반상을 모셨다. 앞뒤로 이렇게 조성한 예도 찾기 어렵다.

담마양지 사원의 동쪽 불당 좌불상을 돌아가
뒷면을 보면 열반상이 모셔져 있다

삶과 죽음이 하나의 열반이라는 생사일여(生死一如)의 경지라도 표현하고 싶었던 것인가? 또 한 곳의 불상에도 후불탱화가 있는데, 마치 못마땅한 일이 있는 듯 약간 인상을 쓰고 있는 상호이다. 어쨌거나 참 특이한 불상들을 모신 사원이다.

▼ 담마양지 사원의 또 다른 불당에 모셔진
　자색 가사를 수하신 부처님

담마양지에는 사방을 연결하는 긴 회랑이 2중으로 있다. 하지만 그 회랑은 어지간한 강심장이 아니면 혼자 걷기가 쉽지 않다. 박쥐들의 소굴이 되어 있어서 비릿한 배설물의 냄새도 역겨움을 자아내게 하는 것이 마치 피의 살육을 상징하는 듯도 하다.

▶ 담마양지 사원에 있는 팔을 자르던 형틀이
　나라투의 잔혹함을 보여준다

담마양지 사원 내의 회랑은 박쥐들의 소굴이 되어 있어 음침하고 비릿하다

　나라투 왕이 비록 참회하는 마음으로 이 사원을 지었다고는 하나, 결코 진정
한 참회를 한 것은 아니었던 모양이다. 그는 사원을 짓고 있을 때 수시로 방문
을 했는데, 반드시 바늘을 가지고 다녔다고 한다. 그리고는 벽돌 사이로 바늘
을 넣어서 바늘이 들어가면 그곳 공사를 한 인부의 팔을 자르고 현장감독은
사형에 처했다고 한다. 사원 안에는 팔을 자를 때 사용했다는 홈이 파인 돌이
남아 있다.

나라투는 이 사원을 완성하지 못했다. 그가 살해한 부인은 인도 가야의 공주였다. 딸이 살해된 것을 안 브데익가야의 왕은 8명의 자객을 밀파했고, 이 자객들에 의해 왕위에 오른 지 6년 만에 나라투는 암살되었다. 이때 브라만 승려로 가장하였던 자객들도 모두 자결하였다고 하며, 나라투는 "최초로 인도인에게 목숨을 빼앗겼다"는 의미의 "끌리짜 민"이라는 이름으로 불리게 되었다고 한다.

1996년 참배를 마치고 돌아나오며 다시 본 담마양지는 문득 멕시코의 고대 유적인 '달의 피라미드'를 떠올리게 했다. 멕시코시티에서 좀 떨어진 해발 2,300m에 위치한 고대 멕시코의 유적인 테오티우아칸(Teotihuacan)에는 태양과 달의 피라미드가 있다. 그중에 달의 피라미드는 꼭대기에서 산 사람의

멕시코 테오티우아칸에 있는 달의 피라미드와
그 앞에 길게 뻗은 사자(死者)의 길

목을 베어 신에게 제사를 올렸던 곳이다. 달의 피라미드는 늘 제물로 바쳐진 사람들의 피가 붉게 흘러내렸다고 한다. 그 피라미드의 앞에 있는 '사자(死者)의 길'을 걸어 나오며 나는 신의 이름을 빌어 광기를 부린 인간들의 잔혹함에 몸서리친 경험이 있다. 바로 그때의 기억이 담마양지를 떠나며 되살아났던 것이다.

담마양지는 한 치도 어긋나지 않는 인과의 원리를 보여주는 징표와도 같은 사원이다. 법(法)이라는 뜻의 '담마(Dhamma)'라는 단어가 이름에 들어있는 이 사원은, 왕위에 대한 탐욕과 그 탐욕을 이루기 위해 물불을 가리지 않았던 나라투의 광기를 끌어안은 채 미완(未完)의 상태로 인과의 법을 알려주는 장소가 되어 있다.

담마양지 사원은
완성되지 못한 채로
인과의 징표로 남아 있다

쉐산도에서 이라와디 강변으로

이라와디 강 너머로 떨어지는 일몰을 보기 위해 쉐산도의 서쪽 테라스는 발 디딜 틈이 없었다. 이리저리 떠밀리면서 서쪽하늘을 살펴보니, 한참을 기다려도 해가 구름 뒤에 숨어 나타나질 않는다. 게다가 앞의 구름이 꼼짝을 하지 않는 것이다. 사람들은 기대감을 가지고 서쪽 테라스로 몰려들지만, 보아하니 직접 해를 보긴 틀린 것 같다. 5분가량을 부동자세로 고수하던 자리를 슬그머니 서양 사람들에게 물려주고는, 남쪽으로 돌아 동쪽으로 가면서 우리 대중에게 통지를 했다. 어차피 멋진 일몰을 보긴 글렀으니, 우리가 저녁공양을 하기로 되어 있는 이라와디 강변의 '선셋 가든'으로 가서 일몰을 감상하자고 한 것이다.

이라와디 강 너머로 떨어지는 해를
질투라도 한 것인지
구름이 가린 채 부동자세다

대중과 함께 움직인다는 것은 자잘한 염려까지 함께해야 한다. 워낙 경사가 급한 계단인지라 행여 누군가가 잘못되기라도 하면 성지순례를 망치는 것이다. 당초 일몰을 보며 다회라도 하려고 가지고 올랐던 보이차는 장소도 마땅찮고 대중들이 모일 수도 없어서 그냥 가지고 내려와야 했다. 17시 05분 가장 한가한 편인 쉐산도의 동쪽 계단으로 뒷걸음질 치듯 내려와 꼭대기를 보니 예전의 금박이 어느 정도 남아 있어 옛 영화를 얼핏 보여준다.

쉐산도의 정상부를 당겨 보았더니
남아 있는 금박이
옛 영화를 짐작케 한다

비교적 한가한 동쪽 계단을 거꾸로 내려오고 있는 대중
- 경사가 매우 급하다

제 23화 쉐산도에서 이라와디 강변으로 • 201

일몰은 제대로 감상하지 못했어도 바간의 탑들을 조망한 것만으로도 대중은 즐거운 표정이다. 주차장으로 나오는데 작은 탑과 나뭇가지 사이 뒤로 보이는 낙조(落照)가 그런대로 멋있다. 버스에 오르기 전에 돌아다본 쉐산도 서쪽 테라스에는 한 가닥 희망의 끈을 내려놓지 못하는 인파로 가득하다.

17시 30분, 낙조 속에 죽순처럼 솟아나는 탑들을 뒤로하고 이라와디 강변의 선셋 가든(Sunset Garden)으로 향했다. '선셋 가든'은 뉴 바간(New Bagan)에 위치하고 있기에 마누하 파야의 앞을 지나 우리가 묵고 있는 호텔의 서쪽에 있는 강변으로 갔다. 입구에서부터 큰 물독이 진열되어 있는 '선셋 가든'은 우거진 숲 속에 이라와디 강을 바라보고 앉아 있었다. 오나가나 물독이 많은 것은 나그네들에게 물을 보시하는 관습에서부터 비롯되었다고 하니

❶돌아보니 쉐산도의 테라스에는 미련을 버리지 못한 이들이 멋진 낙조를 기다리고 있다 ❷비록 완벽한 일몰을 감상하진 못했어도 바간의 탑들을 본 것만으로도 한껏 고조되어 있다 ❸쉐산도의 입구에 있는 작은 탑과 나무 너머로 낙조가 멋을 부리고 있다

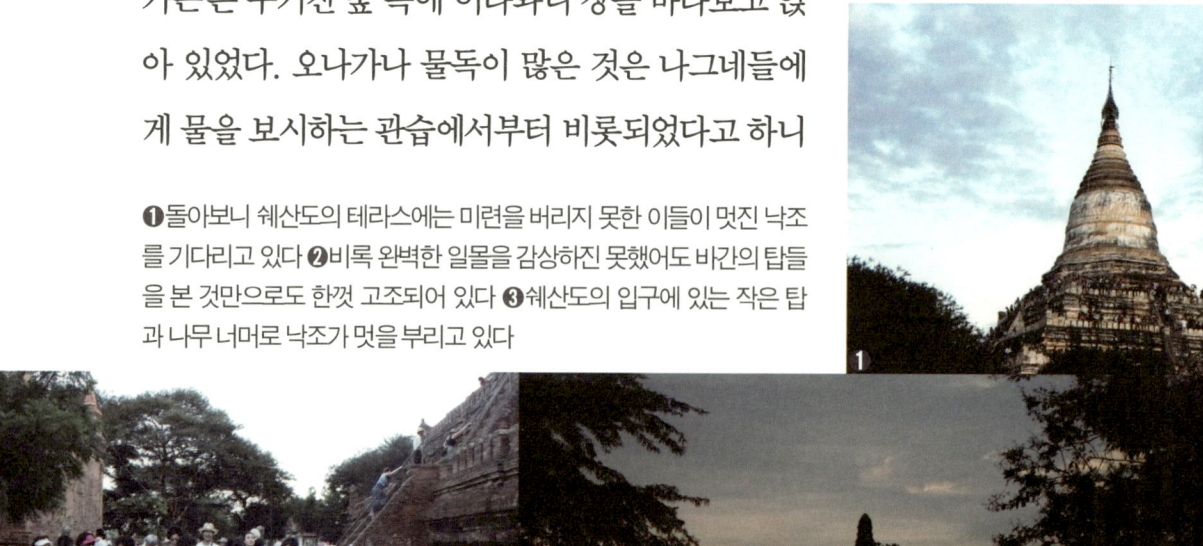

참 아름다운 풍경이다. 널찍한 숲의 여기저기에 요리하는 장치들이 보이고, 직원들이 부지런히 오고 가는 모습이 한눈에 보이는 곳이다. 시계를 보니 17시 55분이다.

▶ '신 버강'이라는 글자 옆으로 '선셋 가든', 그 아래 붉은 사각 안의 노란 색이 로카난다의 자리

❹ 큰 나무 아래에는 숯불구이를 하기 위해 숯불을 피우고 있다 ❺들어서며 보니 이미 많은 이들이 식사를 하고 있었다 ❻일몰의 어둠 속에 솟아나는 탑들이 마치 죽순이 솟아나는 듯하다 ❼선셋 가든은 열려 있는 공간으로 여기저기 요리하는 모습들이 보인다

낙조를 즐기려 강변으로 나가니 하류 쪽에 금빛 등대처럼 탑이 빛을 발하고 있었다. 바로 로카난다(Lawkananda) 탑이다. 몬족을 멸망시키고 따똥 왕국을 정복한 뒤 팔리어(Pali) 불경을 모신 아노라타(Anawratha) 왕은 불탑을 계속 세우는 등 전성기를 맞고 있었다. 그러던 중 스리랑카 왕이 부처님의 치아사리(齒牙舍利)를 선물로 보내왔다. 바다로부터 이리와디 강을 거슬러 치아사리를 모신 배가 올라오면 사리를 모시기 위한 불탑이 필요했다. 그래서 1059년 아노라타 왕은 이라와디 강변에 바로 이 로카난다 탑을 조성했다. 몬 지역이나 아라칸, 스리랑카 등의 지역에서 배들이 오면 로카난다 파고다 옆의 강가에 정박하곤 했단다. 그 치아사리는 현재 쉐지곤에 모셔져 있고, 로카난다 파고다는 금빛을 뿌리며 이라와디의 등대 역할도 하고 순례자들에게 인생의 등대 역할을 하며 듬직하게 서 있다.

스리랑카로부터 모셔 오는 부처님 치아사리를 모실 목적으로 세운 로카난다

이리와디 강변으로 갔더니 하류 쪽으로 아득히 로카난다가 보였다 - 망원렌즈

초저녁에는 오른쪽의 실내식당과
왼쪽의 야외식당이 꽉 차 있다

아직은 이른 시각이지만 우리가 자리에서
일어설 때는 다른 이들은 이미 떠난 뒤였다

　우리가 저녁공양을 한 곳은 야외식당으로, 가장 위치가 좋은 곳이었다. 우리가 식탁에 앉았을 때는 이미 많은 사람들이 식사를 마무리하고 있었다. 덕분에 우리는 다른 사람들의 눈치를 볼 것 없이 정말 멋진 공양을 할 수 있었다. 공양을 하면서도 강물에 떨어지는 낙조를 감상할 수도 있었고, 강을 오르내리는 배를 보는 것도 기분 좋은 보너스였다. 대중공양을 낸 이의 선창으로 "위하여!!"도 하고…. 어둠을 친구 삼아 마시는 보이차도 또한 특별했다.

금빛 어리는 강물 위로 미끄러지는 배를 망원렌즈로 당긴 것

저녁공양을 하며 보는 이라와디 강과 로카난다는 축복이다

19시 우리는 '선셋 가든'을 떠나 7분 후에는 호텔에 들어섰다. 방으로 들어가기 전에 본 풀장에는 누군가 밤기운의 유혹을 뿌리치기 어려웠던지 수영을 하고 있다. 방에 들자, 하루의 일과를 생각나는 대로 노트북에 정리한 후 반신욕을 한다. 내일 새벽엔 열기구를 타기 위해 어둠 속에 움직여야 하니, 일찍 잠자리에 들어야겠다. 하지만 이러저러한 이유로 결국 자정을 넘기도록 침대에 몸을 누이지 못하고 있다.

어두워진 이라와디 강을
랜턴으로 비추며 앞으로 나아가는 배

고요함을 찾아가는 이라와디 강에는
한가로운 배와 허공을 나는 새가 주인이다

▶선셋 가든에서 버스로
7분 만에 도착한 우리의 보금자리

▶밤의 유혹을 이기지 못한 이가 물에
몸을 맡긴 채 자유를 만끽하고 있었다

◀자정을 넘어서자 머리맡의 전등이
먼저 졸기 시작했다

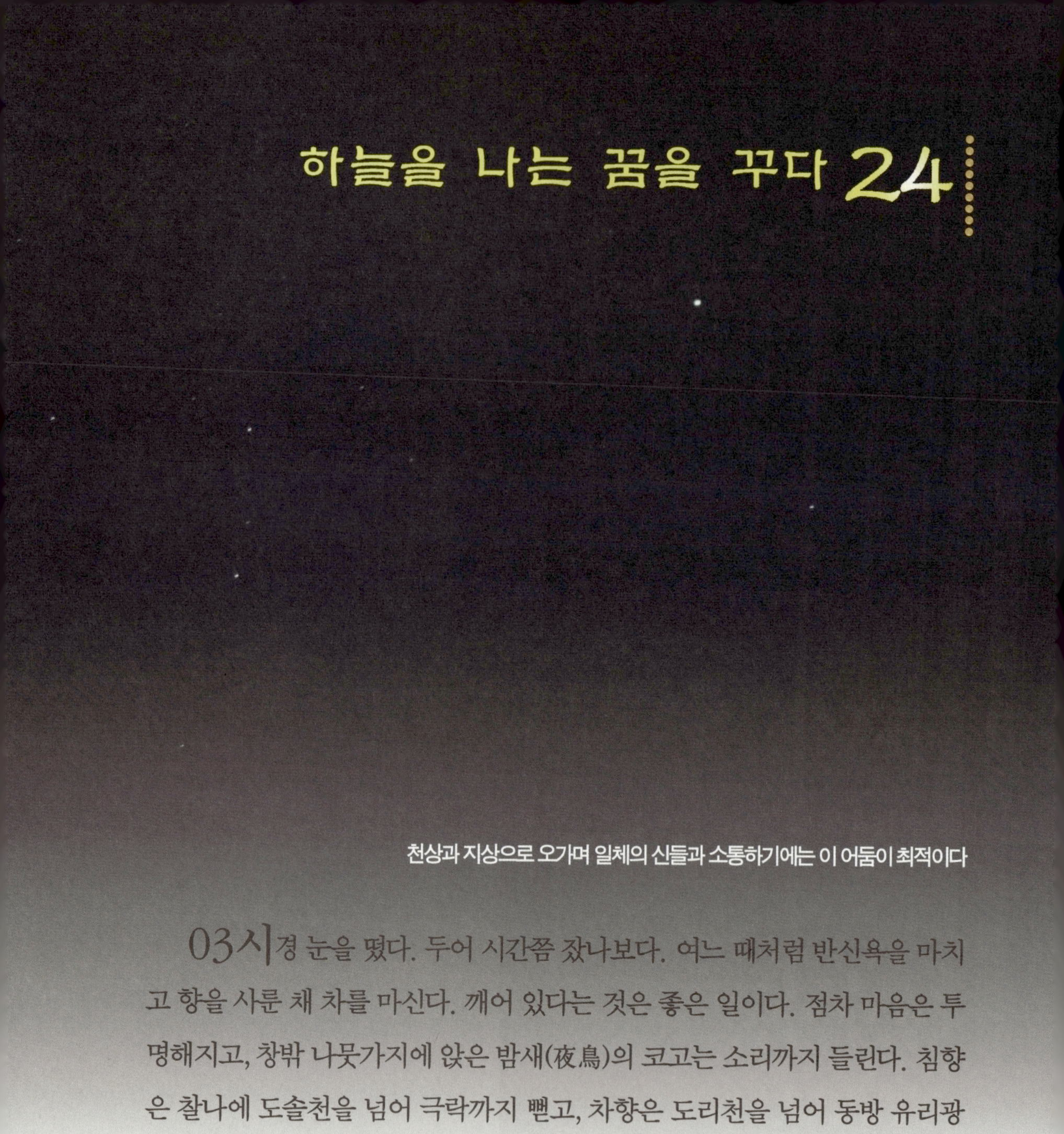

하늘을 나는 꿈을 꾸다 24

천상과 지상으로 오가며 일체의 신들과 소통하기에는 이 어둠이 최적이다

03시경 눈을 떴다. 두어 시간쯤 잤나보다. 여느 때처럼 반신욕을 마치고 향을 사룬 채 차를 마신다. 깨어 있다는 것은 좋은 일이다. 점차 마음은 투명해지고, 창밖 나뭇가지에 앉은 밤새(夜鳥)의 코고는 소리까지 들린다. 침향은 찰나에 도솔천을 넘어 극락까지 뻗고, 차향은 도리천을 넘어 동방 유리광 세계로 인도한다. 이렇게 한 시간쯤 앉았노라면 천신(天神)도 지신(地神)도 어느덧 곁에 와서 향을 즐긴다.

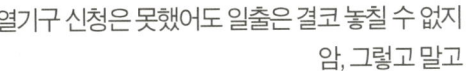

열기구 신청은 못했어도 일출은 결코 놓칠 수 없지
암, 그렇고 말고

템즈 강변의 런던 아이에 올라
런던의 시가지를 조망하고 나면 길을 잃지 않을 것이다

　호텔을 옮기기로 되어 있기에 미리 가방을 꾸린다. 하루 종일 사용하기에 충분하도록 사진의 배터리를 충전된 것으로 바꾼 뒤, 여유분을 호주머니에 넣었다. 사진기 두 대를 둘러메고 로비로 나가니, 오늘 열기구를 탈 수 없는 사람들이 먼저 나와 있다. 열기구를 타는 사람들이 하늘에서 일출을 맞이하는 그 시간에 다른 이들은 일출을 보기 위해 쉐산도 탑을 다시 오르기로 되어 있었다. 비록 열기구를 타지는 않지만, 일출을 맞을 생각에 흥분되나 보다.

　사물을 높은 곳에서 내려다보는 것은 수평으로 보거나 낮은 곳에서 올려다보는 것과는 전혀 다르다. 그래서 나는 어느 곳을 가든지 가능한 한 그곳의 가장 높은 곳에 올라 사방을 둘러본다. 파리나 런던에 갔을 때 열 번도 넘게 그곳을 왕래했던 이가 자꾸만 방향을 잃기에 곧바로 '에펠탑'과 '런던 아이(London Eye-1999년 영국항공British Airways이 새천년을 기념하여 건축한 세계에서 가장 높은 순수 관람용 건축물로 밀레니엄 휠Millennium Wheel이라고도 한다. 영국의 대표적인 상징물로 런던의 템즈 강변에 위치하며, 런던 시내의 모습을 다양한 방향에서 관람할 수 있다)'에 올라 시내를 살폈다. 그런 후 시내를 돌아다녔는데, 그 이후론 방향감각과 현재 위치가 분명해졌다.

아주 오래 전에 공군비행기를 타고 범어사, 통도사, 표충사, 해인사, 직지사의 상공에서 절들을 살펴본 일이 있다. 모두 익숙한 공간들이었지만 하늘에서 본 모습은 일목요연했다. 사실 세상을 바라보는 것도 초월적인 지혜의 눈으로 살펴보면 분명한 것이, 세상의 질곡 속에서 떠밀려 다니며 보면 모든 것이 불분명하다.

2011년 라오스 성지순례를 갔을 때 아름다운 전원도시 '방 비엥'에서 열기구를 타기로 계획했었다. 하지만 현지에 갔을 때 열기구를 띄우는 시각과 우리의 일정이 맞질 않아서 포기해야만 했었다.

2012년 초에 미얀마성지순례를 계획하면서 바간의 열기구 여부를 알아보게 했다. 그랬더니 반갑게도 열기구를 띄우는 것으로 안다는 답이 돌아왔다. 다시 구체적인 것을 타진케 했더니 여름이 다 가도록 분명한 답이 돌아오지는

하늘에서
고즈넉이 내려다보면
일체의 호법신중들이
불탑을 위호하는 듯하다

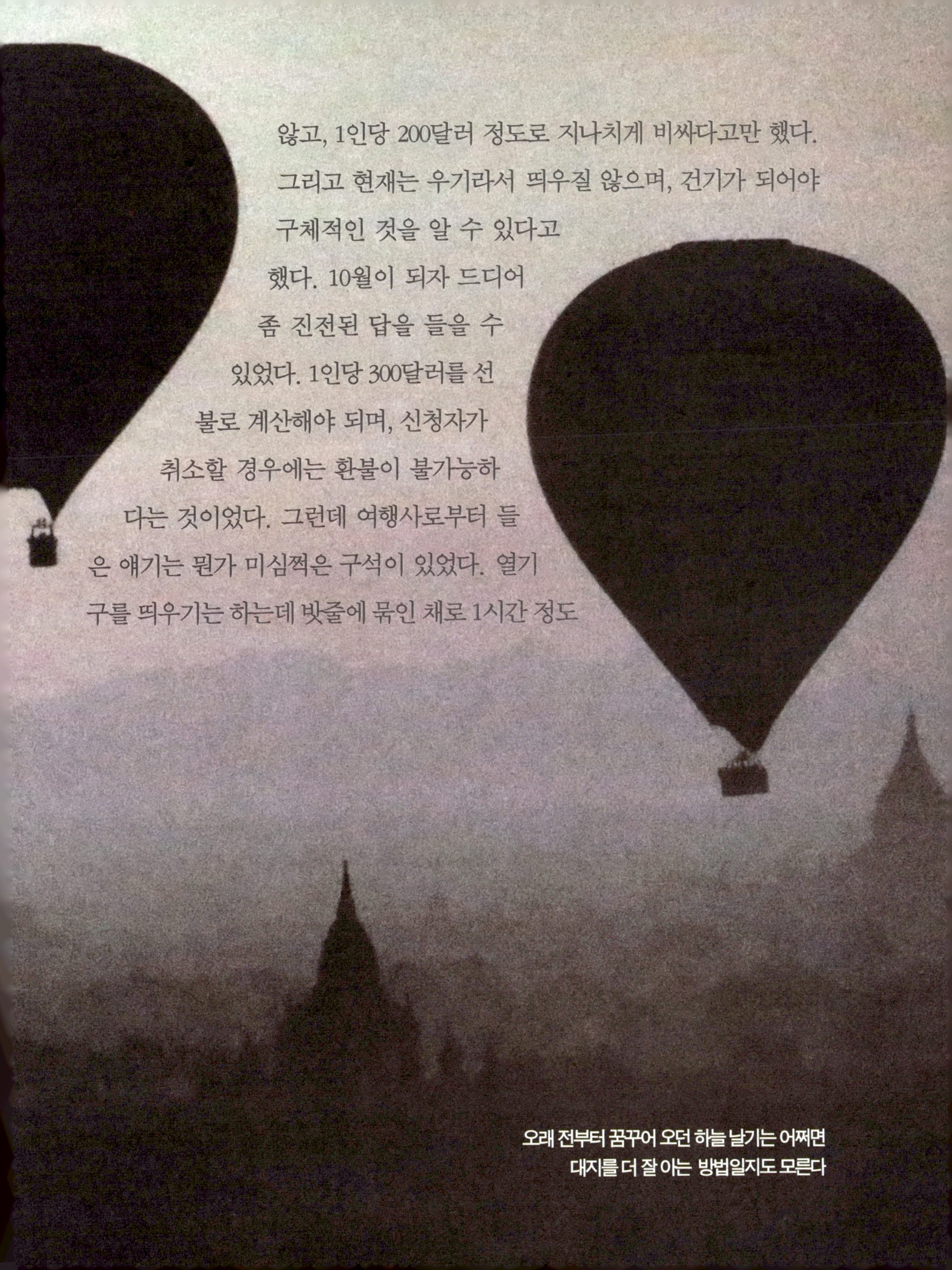

않고, 1인당 200달러 정도로 지나치게 비싸다고만 했다. 그리고 현재는 우기라서 띄우질 않으며, 건기가 되어야 구체적인 것을 알 수 있다고 했다. 10월이 되자 드디어 좀 진전된 답을 들을 수 있었다. 1인당 300달러를 선불로 계산해야 되며, 신청자가 취소할 경우에는 환불이 불가능하다는 것이었다. 그런데 여행사로부터 들은 얘기는 뭔가 미심쩍은 구석이 있었다. 열기구를 띄우기는 하는데 밧줄에 묶인 채로 1시간 정도

오래 전부터 꿈꾸어 오던 하늘 날기는 어쩌면
대지를 더 잘 아는 방법일지도 모른다

떠 있다가 내려온다는 것이었다.

 대개 열기구라는 것이 일정한 공간을 비행하는 것인데, 바간의 특성 때문에 그런가 보다 했다. 그렇지 않아도 급상승한 여행경비 때문에 부담스러웠던 여행사는 난색을 표했다. 그래서 결론을 낸 것이 열기구를 타는 것과 탑에 올라 일출을 맞이하는 두 가지 방법 중에 선택을 하도록 했다.

 물론 나는 혼자서라도 열기구를 타겠노라고 선언한 후 희망자로부터 신청을 받으라고 했다. 하지만 신청마감을 이틀 앞둔 11월 9일까지 신청자는 겨우 4명뿐이었다. 이런 절호의 찬스를 놓치면 나중에 크게 후회할 것이라는 협박 (?)조의 권유 끝에 인원은 열 명으로 확정되었다. 물론 비용은 내가 대납하는 것으로 정리했다. 11월 20일 미얀마로 향하면서 몇 번 더 권했더니 다시 네 명이 추가로 신청을 했다. 그러나 21일 열기구회사로부터 최종 답은 추가신청 불가였다. 그리고 보니 바간에서 열기구를 타기까지 참 우여곡절이 많았다.

절대로 웅크리고 주저앉지 말라. 하늘을 나는 꿈이라도 꿔라

05시 12분, 호텔을 나서니 영화에서나 보던 소형버스가 서 있다. 아마도 식민지시대에 사용하던 것을 지금은 관광에 사용하고 있는 것 같다. 별도의 나무 발판을 디디고 차에 오르니, 바닥은 나무마루로 되었고 천장도 나무판이다. 운전석 뒤에는 우편함도 매달아 옛 분위기를 재현했는데, 자세히 보니 팁 박스(Tip Box)로 활용한 것이다.

이 고풍스러운 차 덕분에 대중들의 부스스한 얼굴에 웃음꽃이 활짝 피어난다. 비록 요즘의 버스처럼 쿠션은 없었지만 그래도 흔들리며 어둠 속을 잘도 달린다. 중간에 유럽사람 네 명을 태운 뒤 달리기를 한참 하더니, 이윽고 어두운 벌판에 차가 멈춘 시각이 05시 38분이다. 보아하니 이미 100여 명의 사람들이 와 있었다. 그러고 보니 이것도 착각이다. 우리는 열기구 한두 대가 뜰 것이라고 생각했던 것이다.

둘러보니 멀리 황금빛 탑도 중도의 등대처럼 있다. 한쪽에 간단하게 차를 제공하는 탁자가 있고, 그 주위로 둥글게 좌석이 마련되어 있어서 하늘을 날고자 하는 사람들이 옹기종기 모여 있다. 차가 거의 다니지 않는 도로 너머로 붉은 기운이 피어오르고 있다. 우리도 빈 곳을 차지하고 앉아 차를 마신다.

운전석 뒤에 매달아 놓은 옛 우편함 모양은
열기구를 타는 사람들이 팁을 넣는 박스였다

고풍스런 차 안의 분위기가
하늘을 날고자 하는 사람들을 한껏 기분 좋게 만든다

호텔을 나서며 만나는 이 고풍스런 차량의
모습만으로도 즐거워진다

우리를 태우고 온 이 차량마저도 마치 꿈을 꾸는 듯하다

멀리 보이는 불탑은 꿈을 이룰 좌표처럼 빛을 뿌리며 서 있다

거의 차가 다니지 않는 도로 너머로
붉은 기운이 서서히 피어나고 있다

하늘을 날기 위해 온 사람들은
우리를 제외하고는 모두가 유럽 사람들이었다

어둠 속에서 차를 서비스 하기 위해
열심히 준비하는 젊은이의 모습

비상의 꿈을 꾸는 사람들을 태우고 온 고풍스런 차들은 마치 사열이라도 하는 듯 나란히 서 있다.

이윽고 열기구 회사 담당자가 나와 각 팀의 출석을 체크하고 전체적인 주의사항을 전달한다. 그리곤 각 팀별로 타고 온 차량 앞으로 이동한다. 자! 이제 간밤의 꿈을 현실로 옮길 차례이다.

무언가를 꿈꾼다는 것은
기다림마저도 즐거운 것을 뜻한다

고풍스런 차들은 타고 온 사람들이 오를 열기구 앞에 도열해 있다

열기구회사 관리자가 나와서
열기구의 번호별로 탈 사람들을 확인하고 있다

자, 이제 각자가 탈 열기구를 향해서 이동이다
- 꿈을 이루기 직전이다

뜨거운 날개를 달고 하늘에 오르다 25

❶땅에 엎드려 있던 풍선이 꿈틀대며 부풀어 오르기 시작한다 ❷관리요원들이 대형선풍기로 바람을 불어넣어 풍선을 충분히 부풀린다 ❸선풍기 바람으로 부풀어 오른 풍선들은 마치 무당벌레 같다 ❹이런 광경을 처음 대하는 대중들이 기념 사진을 찍고 있다

06시 03분경, 마치 무당벌레가 땅에서 솟아나오듯 하나둘 풍선이 꿈틀거리며 부풀기 시작했다. 이제 막 기술자들이 대형선풍기로 풍선에 바람을 불어넣기 시작했던 것이다. 그렇게 5분가량이 흐르자 이제 완전히 무당벌레가 되었다. 그때서야 오늘 하늘에 오를 열기구가 일곱 대라는 것도 분명히 알게 되었다. 일곱 개의 풍선이 부풀어 오르며 일렬로 늘어선 모양이 마치 경주에 나선 무당벌레들이 출발선에 모인 듯하다. 사람들은 이런 광경을 처음 보는지 신기한 듯 살피다가 이윽고 기념사진을 찍는다.

부풀어 오르는 풍선들이 마치 경주를 앞둔 무당벌레들이 출발선에 모여 있는 것 같다

❶이윽고 대형 가스버너로 화염방사기처럼 불을 뿜어 풍선을 팽창시킨다 ❷풍선이 하늘로 오르자 바구니를 바로 앉히고 조종사가 버너를 조종하여 공중으로 쏜다 ❸하나둘 풍선들이 자리를 털고 일어나 자세를 바로 잡는다

　바람으로 부풀린 풍선에 이번엔 가스버너의 불꽃이 내뿜어졌다. 풍선은 점차 달걀모양으로 변하며 위로 부풀어 오른다. 버너의 불꽃이 6분 정도 작렬한 후 풍선은 완전히 하늘로 올랐고, 그때 준비요원들이 옆으로 누워 있던 바구니를 바로 앉힌다. 사람을 태울 준비가 되었다는 뜻이다. 풍선들은 오늘 임무를 멋지게 완수하자며 서로 격려라도 하는 듯 몸을 부비거나 등을 토닥거려 준다.

　드디어 우리도 탑승을 허락받았다. 금속의 틀에 등나무 종류로 엮어 만든 바구니는 칸막이로 5등분 되어 있다. 가운데는 조종사의 자리로 가스통 등이 실렸고, 좌우로 네 개의 방(?)이 있다. 안쪽에는 한쪽에 엉덩이를 붙일 수 있도록 좁게나마 자리를 만들었고, 그 반대편으로는 손잡이가 있어서 뜨고 내릴 때의 흔들림이나 충격으로부터 몸을 보호하도록 되어 있다. 바구니의 좌우에는 홈을 만들어 두었는데, 거기에 발을 끼운 채 진행요원들의 도움을 받아 바구니

❼ 드디어 우리에게 탑승 허락이 떨어졌다. 흰 모자 쓴 이가 조종사 앤디 ❽ 머리 위에서 이 가스 불꽃으로 공기를 계속 팽창시켜 부력을 높인다 ❾ 조종사 자리 위에 설치된 방열판이 버너의 좌우로 있다

❹서로 등을 기댄 풍선들이 상대를 격려해 주는 듯하다 ❺엄청난 풍선들이 몸을 곧추세운 장관에 사람들은 고개를 젖히고 사진을 찍는다 ❻일곱 대의 열기구가 드디어 하늘에 오를 준비를 마쳤다

안으로 넘어 들어간다. 바구니의 깊이는 안전을 위해 가슴께까지 몸이 들어갈 정도다. 각 방에는 신체치수에 따라 3~4명이 탈 수 있는데, 우리 팀은 조종사를 포함하여 15명이 탔다.

  하나 둘 열기구가 하늘로 비상한다. 버너는 쉭쉭거리며 날개를 펄럭이기 시작했다. 풍선은 붉게 상기된 채로 안간힘을 쓴다. 꼭대기에 있는 별도의 둥근 원은 더운 기운이 빠져 나가지 않도록 밀착해 있다. 풍선의 팽창된 공기를 순식간에 제거할 때는 둥근 원 부분이 분리되도록 되어 있는 것이다. 조종사의 머리 위에는 버너의 열기를 막기 위해 좌우로 방열판이 있다. 하지만 그 열기는 우리에게까지 이미 전달되고 있다. 바구니가 꿈틀대더니 대지에서 발을 떼었다. 하지만 펠리컨이 부력의 에너지를 받기 전까진 뒤뚱거리듯, 열기구는 한동안 뒤뚱거리며 땅과 하늘로 오르내렸다. 그러다 어느 순간 바구니가 안정되었다. 완전히 하늘로 날아오른 것이다. 시계를 보니 06시 22분이다.

❿다른 열기구들이 하나둘 하늘로 오르지만 우리가 탄 열기구는 엉덩이가 무겁기만 하다 ⓫우리 열기구도 이제 안간힘을 다해 열기를 뿜어대고 있다 ⓬풍선의 내부 - 가운데 동그란 부분이 탈착이 가능하게 되어 있다

어둠 속에서 아득히 틸로민로도 보이고
쉐지곤의 모습도 보인다

이른 아침의 바간은
그저 고요한 숲의 모습이다

우리가 타고 이동했던 버스의 지붕이 보였다. 아하! 등번호가 5번이었구나. 슈슈숙 날갯짓 소리가 커지더니 우리가 서 있었던 지상의 모습이 한눈에 들어온다. 열기구를 싣고 다니는 트럭도 보이고 숲도 보였다. 모두들 카메라를 꺼내 지상 풍경을 찍기 시작했다.

뒤뚱거리며 흔들리던 바구니가 드디어 땅에서 발을 떼고
하늘로 올랐다

❶ 안전을 위해 잠시 웅크렸던 몸을 펴고 지상의 모습을 사진기에 담기 시작한다
❷ 발 아래로 버스의 등번호가 보이고 고팀장(흰 바지)이 사진 찍는 모습도 보인다
❸ 열기구 사이로 어둠을 헤치고 아침 노을이 고개를 내미는 모습이 보인다

점차 지평선이 나타나고, 그 위로 아침노을이 고개를 내밀기 시작한다. 저 멀리 물안개 가득한 이라와디 강이 보이고, 그 앞쪽으로 틸로민로 파야도 보인다. 어슴푸레하게 탓빈뉴도 깨어나고 있었고, 쉐지곤도 기지개를 켜고 있다. 하지만 치장을 하지 않은 여인이 커튼 뒤로 숨듯이 안개 속으로 제 모습을 감추고 만다. 동녘하늘은 아직도 노을을 아끼려는 듯하고, 지상은 한기를 떨쳐내려는 듯 안개를 피워 올린다.

바간의 탑들은 잠시 모습을 보였다가 부끄러운 듯 커튼 뒤로 숨어버렸다

06시 30분, 지평선 위로 붉은 금빛이 펼쳐지더니 드디어 해가 구름 이불을 살짝 들치고 실눈을 떴다. 살짝 몸을 돌려 남쪽을 보니, 앞서가는 열기구들이 남북으로 뚫린 도로를 따라 덩실덩실 춤을 추며 가고 있다.

낮게 드리운 구름 이불을 들치고 해가 실눈을 뜨고 나를 본다

동녘 하늘의 어둠은 이제 아침 노을에게 자리를 양보하고 있다

동쪽 하늘은 이제 붉은 금빛으로 물들기 시작한다

햇빛이 퍼지기 전의 바간 하늘을
열기구들이 남북으로 열린 도로 위로
춤을 추며 간다

붉은 금빛 해돋이를 하늘에서 보다 26

틸로민로의 뒤로 바간 고고학박물관, 탓빈뉴, 바간 왕궁, 쉐구지, 마하보디 - 왼쪽부터 흰색

햇빛이 퍼지기 직전의 어슴푸레한 바간의 하늘을 우리는 아주 낮게 날고 있다. 마치 중국의 무협영화에서 주인공이 나무 꼭대기를 디디며 날듯이 그렇게 나무를 스치듯 꿈을 꾸듯 흘러간다. 서남방 쪽으로 고개를 돌리니 틸로민로 파야가 보인다. 망원렌즈로 당겼더니 틸로민로 뒤로 바간 고고학박물관, 탓빈뉴 파야, 복원된 바간 왕궁, 쉐구지 파야, 마하보디 파야가 신기루처럼 떠오른다. 바간 왕조의 중심지였으니 왕궁이 분명 있었을 터이다. 그래서 왕궁 터를 발굴하여 다시 복원을 했단다. 하지만 성지순례와는 연관이 없기에 들르지는 않는다. 쉐구지 파야(Shwegugyi Paya)는 앞에서 잠깐 언급했듯이 알라웅시투(Alaungsithu) 왕이 아들 나라투(Narathu)에게 살해당한 곳

❶옛 왕궁이 있던 자리에 복원했다는 바간왕궁의 전경 ❷알라웅시투 왕이 아들 나라투에게 살해당한 곳인 쉐구지 파야 ❸인도 보드가야의 정각도량을 축소해 조성했다는 마하보디 파고다

❶❷ ❸

이다. 마하보디 파야는 인도 보드가야의 보리수가 있는 바로 그 정각(正覺)의 자리에 있는 사원을 축소해서 조성한 것이다.

낮게 드리운 구름이불 위로 얼굴을 내밀기 시작하는 태양

06시 32분에 해가 구름이불 위로 얼굴을 살짝 내밀더니 2분 후에는 완전히 모습을 드러낸다. 우리가 해를 정면으로 한참 마주볼 수 있는 시간은 많지 않다. 한낮이 되어 온전히 빛을 펼칠 때면 정면으로 보기 힘들 것이다. 부처님께서도 사람들을 대하시면서 상대가 감당할 수 있을 만큼만 지혜의 빛을 발하셨다. 그것을 상징적으로 말해주는 것이 『화엄경』을 먼저 설하시고 그 다음으로 『아함경』을 설하셨다는 교판설(敎判說-중국에서 시작된 것으로, 부처님의 가르침을 설하신 순서대로 분류한 것)이다. 석존께서는 부처님의 경지 그대로를 먼저 말씀하셨는데 그것이 『화엄경』이다. 그런데 사람들은 무슨 말씀을 하시는지 알아듣지를 못했다. 그래서 다음으로는 완전히 수준을 낮추어서 말씀하셨는데 그것이 『아함경』이다. 물론 이것은 역사적 사실과는 다르다.

햇빛이 퍼지기 직전의 어슴프레한 바간의 하늘을 두둥실 떠간다

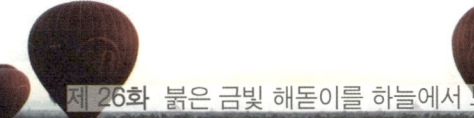

구름 위로 완전히 모습을 드러낸 해가 붉은 금빛을 펼친다

❶ 북에서 남으로 이동하면서 점차 틸로민로에 가까이 다가가고 있다 - 망원 줌
❷ 이미 지나온 지 한참 지난 쉐지곤을 돌아다 본 것 - 햇빛을 받고 있다
❸ 틸로민로의 동쪽면이 햇빛을 받기 시작한다 - 남서향에 있음
❹ 광각으로 잡으니 틸로민로가 아득히 있는 것 같다 - 실제로는 가까운 곳임
❺ 우리 열기구가 위로 솟자 앞의 열기구가 아래에 있다 - 서로 사진을 찍다
❻ 해가 한 뼘쯤 구름이불 위로 솟았다

우리가 탄 열기구는 이제 틸로민로를 향해 다가선다. 비록 해가 구름을 헤치고 나오긴 했으나 틸로민로를 밝히기는 약한가 보다. 고개를 돌려 서북 향을 보니 지나쳐 온 쉐지곤의 금빛 파고다가 햇빛을 받기 시작했다. 아래를 내려다보니 아직 나무는 그림자를 만들지 못하고 있다. 우리 열기구가 쉭쉭 거리며 위로 솟구치자 바로 앞의 열기구가 눈 아래로 보인다. 카메라로 아래 열기구의 사람들을 찍는데, 그쪽에서도 우리를 찍는 사람이 보인다. 땅에서 높이 떠 있는 열기구는 이미 햇빛을 충분히 받기 시작했다. 동남방으로 보이는 틸로민로의 동쪽면도 햇빛에 빛나기 시작했다.

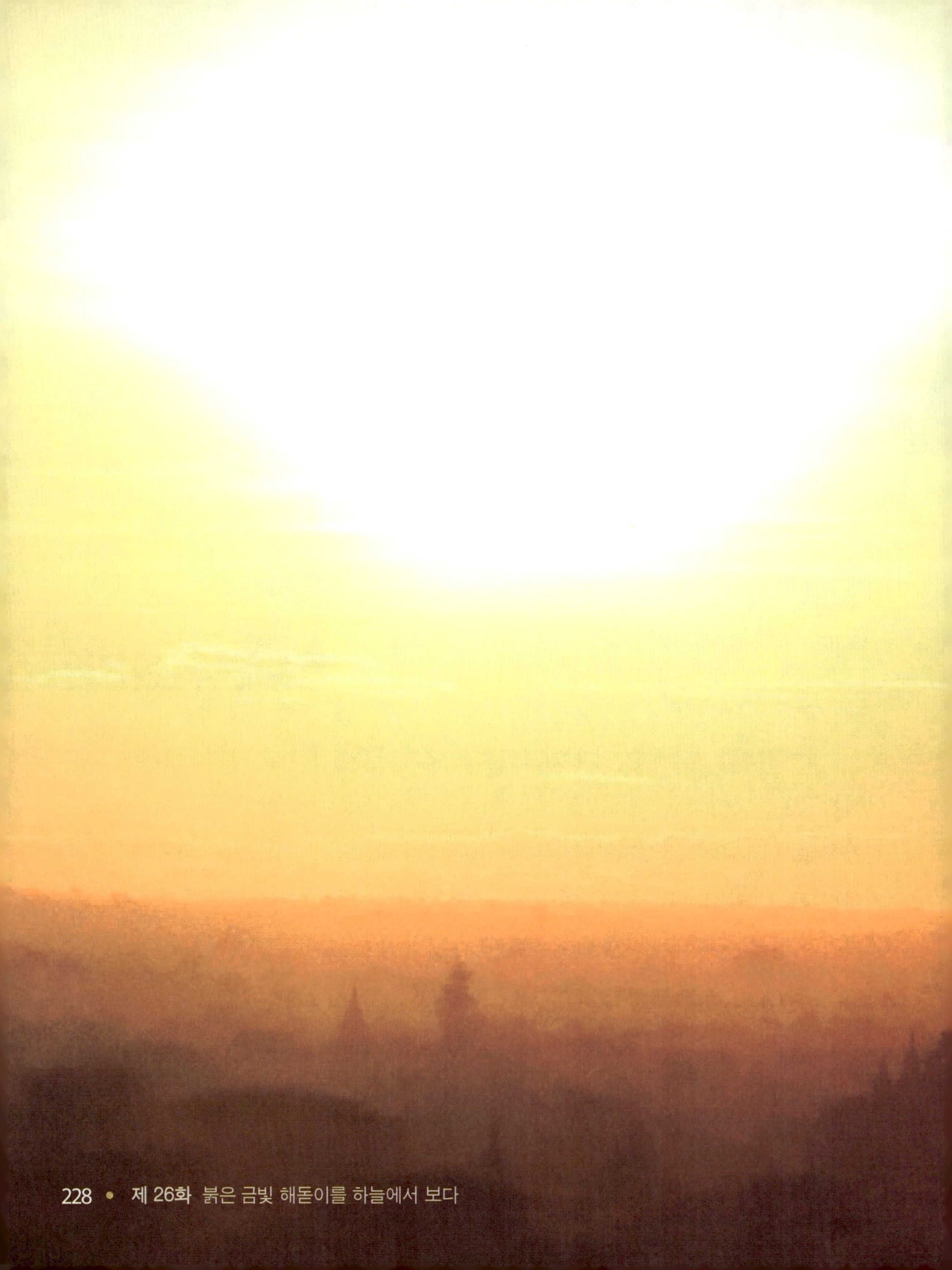

부처님께서 가르침을 펴실 때 처음엔 최상근기(最上根機가장 뛰어난 자질)의 사람만 깨달을 수 있었다. 이것은 해가 동녘에 떠오를 때 가장 높은 봉우리만 비추는 것과 같다. 부처님께서 보다 골격을 잡아 말씀하시자 상근기(上根機뛰어난 자질)의 사람까지 깨닫기 시작했다. 이것은 해가 한 뼘쯤 떠오르자 그 다음 봉우리까지 비추는 것과 같다. 부처님께서 자상하게 풀어서 말씀하시자 중근기(中根機중간단계의 자질)의 사람까지 깨닫기 시작했다. 이것은 해가 서너 뼘쯤 떠오르자 낮은 봉우리까지 햇빛이 미치는 것과 같다. 부처님께서 적절한 예를 들어가며 설명하시자 이제 하근기(下根機낮은 자질)의 사람까지 남김없이 깨달았다. 이는 해가 중천(中天)에 뜨자 대지의 모든 곳까지 햇빛이 미치는 것과 같다. 우리는 지금 이것을 눈앞에서 직접 보고 느끼는 중이다.

동녘을 보니 해가 한 뼘쯤 솟았다. 그 아래를 보니 묘하게도 몽환적(夢幻的)이다. 우리가 빛을 마주 대하고 있을 때, 그 빛 가까이 있는 사물이나 존재는 오히려 어둡게 보인다. 그늘진 곳만을 보고 있기 때문이다. 그러나 우리보다 뒤쪽 즉 햇빛을 받고 있는 면을 보면 훨씬 선명하게 보인다. 밝은 곳만을 보고 있으면서 그늘진 곳은 보지 못하기 때문이다. 사람들이 선지식을 볼 때 잘 알아보지 못하는 이유가 여기에 있다. 오히려 오해를 하기가 더 쉽다.

햇빛 아래의 동쪽을 보니 바간의 모습이 몽환적이다

❶우리가 지나온 서서남방에 있는 틸로민로가 온몸으로 햇빛을 받고 있다 ❷솟아난 탑들 저 멀리 탓빈뉴, 아난다, 고도빨린 파야가 보인다 - 흰색표시 왼쪽부터 ❸열기구들의 표정도 밝아졌고, 탑들도 웃음을 보이기 시작했다 ❹사랑을 받는 탑인지 새로 조성한 전실이 깔끔하다

　　우리가 지나쳐 온 서서남쪽의 틸로민로를 보니 이제 전체적으로 밝은 모습을 보였다. 조금 전까지 잘 보이지 않던 작은 탑들까지도 땅에서 솟아나온 듯하다. 멀리 탓빈뉴 파야도 보였고, 아난다 파야도 보였으며, 탓빈뉴와 너무나 닮아 쌍둥이처럼 보이는 고도빨린 파야(Gawdawpalin Paya)도 오른쪽으로 보였다.

　　이제 하늘의 열기구들도 모두 표정이 밝아졌고, 지상의 탑들도 방긋방긋 미소 짓기 시작한다. 지금 막 지나고 있는 별로 크지 않은 탑은 그래도 사람들에게 인기가 있는지 전실(前室)을 근사하게 새로 조성했다. 홀쩍 뛰어내려 성큼 걸어 들어가 보고 싶다.

마음의 다보탑을 보다 27

❶ 구 바간을 오른쪽에 두고 동쪽을 보니 괴이한 탑이 나타났다 - 전망대이다
❷ 전망대 오른쪽으로 '난다 삔 냐' '떼욕 삐 파야' 등이 어슴푸레 보인다
❸ 마지막 왕 나라따하빠띠 왕이 몽골군을 피해 피신했던 '떼욕 삐'의 먼 모습

06시 42분, 우리는 오래된 성 안의 '구(舊) 바간'을 서쪽에 두고 대로를 약간 벗어난 지점을 날고 있다. 고개를 동쪽으로 돌리니 아침노을 속에 괴이한 탑이 나타났다. 여행가들이 모두 눈에 거슬린다고 표현하는 전망대인 모양이다. 지붕은 비록 탑 모양으로 만들었지만 원통형으로 삐쭉 솟은 몸통이 주위 모습과 잘 어울린다고 표현할 수 없다. 오른쪽으로 살짝 시선을 옮기니, '난다 삔 냐(Nanda Pyin Nya)' '떼욕 삐 파야(Tayok Pye Paya)' 등으로 짐작되는 사원들의 모습이 흐릿하게 보였다. 망원렌즈로 당기니 밍글라제디를 세운 나라따하빠띠 왕이 몽골군대를 피해 숨었던 '떼욕 삐 파야'가 어두운 모습만 보여줄 뿐이었다.

'떼욕 삐'를 당겼으나 햇빛을 등지고 있어 그저 어두운 모습을 확인할 뿐이다

서쪽을 보니 햇빛을 받는 탓빈뉴가 위용을 떨치고 있다

　고개를 돌려 서쪽을 보니 햇빛에 그 위용을 드러낸 탓빈뉴가 우뚝하다. 열기구가 아주 낮게 날기에 발밑을 보았더니 수수처럼 생긴 농작물이 있었다. 계속 탑을 보다가 느닷없이 나타난 농작물을 보니, 그들도 그냥 아주 오래전부터 거기 있었던 것 같다.

얼핏 수수처럼 생긴 농작물이 오래전부터 있었던 것처럼 거기 있다

다시 시선을 동쪽으로 향하니 샛강이 보였다. 노을과 안개가 만들어내는 어둑어둑한 대지 위로 은빛의 용이 누워 있는 것 같다. 은빛 강은 더욱 밝게 자신을 드러내다가 어느 순간 반짝 빛나는 여의주를 보여주었다. 『금강경오가해』에 있는 종경(宗鏡) 선사의 게송이 문득 생각난다.

보화비진료망연(報化非眞了妄緣)
이뤄진 몸 나타난 몸은 진짜가 아니라 마침내 스러질 인연이며,
법신청정광무변(法身淸淨廣無邊)
모양 없는 진리의 몸은 맑고 깨끗해 넓기가 끝 간 데 없구나.
천강유수천강월(千江有水千江月)
세상 모든 강에 물이 있으면 모든 강마다 달이 나타나고,
만리무운만리천(萬里無雲萬里天)
허공 아득히 구름 없으니 온통 그대로 본래의 하늘이로다.

동쪽으로 샛강이
어둠을 뚫고 나는 은빛 용처럼
빛을 발한다

은빛의 용은 탑과 나무를 헤치며 유유히 앞으로 나아간다

인간의 몸으로 우리 앞에 나타나신 석존께서 수행하시어 성불하시고 다시 중생을 제도하신 그 모습만을 유일한 부처라고 생각한다면 크게 잘못 알고 있는 것이다. 석존께서 보여주시려고 한 것은 진리의 몸이었다. 모든 사람에게 지혜의 강물이 흐르고 있다면 거기에 법신불이 빛나는 것이다. 만약 자기 마음에 번뇌의 구름이 사라진다면 그 마음 온통 법신불이다.

우리는 지금 신심과 원력으로 이뤄진 불탑들을 보고 있다. 어떤 탑은 부서지기도 했고, 또 어떤 탑은 복원되기도 했으며, 어떤 탑은 검붉은 벽돌에 잡초가 무성하고, 또 어떤 탑은 금빛 옷에 보석으로 치장했다. 하지만 이 모든 탑들은 이뤄지고 나타난 것들이니 또 무너지고 바뀔 것이다. 사람들의 원력이 끝나면 그 언젠가는 스러지고 말 것이다. 그러나 우리에게 있는 모양 없는 다보탑 (多寶塔)은 무너지지도 사라지지도 않는다. 나는 이 바간의 불탑을 통해 각자에게 있는 다보탑을 찾게 해 주고 싶었던 것이다.

은빛 용이 어느 순간 여의주를 뽐내듯 보여준다

풀장과 숲이 발아래로 보인다 - 호텔이거나 공공시설일 것이다

다시 고개를 돌려 서남방을 보니 풀장을 중심으로 숲을 이루고 그 사이로 숨
어 있는 건물들이 보였다. 아마도 호텔이거나 공공건물일 것이다. 북쪽 낭우
쪽에서 출발해 이곳까지 오면서 이런 모습을 처음 본다. 바간은 지역 전체가
세계문화유산에 등재되어 있어서 남쪽의 '뉴 바간' 지역과 북쪽의 '낭우' 지역
을 제외하고는 건축허가가 극히 제한적이기 때문일 것이다.

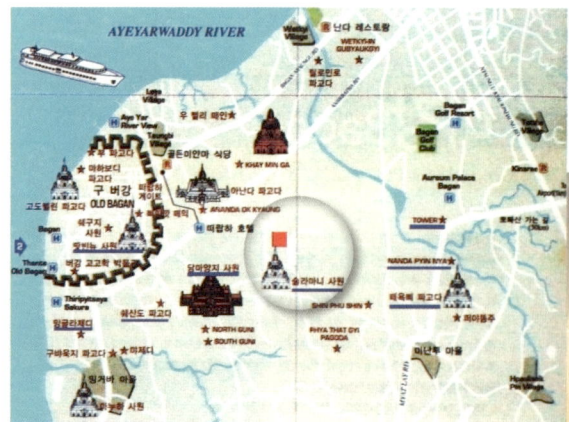

◀ 중앙의 붉은 표시가
열기구의 현재 위치 - 오른쪽이 동쪽
▼ 열기구가 아래로 내려가며
술라마니의 첨탑이 바로 눈앞에 있다

열기구가 미끄러져 가는 길목에 눈에 익은 탑이 있다. 어? 틸로민로가 왜 여기 있지? 순간적 착각이 일어난 것도 무리가 아니다. 발아래 있는 술라마니 파야(Sulamani Paya)는 틸로민로를 그대로 옮겨 놓은 듯 닮았다. 우리는 술라마니 서쪽을 지나 첨탑 뒤에서 나타난 해를 보고 눈부셔 하다가 이윽고 남쪽으로 빠진 뒤에야 전체의 모습을 다시 볼 수 있었다. 자세히 보니 틸로민로와 약간 다르긴 하다.

발아래로 북쪽에 있을 틸로민로가 나타났다 - 닮은 꼴 술라마니 파야이다

술라마니는 제7대 나라빠띠시투(Narapatisithu, 1174~1211) 왕이 1184년에 조성한 사원이다. 내부의 벽화가 양호한 상태로 남아 있어서 불화를 연구하는 이들이 많이 찾는 곳이다. 벽화는 부처님의 설법을 듣는 광경과 제자들의 모습이 많이 그려져 있으며, 배로 부처님의 사리를 모셔 오는 벽화도 보인다. 벽에 그려진 것은 18세기의 작품들이 대부분이고, 천장에는 13세기의 작품으로 추정되는 불화가 있다. 1992년 유네스코에서 발간한 바간 자료집에는 8면에 걸쳐 술라마니 파야를 소개하고 있는데, 당시의 사진에는 사원의 첨탑 부분들이 훼손된 모습이다. 지금은 모두 복원을 해서 첨탑이 하늘 높이 솟아 있다.

남쪽으로 옮긴 후에야
술라마니의 전체 모습을 다시 볼 수 있다
- 틸로민로와 약간 다르긴 하다

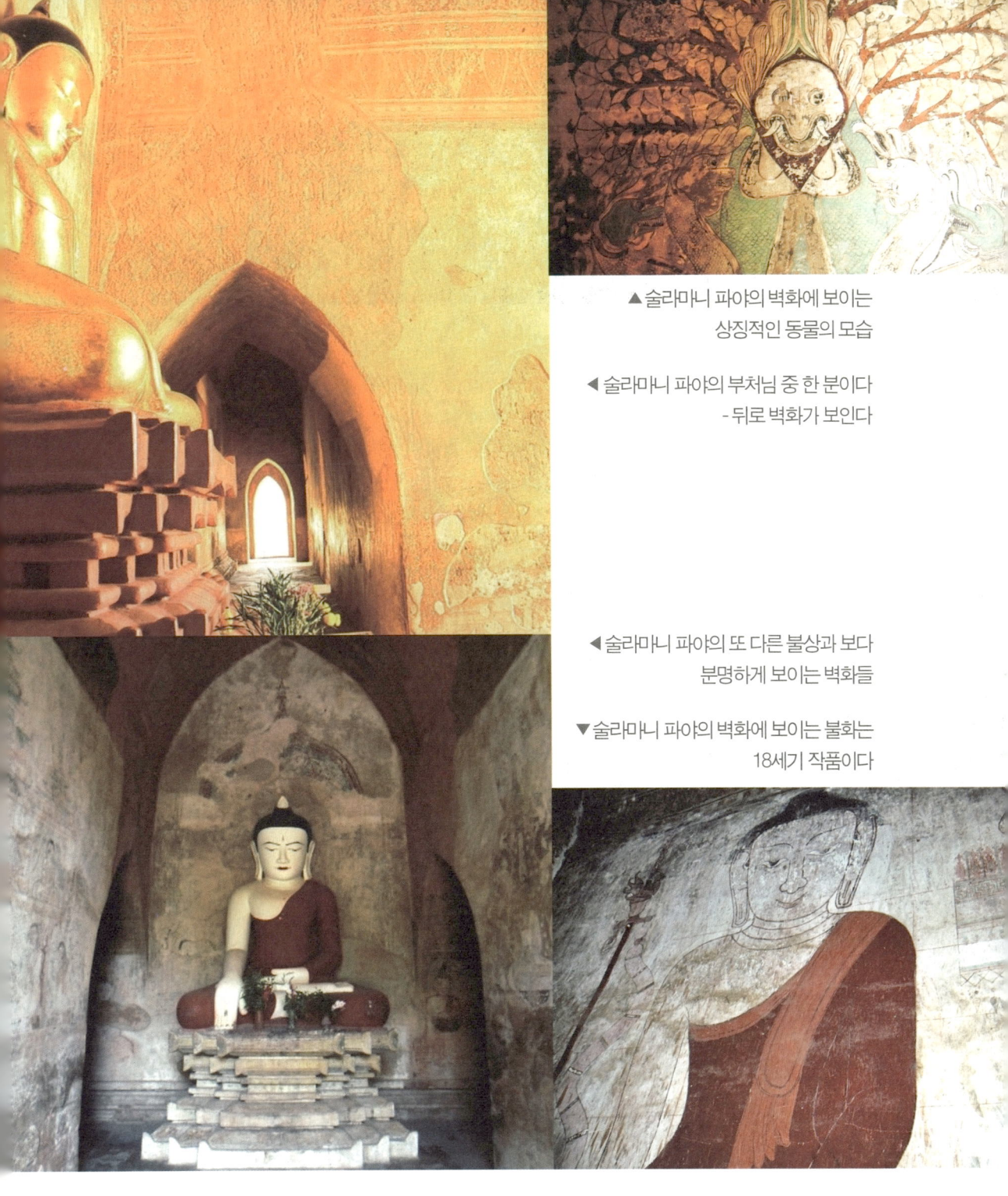

▲ 술라마니 파야의 벽화에 보이는
상징적인 동물의 모습

◀ 술라마니 파야의 부처님 중 한 분이다
- 뒤로 벽화가 보인다

◀ 술라마니 파야의 또 다른 불상과 보다
분명하게 보이는 벽화들

▼ 술라마니 파야의 벽화에 보이는 불화는
18세기 작품이다

유네스코 자료집에 보이는 벽화 - 위는 스님들의 모습이고 아래는 신자들이 공양물을 들고 있는 장면

유네스코 바간 자료집에
보이는 벽화는
배로 부처님의 사리를
모시고 오는 장면처럼 보인다

유네스코 자료집에 보이는 벽화
- 위는 부처님의 생애로 보이고
아래는 전생담으로 보인다

유네스코 자료집에 보이는 벽화 - 특이하게 의자에 걸터앉으신 부처님이 공양을 받고 있다

유네스코 바간 자료집에 보이는 벽화 - 부처님께서 제자들과 대화하시는 모습

드넓은 평원에 담마양지-쉐산도-고고학박물관-쉐구지-탓빈뉴-아난다 파야에 이르기까지 '구 바간' 인근의 모든 사원과 탑들이 보인다. 높은 위치에서 살핀다는 것은 바로 한눈에 파악할 수 있다는 것을 뜻한다.

열기구가 좀 더 남쪽으로 흐르자 이번에는 담마양지가 바로 눈앞에 모습을 드러내었다. 아침 햇빛을 받고 있는 모습을 위에서 봐서 그런지 쉐산도에서 보던 것보다는 좀 밝고 가벼운 느낌이 든다. 하지만 인과의 징표라는 이미지까지 변하는 것은 아니다. 그 뒤 오른쪽으로 축복의 탑 밍글라제디의 모습도 보인다.

▲ 담마양지를 가까이서 본 것
  - 오른쪽에 밍글라제디가 보인다

▲ 서쪽으로 백색 쉐산도가
  많은 탑들을 거느린 듯한 모습으로 서 있다

다음으로 나타난 주인공은 바로 쉐산도이다. 어제는 쉐산도에서 동쪽의 담마양지를 살펴봤는데, 오늘은 담마양지 쪽에서 서쪽에 있는 쉐산도를 보고 있다. 더 높은 열기구에서 살펴본 쉐산도는 어질어질한 높은 탑이라는 느낌이 아니라 이라와디를 목도리처럼 두른 예쁜 탑일 뿐이다.

광각렌즈로 찍은 '구 바간(올드 바간)'의 모습 - 왼쪽에 담마양지, 그 오른쪽에 쉐산도

처음엔 보이는 것마다 신기해서 떠들던 대중들도 하늘을 날기 시작한지 30분을 넘어서자 아주 차분해졌다. 보고 흥분하며 즐거워하던 모습에서 침묵의 관조(觀照)로 바뀐 것이다. 기쁨이 극점을 넘어서면 기쁘다는 느낌마저도 사라진다. 담담해지면서도 확연해지는 경지에 들어서는 것이다. 지금의 대중이 바로 그렇다.

비행을 시작한지 30여 분이 지나자 대중들은 관조하는 자세가 되었다

  나도 지나온 탑들을 돌아보며 지난 삶을 되짚어 본다. 하나하나의 탑들이 목숨을 걸었던 내 삶의 낱낱 전환점처럼 그렇게 바간의 평원 위에 좌표를 찍고 있다. 태초부터 거기 그렇게 있었던 것처럼.

지나온 바간 평원을 돌아보니 태초부터 있었던 것처럼 탑들이 의연하게 서 있다

천상에서 다시 지상으로 28

틸로민로를 닮은 술라마니 파야를 지나
남쪽으로 이동 중이다

어라, 북쪽에 있을 쉐지곤이 왜 저기 있나?
아! 담마야지까 파야구나

07시 03분, 동쪽으로 멀리 눈에 익은 사리탑이 나타났다. 아! '쉐지곤'
이 저기 있구나. 그런데 무언가 이상하다. 비록 바간에 완전히 익숙한 것은
아니지만, 출발할 때 보았던 북쪽의 쉐지곤이 남쪽으로 옮겨 왔을 리가 없는
것이다. 얼른 눈을 감고 머릿속에 넣어 둔 바간의 안내도를 펼쳤다. 그리곤
우리가 열기구를 타고 떠 있는 술라마니와 담마양지 쪽에서 동쪽으로 살피니
'담마야지까 파야(Dhammayazika Paya)'가 나왔다. 담마양지 사원에서 남
쪽으로 조금 내려가면 파소(Pwasaw)라는 작은 마을이
있는데, 그곳에 얼핏 보면 쉐지곤이라고 착각할 수 있는
담마야지까가 있다.

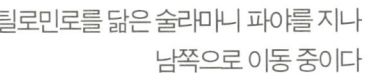

담마야지까는 탑 부분만 보면 쉐지곤 파고다와 착각할 정도이다

이 불탑은 1196년에 제7대 나라빠띠시투 (Narapatisithu)왕이 쉐지곤을 모델로 세운 탑이다.

우리는 이미 남쪽의 뉴 바간 쪽에 와 있었다. 담마야지까를 보았으니 아마도 종착점에 가까운 듯하다. 문득 지상에 남아 있는 우리 식구가 궁금했다.

밤에 조명을 받고 있는 담마야지까는 화려하기 그지없다

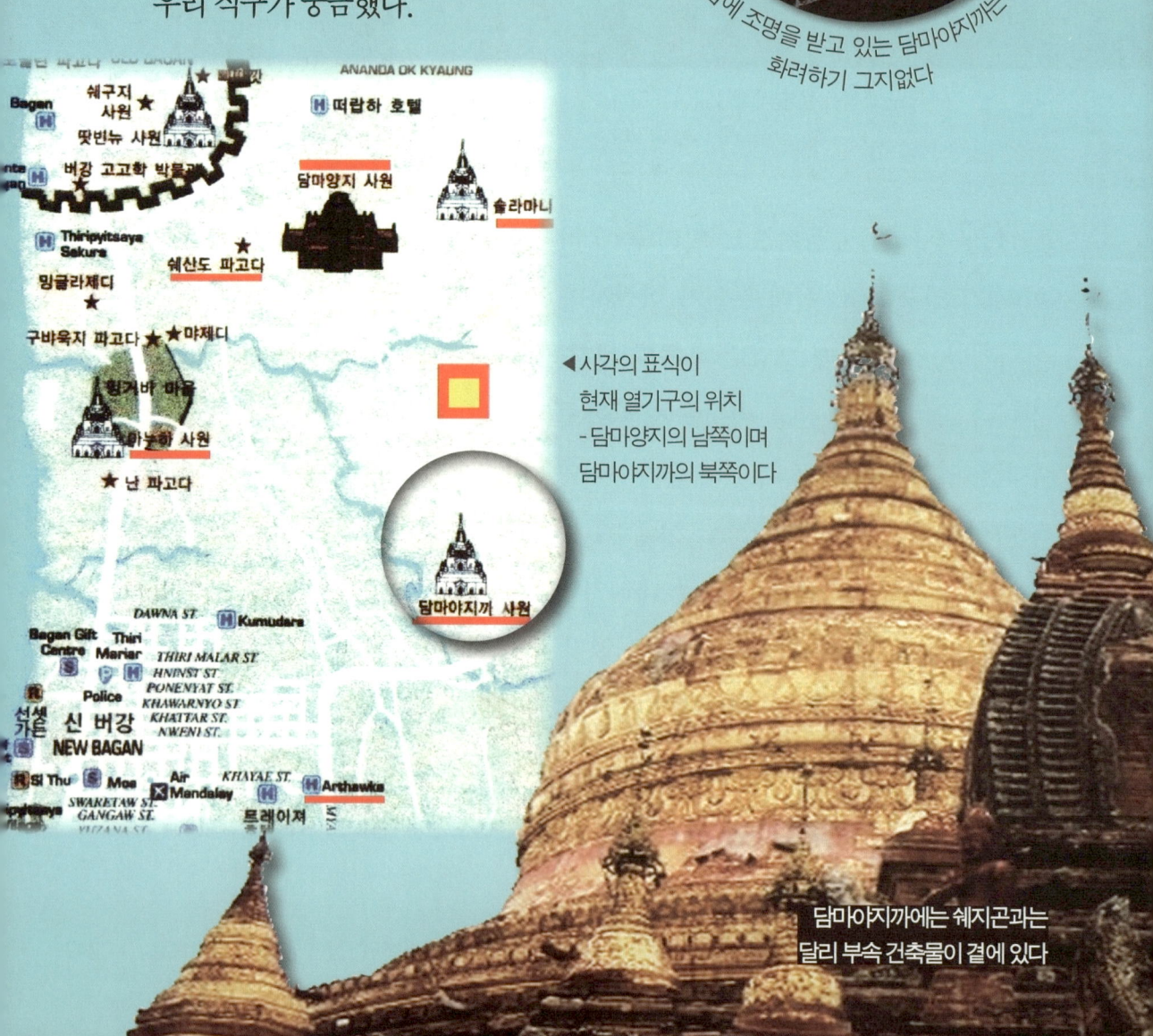

◀ 사각의 표식이 현재 열기구의 위치 - 담마양지의 남쪽이며 담마야지까의 북쪽이다

담마야지까에는 쉐지곤과는 달리 부속 건축물이 곁에 있다

열기구를 타는 대중이 출발한 뒤에 남아 있는 대중은 다소 느긋하게 우사장의 안내로 '쉐산도'로 향했다. 몸이 약간 불편한 스님 한 분만 남기고, 8명이 버스를 타고 호텔에서 그리 멀지 않은 '올드 바간' 쪽으로 가서 어제 오후에 올랐던 쉐산도를 올랐다. 어둠 속에 손과 발을 촉수처럼 활용하여 더듬거리며 오른 뒤 어둠과 친해져서 잠시 선정에 들었을 즈음, 담마양지 옆 뒤쪽으로 붉은 황금 덩어리가 떠올랐다. 06시 38분에 드디어 멋진 일출을 본 것이다. 어제 일몰을 제대로 즐기지 못한 아쉬움을 푸는 순간이었다.

쉐산도 파고다에서 본 일출 - 담마양지 오른쪽으로 해가 돋는다

쉐지곤에서 서북쪽으로 탓빈뉴 파야가 당당한 모습을 드러냈다

쉐산도에서 북쪽으로 아난다 파야가 땅에서 솟듯이 나타났다

북쪽을 보니 금방 땅에서 솟듯이 '아난다 파야'가 나타난다. 그리고 그 옆으로 두둥실 열기구들이 떠오고 있다. 여행사 우사장은 순간 당황했다. "저럴 리가 없는데? 분명 밧줄로 묶어서 공중에 띄워 머물다가 내린다고 했는데…." 하지만 현실은 달랐다. 풍선들이 점점 가까이 다가오는 것으로 보아 바간을 횡단하는 것이 틀림없다. "아이고, 내가 설명을 잘못했구나." 하지만 어쩌랴. 미얀마 현지 여행사에 확인을 할 때도 똑 같은 설명이었으니. 그랬다. 한국의 성지순례단체가 열기구를 탄 것이 처음이니 미얀마 여행사에서도 모르고 있었던 것이다. 어쨌거나 그건 우사장 혼자 속 타는 사정이고, 대중들은 마냥 기쁘기만 하다.

아난다 파야 너머로 열기구들이 나타났다 - 아차차! 횡단을 하는 모양이구나

이라와디 강과 그 앞의 '밍글라제디'를 배경으로 얼굴 가득 일출의 자금색 햇빛을 받으며 기념촬영을 한다. 그것은 '밍글라제디'의 뜻처럼 '축복'이다. 서북쪽으로는 '탓빈뉴'도 손에 잡힐 듯 솟았고, 고개를 돌려 동남방을 보니 열기구가 '담마야지까' 쪽으로 멀어져 간다. 시계를 보니 이미 07시 03분이다. 열기구가 내리는 곳보다 쉐산도는 호텔에서 더 먼 곳이다. 서둘러 호텔로 돌아가야 한다. 대중들은 아쉬움을 남기고 쉐산도를 떠났다. (얘기를 듣고 사진을 보며 정리한 것임)

아침 햇살을 받기 시작하는 쉐산도에 아쉬운 작별을 고한다

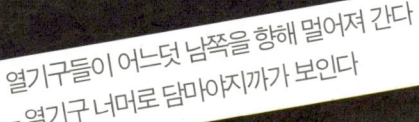

열기구들이 어느덧 남쪽을 향해 멀어져 간다
- 열기구 너머로 담마야지까가 보인다

대중들은 멋진 일출을 즐기며 기념 사진을 찍는다
- 뒤로 이라와디와 밍글라제디가 보인다

07시 15분, 동쪽을 바라보니 몽유도원도(夢遊桃園圖)를 보는 것 같은데, 발밑엔 땅의 나무들이 가까워졌다. 드디어 천상에서 지상으로 내려오는 순간이다. 파일럿 앤디의 주의가 떨어졌다. "모두 카메라를 바닥에 내려놓으시고, 몸을 최대한 낮추십시오." 우리는 모두 몸을 바구니의 아래쪽에 밀착시켰다. 잠시 후 사람들의 왁자지껄한 소리와 바구니가 바닥에 끌리는 충격이 전달되었다. 그리곤 이윽고 멈췄다. 나는 얼른 카메라를 들고 풍선을 향했다. 풍선 꼭대기의 작은 원이 분리되었다. 그리고는 풍선이 빠르게 수축되었다. 다음엔 진행요원들의 도움을 받아 바구니 밖으로 나왔다.

동쪽을 바라보니 마치 몽유도원도를 보는 듯 몽환적이다

지막으로 둘러본 바간의 평원 - 멀리 정겨운 탑들이 손을 흔들고 있다

발아래에는 나무들이 점차 가까워지고 있다

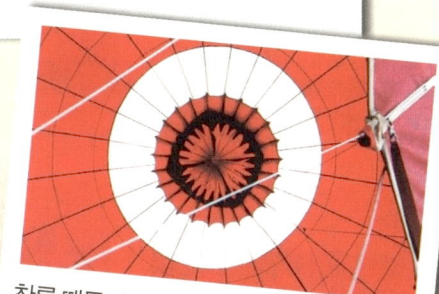

착륙 때문에 잠시 내려두었던 카메라를 드니
풍선의 꼭지가 열리고 있다

풍선의 꼭지가 열리자 풍선은
급격히 품격을 잃고 있다

우리의 뒤를 이어
다음 열기구가 내리고 있다

뒤이어 다른 열기구들이 착륙한다. 진행요원들이 달려들어 밧줄을 끌어 안전한 지역까지 이동시킨다. 그렇게 우리가 내린 곳에는 세 대가 착륙했다. 우리는 열기구회사에서 마련한 간단한 음료와 빵이 있는 곳으로 옮겨 입가심을 하였다. 그리고 열기구 자체에서 찍은 사진을 담은 CD를 주문한 후 버스가 있는 곳으로 이동했다. 07시 30분경, 우리는 버스로 이동하고 있다. 파일럿 앤디가 생채기가 생긴 팔을 내밀어 증서를 내밀었다. 바로 열기구를 탔다는 증명서였다. 뜻밖의 종이 한 장에 대중들의 웃음꽃이 피어났다.

진행요원들이 열기구를 멈추기 위해
안간힘을 쏟고 있다

앤디가 신호를 하여
모두 열기구 카메라를 보고 찍은 사진

대중들은 열기구 체험의 감동으로
한껏 고조되어 있다

자유로운 분위기에서 제각기 보고 싶은
방향으로 시선을 향한 채로 찍은 사진

호텔로 향한 버스 안에서
앤디가 열기구를 탄 증서를 주

우리 열기구의 파일럿 앤디도
이번 비행이 만족한 듯하다

내릴 즈음 찍은 열기구 자체
카메라의 사진에는
어느 정도 흥분이 가라앉아 있다

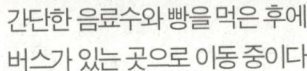
간단한 음료수와 빵을 먹은 후에
버스가 있는 곳으로 이동 중이다

모든 공부가 그렇듯이 어둠 속에 갔다가 밝음으로 돌아오는 것은 즐겁다

어둠 속에 어디로 가는지도 모르고 갔던 길을, 햇빛 밝은 길을 돌아올 때는 몇 번 웃다 보니 호텔에 도착했다. 열기구를 타러 갈 때는 호텔에서 가장 먼 북쪽으로 갔지만, 돌아오는 길은 호텔에서 아주 가까운 곳에 열기구가 착륙했기 때문이다.

호텔에 도착하자 곧바로 지하의 식당으로 갔다. 07시 37분, 결코 빠르지 않은 아침 식사이다. 본디 아침을 먹지 않는 나에게 죽 한 그릇은 사치에 가깝다. 서둘러 아침공양을 한 후 짐을 꾸려서 로비에 모인 시각이 08시 40분, 체크아웃을 한 후 버스를 탔다. 바간의 1박이 남았지만 유럽관광객들 때문에 어긋났던 분위기 좋은 호텔로 옮겨야 하기에 아르타우카 호텔을 떠나는 것이다.

❶ 호텔 식당 - 비록 죽 한 그릇이라도 감사한 시간이다 ❷ 빛나는 일출을 본 뒤라 이미 모든 것 다 마친 듯하다 ❸ 안녕 아르타우카 호텔 - 하룻밤의 멋진 꿈을 꾸게 해준 곳

뽀빠산으로 가는 길 29

08시 43분, 우리는 1시간 30분 정도를 달려가야 하는 뽀빠(Poppa) 산을 향해 출발했다. 바간 자체가 시골 풍경에 가깝지만, 그래도 불탑과 호텔 등을 보고 다닐 수 있기에 고도(古都)의 느낌이 가끔 들긴 했다. 그러나 버스가 출발한 지 10분도 되지 않아 우리는 완전히 시골길을 달리고 있었다. 그리고 10분 후쯤 경계를 넘어서는지 검문소에 우리의 행로를 보고하는 듯했다.

검문소를 지나자 고팀장의 설명이 시작되었다.

검문소가 있는 것으로 보아
경계를 넘어서나 보다
- 경계를 넘어선다는 것은 좋은 것

이 길을 따라가면
풋풋한 시골 소녀가
두 팔을 벌리고 기다릴 것 같다

미얀마 스님들의 탁발을 보면 유난히 어린 스님들이 많다 - 단기 출가 때문일 것이다

"미얀마 사람들은 이름만 있고 성(姓)이 없습니다. 이름은 주로 태어난 날과 연관하여 짓는데, 특히 요일을 중시합니다. 미얀마에도 띠를 따지는데, 그 띠가 우리나라와는 달리 태어난 요일에 따라 달라집니다. 월요일은 호랑이띠, 화요일은 사자띠, 수요일 오전은 상아 있는 코끼리띠, 수요일 오후는 상아 없는 코끼리띠, 목요일은 쥐띠, 금요일은 두더지띠, 토요일은 용띠, 일요일은 금시조(金翅鳥)띠입니다.

미얀마에는 단기출가제도가 있습니다. 출가는 주로 초등학교 때 많이 합니다. 아들이 태어나면 부모는 그때부터 출가비용을 모으기 시작합니다. 출가할 때는 온 동네 사람들에게 공양을 내고, 다음으로는 출가할 절에 공양을 올립니다. 출가하러 갈 때는 싯다르타께서 왕자의 신분으로 출가하신 것에 연유하여 왕자의 모습으로 꾸며 말에 태워 가는데, 부모는 가사와 발우를 들고 함께 갑니다. 출가할 때의 모습이 결혼식 때보다 화려한 것을 볼 수 있습니다. 출가는 4~5월에 많이

❶이 신심 깊은 불자들을 보라 - 모두가 대중공양을 하는 사람들이다 ❷대중이 많은 사찰에는 탁발한 음식을 이렇게 다시 차려서 공양을 한다 ❸나이 많으신 스님들께는 이처럼 신자들이 준비한 공양물을 직접 드린다

시킵니다. 미얀마는 탁발이 원칙인데, 경전에 나오는 칠가식(七家食-일곱 집을 차례대로 탁발하는 것. 가섭존자는 가난한 이들에게 복을 짓게 해주느라고 일부러 가난한 집을 찾았고, 아난존자는 가난한 사람들에게 부담을 주지 않으려고 부잣집을 찾았다. 부처님께서 그렇게 차별하지 말고 차례대로 일곱 집을 탁발하라고 하셨다)을 원칙으로 합니다. 스님들의 숫자가 적은 곳은 각자가 탁발한 것을 비벼서 드시고, 숫자가 많은 곳은 밥과 반찬을 따로 모아서 간단한 조리과정을 거친 후, 식탁 위에 올려 두고는 각자 양대로 덜어서 드십니다. 노스님들은 신자들이 도시락을 마련하여 사찰에 가져가서 공양을 올립니다. 공양시간은 10~11시 사이가 됩니다. 신자들이 대중공양을 올리는 날에는 탁발을 나가지 않습니다. 미얀마에는 군인이 45만인데, 스님들은 50만 정도가 됩니다. 그래서 미얀마에서는 스님들이 서로 약속된 집에 탁발을 갑니다. 이는 낭비와 모자람을 막기 위한 방법입니다. 만약 사찰에서 합동으로 대중공양이 있는 날에는 전날 탁발 시에 미리 알려주어서 준비를 하지 않도록 합니다.

  스님들은 출가할 때부터 후원자제도가 마련되어 있습니다. 처음에는 가족들이 후원자가 되지만 나중에는 신자들이 일곱 집 정도로 정해지는데, 탁발을 갈 때도 바로 이 후원자들의 집을 가게 됩니다.

❹가섭존자가 상수가 되어 제1차 결집을 했던 칠엽굴 입구
❺야사 장로가 상수가 되어 행한 제2차 결집터 가까이 세운 사찰 - 바이샬리 근본탑 건너

잘 아시다시피 미얀마는 스리랑카, 태국, 캄보디아, 라오스 등과 더불어 남방불
교권이라고 합니다. 부처님 당시로부터의 전통을 고수한다고 해서 상좌부(上座
部)불교라고도 합니다. 남방불교에서는 총 여섯 번의 결집(結集-Saṁgīti의 번역으로
함께 모여 암송한다는 합송合誦의 뜻)이 있었습니다.

제1차 결집은 부처님께서 열반에 드신 후 가섭존자의 주도로 칠엽굴에서 500
장로가 모여서 하였습니다. 이때 경은 아난존자가 암송하였고, 계율은 우팔리존
자가 암송하였습니다. 아난존자는 부처님의 부탁으로 곁에서 항상 모시는 시자
(侍者-요즘의 비서실장 격)를 살게 되었는데, 그때 조건으로 자신이 없는 곳에서 부처
님께서 말씀하신 내용은 반드시 다시 들려 주셔야 한다는 것이었습니다. 그래서
거의 대부분의 설법을 기억할 수 있었다고 합니다.

제2차 결집은 부처님께서 열반에 드신 후 약 100년이 지났을 무렵 바이샬리에
서 있었는데, 아난존자의 제자였던 야사(耶舍, Yaśa) 장로는 바이샬리 출신의
비구들이 계율에 위반되는 열 가지를 행하고 있다는 것을 알게 되었습니다.

❶ 스리랑카 알루비하라 - 패엽경 사원의 전경   ❷ 스리랑카 알루비하라 - 패엽경 사원의 후원 모습

야사장로는 700명의 장로들을 소집하여 이 열 가지의 문제를 다루었습니다. 그 내용 중에는 '소금을 비축했다가 사용해도 된다' 거나 '금이나 화폐를 보시로 받아도 된다' 는 등의 문제였습니다.

제3차 결집은 기원전 3세기에 아소카왕의 후원으로 1,000여 명의 스님들이 모여 왕국 수도였던 파탈리푸트라(지금의 파트나)에서 삼장(三藏-부처님의 가르침인 경[經藏], 지켜야 할 규칙인 계율[律藏], 경과 율에 대한 연구인 논[論藏])을 정리한 것입니다.

제4차 결집은 스리랑카에서 있었습니다.

☞아소카 왕의 아들인 마힌다 장로는 다른 전법사들과 더불어 스리랑카로 건너가게 되는데, 이때 1,600여 명과 더불어 삼장을 구술(口述)하면서 최초로 패엽경(貝葉經)을 조성하였다. 이것을 제4차 결집이라고도 하는데, 고팀장이 설명하는 제4차 결집이 이것을 말하는 듯했다. 하지만 대부분의 학자들은 이것을 제4차

❸ 스리랑카 알루비하라 - 패엽경 사원에 보관하고 있는 패엽경
❹ 제5차 결집을 한 만달레이에는 대리석에 삼장을 새긴 석경이 있다

결집으로 인정하지 않는다.

쿠샨왕조의 제3대 왕인 카니쉬카(재위 132~152)는 설일체유부(說一切有部)의 파르슈바(Pārśva) 존자(협존자脇尊者)에게 귀의했는데, 캐시미르 쿤달라바나 계곡에서 파르슈바 존자를 상수(上首)로 한 500인의 아라한들을 모아 삼장을 편찬했다. 인도불교사에서는 이를 '제4결집'으로 부른다. 현장스님은 『대비바사론』을 번역한 후 말미에 발(跋-그 책의 성립·전래·간행 경위·배포 등에 관한 사항을 간략하게 적은 글)을 남겼다. 거기에 불멸 400년경 카니쉬카왕이 캐시미르에 500여 명의 아라한들을 모아 삼장을 결집했는데, 그때의 논장이 바로 『대비바사론』 200권이라고 했다.

제5차 결집은 1871년 만달레이 왕국의 민돈 왕에 의해 이루어졌고, 그것을 대리석에 기록하여 남겼는데 바로 만달레이 석경(石經)입니다."

잠시 마이크를 넘겨받아 고 팀장에 대한 얘기를 했다.

"이번에 함께 순례에 나선 여러분들은 참 복이 많습니다. 내가 여러 곳을 순 례했지만 고 팀장처럼 자세하게 설명하는 이도 드물었고, 또 열정적으로 하는 이도 없었습니다."

대중들의 박수가 이어진 후, 우사장이 한마디 툭 던졌다.

"고 팀장도 절밥을 꽤 축냈습니다."

들어보니 이전에 출가자였다. 존경받는 큰스님의 제자로 강원도 졸업했고, 남방불교를 연구하러 왔다가 미얀마에 반해서 미얀마를 사랑하게 되었다. 이 윽고는 미얀마 사람을 사랑하게 되어 결혼까지 하게 되었단다. (여기서는 스승인 큰 스님의 법호와 출가 본사와 강원 등은 밝히지 않기로 한다)

늘 밝은 표정으로
자세하게 설명하여
우리를 기쁘게 해준 고 팀장

미얀마 패엽경과 티베트 장경 목판
- 개화사 무량수전

미얀마의 오래된 패엽경을 펼쳐 본 것
- 글자가 너무 작아 보이지 않는다

다시 고 팀장의 설명이 이어졌다.

"제6차 결집은 1954년 5월에서 1956년 5월에 이르기까지 2년에 걸쳐 이루어졌는데, 이때 밍군(민군으로도 발음) 스님이 삼장을 모두 암송하였습니다. 미얀마 정부에서 각국의 대표적인 큰 스님들을 모두 초청하여 이 불사를 하였습니다. 미얀마 불자들에게는 대단히 자긍심을 높여준 불사였습니다. 밍군 스님은 기네스북에 암송(暗誦)으로 올라 있습니다."

"1996년 성지순례 때 들은 얘기로는 미얀마 삼장을 다 외우는 삼장법사가 세 분 계신다고 했는데, 지금은 어때요?"

"지금은 11분이 계십니다."

미얀마에서는 큰스님을 사야도(Sayaadaw)라고 존칭하는데, '밍군 사야도(Mingun Sayaadaw)'로 존경받는 스님이 두 분 계신다. 한 분은 마하시 선원을 세운 마하시 사야도의 스승으로 1868년에 태어나 1955년에 입적하신 분이고, 또 한 분은 팔리어 삼장(三藏)을 암송하신 분으로 기네스북에 올라 있는 밍군 사야도이시다. '밍군 삼장'은 법명이 '우 웨이 세이 따야'로 1911에 태어나서 1994년에 입적하셨다.

밍군 스님의 얘기를 듣다 보니 문득 밍군 대탑과 밍군 대종이 떠올랐다.

영국의 식민지가 되기 전 만달레이를 왕도로 하는 꽁바웅 왕조가 있었다. 1782년 왕좌에 오른 꽁바웅 왕조의 젊은 왕 보도퍼야(또는 보도페이야)는 주변의 소수민족 나라들을 정복하며 영토를 넓혀 가던 중, 1790년 전쟁포로로 잡아온 1,000여 명의 노예를 투입하여 밍군에 지상 최대의 탑을 조성케 하였다. 기단 한 변이 200여 미터에 높이가 150여 미터에 달하는 대탑을 세워 자신의 위대함을 알리려 했다.

이라와디 강을 따라 90분쯤 배를 타고 가면 나타나는 밍군 대탑

▶ 중앙에 있는 흰색의 입구가
없었다면 영락없는 언덕이다

▶ 오른쪽으로 오르는 곳만을
본다면 뒷동산을 오르는 느낌이다

　세계 최대의 탑을 세우고 싶었던 보도퍼야 왕은 가능한 빨리 그 모습을 세상에 보여주고 싶었을 것이다. 결국 공사과정에서 동원됐던 수많은 노예와 포로들은 연일 계속되는 극심한 노동과 위험한 공사로 목숨을 잃었다. 이 가혹한 노동을 견디지 못한 노예들은 목숨을 걸고 인도로 탈출을 시도했고, 이 사건은 보도퍼야 왕의 분노를 샀다. 왕은 도망친 포로들을 잡아들이기 위해 군대를 이끌고 뒤를 쫓았다.

　분노는 분별력을 잃게 하는 법이다. 결국 보도퍼야 왕은 미얀마의 국경을 넘어 인도로 들어갔다. 미얀마의 군대가 국경을 넘은 것은 결국 전쟁을 의미하는 것이었고, 인도를 식민통치하던 영국으로서는 동쪽으로 침략할 수 있는 절호의 찬스가 되었다. 결국 영국은 이 사건을 계기로 미얀마와의 전쟁을 시작했고, 이후 미얀마가 영국의 식민지로 전락하는 결과를 낳게 되었다.

　만달레이에서 약 11킬로미터 떨어져 있는 밍군 유적지로 가기 위해서는 배편을 활용하는 것이 편리하다. 육로로도 갈 수 있지만 멀리 우회해야 하기에 이라와디 강변에서 배를 타고 약 1시간 30분 정도 가면

온갖 사연을 다 지켜본 이라와디 강물은 그저 무심히 흘러간다

밍군 유적에 도착할 수 있다.

밍군 대탑은 강에서 보면 그냥 거대한 언덕이다. 옆에 백색의 사원이 보이지만, 그 사원이 의지하고 있는 야산처럼 풀에 뒤덮여 있다. 1819년 보도퍼야 왕이 사망 후 곧바로 중단되어 미완으로 남게 되어 탑 모양을 갖추지 못했었고, 1838년 일어난 지진으로 탑 전체에 심한 균열이 생긴 상태로 버려져 있기에 결코 탑처럼 보이지 않는다. 본디 지반이 약한 강변의 모래 위에 세워진 이 탑은 자체의 무게를 감당하지 못하는 지반 때문에 현재 조금씩 허물어져 가고 있다.

현재 남아 있는 탑은 기단 한 변의 길이가 140미터, 높이가 72미터에 달한다. 이 거대한 탑이 벽돌 한 장 한 장을 쌓아 올려 만들어졌다는 것을 누가 믿으랴. 많은 생명을 앗아가며 쌓여진 벽돌들은 빛나는 공덕이 되지 못하고 권력과 과시욕의 허망함을 일깨워주려는 듯 바닥까지 갈라진 채 불안한 형태로 서 있다. 하지만 탑 위에 올라 바라보는 이라와디 강물은 그저 무심히 흘러간다.

❶ 현재 칠 수 있는 종으로는 세계 최대의 종인 밍군 대종
❷ 비극적인 사연을 지닌 밍군의 유적지에 가장 존경받았던 밍군 삼장의 상이 모셔져 있다

밍군 대탑 옆에는 유럽인들에게 '밍군 벨'로 알려져 있는 밍군 대종이 있다. 현재 칠 수 있는 종으로는 세계에서 가장 큰 종이다. 보도퍼야 왕의 명령으로 만들기 시작한 이 종은 1808년 5월 5일 완성되었다. 지름 4.8미터에 높이가 3.6미터에 이르며 무게가 무려 90톤이나 나가는 이 종의 앞뒷면에는 보도퍼야 왕을 상징하는 글자와 함께 종의 무게가 미얀마어로 적혀 있다. 왕은 종이 완성되자 이 종을 만든 장인들을 무참히 죽여 버리고 말았다. 다시는 이와 같은 종을 만들지 못하도록 하기 위해서였다. 진시황제도 자신이 죽어 들어갈 지하왕궁을 만들고는 공사를 한 이들을 모두 죽여 버렸다. 왕릉의 비밀을 유지하기 위해서였단다. 탐욕과 무지(無智)는 이처럼 인간을 무자비하게 만든다. 우리가 깨달아야 하는 이유가 여기에 있다.

이 두 유물 곁에 작은 사원이 있는데, 거기 미얀마인들이 존경했던 삼장법사(三藏法師) 밍군 사야도의 상이 모셔져 있는 것은 참 아이러니하다. 극적인 대비를 위한 것일까? 밍군 스님의 법명을 두고 '밍군'이라는 칭호를 얻게 된 연유

▲대중들이 급하긴 했나 보다 - 해우소로 향한 걸음이 바쁘다
◀바간을 출발하여 90여 분쯤 달렸을 때 나타난 양곤 레스토랑

를 여러 사람들에게 물었으나 미얀마 사람까지도 잘 모르겠다는 답을 했다. "밍군 출신이라서 그렇게 부르는 것인가?"하고 물었더니, "아마 그럴 겁니다." 하는 답이 돌아왔다.

잠시 밍군 스님과 밍군 유적에 대한 생각을 하는 사이에 버스가 멈췄다. 뽀빠산에 오르면 해우소(화장실)가 없으므로 미리 준비를 하란다. 60분 가까이 달려 왔으니 생리문제도 해결할 때가 되었다. '양곤 레스토랑'의 해우소에 인사를 한 후 주변을 둘러보니 여러 종류의 꽃들이 보였다. 색색의 꽃을 찍다가 농장처럼 생긴 곳으로 갔더니 용과(龍果)밭이었다. 남방을 순례하면 호텔 식당에서 늘 만나는 용과(龍果)였지만 선인장에 달려 있는 것은 처음 본다. 식당의 앞마당에는 멋진 수련(睡蓮)이 있어서 눈을 시원하게 해 준다.

레스토랑 건너편 길가에 있던 꽃
- 라오스에서는 국화인 꽃

레스토랑의 해우소
뒤에 있던 노란 꽃

연인에게 선물하고
싶어질 듯한 꽃다발 같다

한겨울 눈밭에서
발갛게 익은
소녀의 볼을 보는 듯하다

참 화려하지만
적당히
자유로운 영혼을
지닌 듯한 꽃

오래전
어머님이 한껏
멋을 부렸을 때
이런 모습이었다

큰 누나가 고전적인 방식으로
결혼식을 올릴 때 이처럼 고왔던가?

남색의 날개와
황금색 속을
보여준 수련 때문에
눈이 시원해졌다

남방을 여행하며
늘 디저트로
먹었던 용과지만
선인장에 달린
것은 처음 본다

뽀빠산에 오르다 31

언덕을 넘어서자 곧바로 마법의 성과 같은 뽀빠산이 나타났다

10시 8분 양곤 레스토랑을 떠났나 했더니 바로 눈앞에 특별한 풍경이
펼쳐졌다. 만화영화에서 나오는 마법의 성이 건너편에 나타난 것이다. 우리
가 찾아온 바로 그 뽀빠산이다.

뽀빠산은 바간에서 남동쪽으로 약 57km 떨어진 곳에 있다. 뽀빠산은 두 곳
이다. 원래의 뽀빠산은 바간에서 약 70km 떨어진 배후의 '뽀빠 따웅마지'로

해발 1,518m의 비교적 높은 산이다. 100년 전까지만 해도 호랑이를 비롯한 많은 동물들이 살았던 곳이기도 하다. 관광객들에게 유명한 뽀빠산은 '뽀빠 따웅끌라'로 해발 737m의 돌출된 산이다. 바로 우리가 찾은 곳이기도 하다. '뽀빠(Popa)'는 꽃을 의미하는데 홀로 우뚝 솟아 있는 모양이 마치 꽃처럼 생겼다고 해서 이름 붙인 것이다. 옛날 화산의 폭발이 그치고 무수한 세월이 흐르면서 주위의 산은 풍화로 사라지고 분화구의 암석부분 만이 남게 된 것이라고 한다.

10시 12분, 이윽고 뽀빠산 바로 아래에 도착했다. 마을은 불교사원 같기도 하고 다른 종교의 사원 같기도 한 묘한 분위기를 풍겼다. 원숭이가 순례자의 자비를 기대하는 상점 앞길을 걸어 흰 코끼리 두 마리가 수문장을 맡은 탑형식의 문을 통과하니 끝없이 이어지는 계단이 나타났다. 1분쯤을 걸었을까?

◀산 아래 마을에는
불당을 비롯한 각종 신당이 있다

▶흰 코끼리 두 마리가 지키는
뽀빠산에 오르는 입구

길에는 원숭이가
순례자의 자비를 기대하며
측은한 모습을 하고 있다

산자락인 왼쪽에 낫(Nat) 신당이 나타났다. 계단에는 회랑처럼 지붕을 만들어 두었고, 양쪽으로 물건을 파는 가게들이 이어져 있어서 마치 터널을 지나는 것 같다. 그리고 조금 위에 부처님을 모신 불당이 있는데, 한 스님이 기도를 하고 있다.

불당을 지나자 신을 벗는 곳이 나타났다. 이곳으로부터는 전체를 성지로 정한 것이다. 계단이 갑자기 급해졌고 대중들의 호흡이 거칠다. 그때 평면이 나타나 잠시 숨을 돌릴 수 있었는데, 왼쪽에는 아래쪽보다 훨씬 화려하고 넓은 공간의 '낫 신당'이 있었다.

❶ 처음엔 낫 신당이 먼저 우리를 맞는다
❷ 마치 터널 같은 계단에는 가게들이 손님을 맞는다 ❸ 작은 불당이 있는데, 한 스님이 기도를 올리고 있다

뽀빠산은 본디 미얀마 정령신앙(精靈信仰) 낫(Nat)의 성지(聖地)였다고 한다. 아노라타(Anawrahta) 왕도 처음에는 낫을 신앙하였다. 그러다가 불교에 귀의한 후에는 낫 신앙을 퇴치하고자 했고, 모든 낫 사당을 부수고 동물을 희생 제물로 바치는 것을 금지하는 등 많은 노력을 했지만 사람들은 지하에 숨어서 낫을 모셨다. 뽀빠산에도 사찰을 짓고 불교의 도량으로 만들려 했지만, 민간의 저항이 만만치 않자 결국 낫을 호법의 신으로 불교 내에 수용하는 방법을 택하였다. 그러므로 뽀빠산에는 불당과 낫 신당이 공존한다.

❹ 여기서부터는 신을 벗고 맨발로 오르는 성지다   ❺ 마치 우리나라의 화려한 굿당 같은 낫 신당

원숭이 모녀가 난간에서
자기 집에 찾아온 불청객 보듯 한다

오른쪽 난간에 원숭이 모녀가 자기 집에 찾아온 불청객을 맞이하듯 약간 불만스럽게 보고 있다. 왜 그렇지 않겠는가. 이곳은 본래 그들의 땅이었을 게다. 하지만 이제는 시끌벅적 쉴 새 없이 찾아오는 방문객들과 공존하는 방법을 찾은 것 같다. 그래도 가끔은 심술이 발동하여 여행객이 들고 있는 물건을 탈취하기도 한다. 그래서 원숭이가 많은 곳을 방문할 때는 모자나 손가방 심지어 작은 카메라까지도 조심하지 않으면 낭패를 당한다.

이번에는 아예 좌우의 난간에 의지해야만 될 정도의 급경사 계단이 나타났다. 앞사람의 엉덩이를 치받지 않도록 조심하며 허덕거리며 올라간다. 왼쪽이 열려 있어서 잠깐 보니 계단의 지붕들이 마치 용이 꿈틀거리며 오르는 듯하다. 다시 제법 긴 평면 복도가 나타나는데, 양쪽을 유리로 꾸몄고 왼쪽에는 낫 신당이 있다. 그 복도가 끝날 즈음에 마지막 굽이치는 계단이다. 이제 지붕은 사라지고 오른쪽으로 아득히 산 아래 평원이 보인다. 예나 지금이나 사람들은 높은 곳에 오르려 한다. 신의 영역에 좀 더 가까이 가고 싶은 것일까? 이젠 어느덧 초고층 아파트를 지어 도심에서도 아득한 높이에 머물려 하지 않는가.

❶ 이번에는 난간을 의지해야 오를 수 있는 급경사 계단이다
❷ 계단 위에서 돌아봤더니 유럽인들이 뒤를 이어 오르고 있었다 ❸ 긴 복도의 양쪽은 화려한 유리로 꾸몄고
왼쪽에 낫 신당이 있다 ❹ 계단 끝 지점에서 열린 공간을 통해 본 왼쪽 풍경이 용이 오르는 것 같았다

복도가 끝나고 이제 하늘이 열렸다
- 오른쪽으로 아득히 평원이 보인다

하늘 법당에서 예불을 올리다 32

뽀빠산 정상의 오른쪽에 있는 불당에 모셔진 설법하시는 석가모니 부처님

마지막 계단을 왼쪽으로 꺾어 오르니 삼존불을 모신 불당이 나타났다. 한 분은 개금이 된 부처님상이고 다른 두 분은 마치 밀랍으로 조성된 것 같은 느낌이 드는 부처님상이다. 그래서인지 금빛 가사를 수하고 있는 모습이 훨씬 인간적인 모습으로 느껴진다. 온통 유리로 장식이 된 불당은 샤머니즘(shamanism)적인 분위기가 짙다. 이 불당은 오르내리는 통로처럼 사람들이 지나다니는 곳이라 우리가 예불과 기도를 올리기에는 적당하지가 않았다.

뽀빠산 정상의 오른쪽에 있는 불당에 모셔진 선정에 드신 석가모니 부처님(좌)과 항마촉지인의 석가모니 부처님(우)

뽀빠산 정상 하늘 법당에서 예불과 기도를 올리다   예불을 올리는 대중의 모습이 경건하고 진지하다

정상을 지나 동남쪽으로 몇 걸음 내려가니 비교적 조용한 불당이 있기에 그곳에서 예불을 올리기로 했다. 마침 불당에는 금구(金口-큰 징처럼 생긴 법구로 종 대신 사용함)도 있어서 처음으로 쇳송을 한 후에 향과 차를 올리고 예불을 드렸다. 반야심경과 정근 및 축원까지 마치니 옷이 땀에 젖어버렸다. 뽀빠산 정상에 있는 하늘 법당에서 올리는 예불과 기도가 조금은 다른 감흥을 일으켰나 보다. 대중들의 기분 좋게 상기된 얼굴에서 미묘한 미소가 피어나고 있었다. 그 기분으로 단체 기념촬영을 했다.

우리가 예불과 기도를 올린 불당에는   땀에 젖은 모습으로 기념촬영을 하는
금구가 있어 종송을 할 수 있었다   대중의 마음은 환희로 충만하다

불당 앞마당에는 지붕도 만들어져 있어서
전망대로는 최고였다 - 사진 찍기에 바쁜 대중

땀 흘리며 기도를 올린 후에
마시는 차 한잔은 감로수라 할 것이다

불당 앞마당은 아주 멋진 전망대였다. 삼삼오오 모여 보이차를 마시며 바람도 쐬고 사진도 찍으며 담소하는 모습들이 참 아름다웠다. 발아래에는 멀찍이 작은 사원과 마을 집들이 보였고, 저 멀리 아득한 평원이 하늘에 떠 있는 구름과 잘 어울렸다.

　미얀마 불자들은 여기에 부처님의 유리 궁전을 조성하고 싶었던 것일까? 뽀빠산의 불당은 온통 유리로 장엄되어 있다. 비록 불경에 유리로 장엄된 궁전이 설명되어 있긴 하지만 뽀빠산의 분위기는 조금 지나친 감이 있다. 특히

뽀빠산 정상에서 건너다 본 진입로
- 우리가 넘어온 길

우리가 예불을 올린 불당이 가장 정갈한 편이었으나 샤머니즘적 분위기도 있었다

불상에까지 돈을 꽂아 둔 모양이 뽀빠산의 분위기를 대변해 주는 듯하다. 불당이라고는 하지만 애니미즘과 샤머니즘이 함께 공존하는 곳이 곧 뽀빠산이라고 볼 수 있다. 사람들은 제각기 자신이 좋아하는 믿음을 갖는다. 완전한 깨달음에 이르기 전에는 무언가에 의지하려는 것이 사람들의 심리일진대, 그들의 신앙형태를 무조건 잘못이라고 질타할 수도 없다.

전망대에서 본 뽀빠산 아래의 평원은 흰구름과 더불어 아득히 펼쳐져 있다

아주 특이한 모양이라서
고 팀장에게 물었으나
당시는 이해하기 어려웠다

뽀빠산 정상에 조성한 사리탑으로
아주 멀리서도 잘 보인다

사리탑을 향하고 있는 이 상들은
바로 미얀마 정령신앙의
낫 신상들이다

　　적당히 휴식을 취한 뒤 오른쪽 사리탑으로 향하는데 참 묘한 모양의 상이 보였다. 가운데 둥근 물체를 둘러싸고 앉아 있는 네 구의 조성하다 만 사람처럼 생긴 상이었다. 고 팀장에게 물었더니, 다른 사찰에 있는 불상의 모형을 축소해서 둔 것이란다. 잘 이해가 되지 않았지만 일단 사진을 찍고는 사리탑으로 건너가 참배를 했다. 그런데 사리탑을 돌다가 안쪽에 있는 건물을 보니 불당이 아닌 낫(Nat) 신당이었다. 이거야말로 조화라면 조화이다. 낫(Nat)을 호법 대중으로 본다면 사리탑을 위호하는 것이 당연한 일 아니겠는가. 따지고 보면 일본의 사찰에 신당이 있는 것이나 한국의 사찰에 산신각과 칠성각 등이 있는 것과 별반 다를 것이 없는 것이다. 사람들이 사리탑을 참배하는 공간 바로 아래는 다면체로 기둥처럼 되어 있는데, 각 면에는 여러 개의 감실을 만들어 불상을 모셨다.

사리탑의 아래는 다면체 기둥처럼 만들었는데, 감실에 불상들을 모셨다

급경사의 계단을 한 남자가 열심히 걸레로 닦고 있다 - 복 받을지어다

시계를 보니 11시 25분이다. 바간까지 돌아가 점심을 먹기로 하였기에 이젠 하산을 하여야 한다. 올라갈 때 용이 오르는 것처럼 보였던 그 계단을 따라 내려오는데, 시렁에 항아리들이 올려져 있고 컵도 엎혀 있다. 마시는 물이냐고 고 팀장에게 물었더니 비위생적이라서 마시지 않는 것이 좋단다. 다만 옛날부터 나그네에게 물을 제공하는 관행 때문에 여전히 이렇게 저장하지만, 지금은 모두가 생수를 들고 다니며 마신단다. 계단이 합쳐진 곳에 이르자 급경사 계단을 한 남자가 부지런히 걸레질을 하고 있다. 조용히 합장하여 감사의 인사를 대신했다. 신을 벗어 놓은 곳에 이르니 대중 가운데 누군가가 물티슈를 건네주기에 발바닥을 닦으려고 보니 새카맣다. 부처님께서는 늘 맨발로 다니셨다. 그래서 부처님을 초청한 신자들은 먼저 물을 준비하여 발을 씻겨드렸던 것이다. 『금강경』에서도 탁발하고 오신 부처님께서 '공양을 마치신 뒤에 가사와 발우를 정리하시고는 발을 씻으신 뒤 자리를 펴고 앉으셨다'고 설명하였다.

내려오는 길로 접어들면서 만난 풍경 - 물을 담은 항아리가 시렁에 올려져 있다

❶올라올 때는 미처 보지 못했던 간이 식당 - 아마도 쌀국수 비슷한 것을 파는 것 같았다 ❷계단의 아래에도 사원의 지붕이 보였다 ❸일부러 찾아들어 간 사원에는 석존께서 5비구에게 설법하시는 모습을 조성해서 모셨다 ❹과일가게에서 우선 간단하게 과일 몇 가지를 샀다

내려가며 보니 오를 때는 미처 보지 못했던 음식 파는 식당도 보였다. 계단 아래로 사찰의 지붕이 보이기에 돌아서 가 보았더니, 부처님께서 5비구에게 설법하시는 모습을 큰 나무 아래에 조성해 모셨다. 부처님께서는 결가부좌를 하셨지만, 5비구가 앉은 모습은 우리에게는 낯설다. 가부좌도 아니고 꿇어앉은 것도 아닌 여인이 앉은 모습을 하고 있다. 미얀마 사람들의 기도하는 자세가 남녀 불문하고 이 모습이라는 것을 알게 된 것은 이틀 후였다.

하산(下山)에 걸린 시간은 너무나 짧았다. 우리는 사리탑에서 버스가 있는 곳까지 20여 분 만에 내려왔다. 잠시 과일 가게에서 몇 가지 과일을 사고는 버스에 올랐다. 또 언제 올지 모르는 이곳 뽀빠산을 떠나며 마지막으로 사진을 한 장 찍었다. 시계를 보니 11시 46분이었다.

뽀빠산을 떠나며 마지막으로 한 컷 더 사진을 찍었다

직접 올라 맨발로 다 밟고 다녔는데, 돌아보니 여전히 마법의 성 같은 뽀빠산

밀감과 오렌지의 중간쯤 되는 과일로 목을 축이며 넘어갔던 고개를 다시 넘어왔다. 이미 맨발로 샅샅이 밟고 온 뽀빠산이지만 돌아보니 여전히 마법의 성처럼 느껴진다.

다시 바간으로-이라와디 식당 33

다시 양곤 레스토랑에 들려 근심을 풀고 나오려니, 음식도 팔아주지 않고 그저 해우소만 들린 것이 미안했다. 식당 사람들의 동태를 살펴봤더니 전혀 개의치 않는 모습이었다. "보살의 마음이로다."

뽀빠산을 떠난 지 30여 분이 지나 시계는 12시 14분을 가리키고 있었다. 아침 식사를 하는 둥 마는 둥 떠나 온 대중들이 걱정이 되었다. 바간의 식당까지 돌아가는 데는 앞으로 1시간 이상이 소요되어야 하므로 허기가 질 것이 뻔했다. 과일가게들이 모여 있는 곳에 이르러 과일을 사기로 했다. 작은 마을엔 도로의 양쪽으로 과일가게를 비롯한 상점들이 길게 늘어서 있다. 우리는 허기와 갈증을 해결할 수 있는 과일 몇 가지를 사서 다시 출발했다.

❶ 뽀빠산을 출발한 지 30여 분쯤에 버스를 세운 곳에는 도로의 좌우로 가게가 즐비하다
❷ 우리의 허기와 갈증을 씻어 줄 과일 몇 가지를 고르고 있는 모습

우선 과일로 입가심을 한 뒤, 고 팀장의 미얀마 설명이 시작되었다.

"미얀마가 무슨 주의라고 생각하십니까?"

눈치 빠른 대중들이 웃기만 하고 답을 하지 않자 자신이 답을 했다.

"나도 몰라 주의입니다. 이건 제가 지어낸 말이니까 오해는 하지 마시고요. 이전엔 공산주의라고 알고 있는 이들이 많았지요. 옛날 국호가 '버마 사회주의 공화국'이었으니까, 사회주의라고 해도 틀린 말은 아니고, 최근엔 자본주의 체제를 도입하고 있으니 자본주의 같기도 하지만, 사실 제가 살면서 느끼는 건 잘 모르겠다는 것입니다.

1989년 국호를 '미얀마 연방 공화국'으로 고치고, 수도 이름을 '랭군'에서 '양곤'으로 바꿨습니다. 현재의 수도는 양곤에서 북쪽으로 320km 올라간 곳에 있는데, 만달레이에 속하는 핀마나(Pynmana)읍에 새로 도시를 세우고 네피도(Naypyidaw, 또는 Nay Pyi Taw)라고 명명했습니다. 네피도는 왕도(王都)라는 뜻입니다. 버마라는 이름은 78%에 이르는 버마족에서 비롯되었지만, 한 종족만을 대표한다는 오해도 있어서 '황금의 나라'라는 뜻의 '미얀마'로 고친 것입니다.

잘 아시다시피 아직까지 군부지도체제인데, 조금씩 개방정책을 도입하는 방향으로 진행 중입니다.

미얀마의 국경은 복잡합니다. 동쪽으로는 태국과 라오스가 있고, 북쪽으로는 티베트와 중국이 있으며, 서쪽으로는 인도와 방글라데시가 있고, 남쪽으로는 말레이시아가 있습니다.

종교는 불교가 거의 90% 가까이 됩니다. 나머지는 회교, 힌두교, 정령숭배, 기독교가 조금씩 분포되어 있습니다."

바간에서는 꽤 파격적인 감각으로 세운 이라와디 식당의 정문

대중들은 새벽부터 일출을 보기 위해 움직였고, 뽀빠산에 올라 기도를 했으며, 빈 속에 과일까지 먹었으니 졸음이 쏟아지기 시작한 모양이다. 잠시 휴식 시간을 갖기로 한다는 말로 고 팀장의 설명이 끝났다.

그저 오밀조밀하고 평화로운 풍경을 감상하며, 이런저런 이야기를 나누는 사이에 다시 바간의 탑들이 보이기 시작했다. 이윽고 버스가 현대적 감각으로 만들어진 대문 앞에 섰다. 13시 24분이었다.

대문을 통과하니 넓은 마당이 나오고 건물들이 자유로운 분위기로 공간을 잘 구성하고 있다. 왼쪽의 본관으로 가니 이라와디(Irrawaddy)라는 레스토랑의 간판이 보인다. 이 건물 내부의 구성은 이제까지 봤던 미얀마의 분위기와 닮은 것 같으면서도 많이 다르다.

이라와디 식당 오른쪽 별채는 작은 모습으로 따로 음료 등을 즐기는 공간처럼 보인다

이라와디 식당의 현관으로 들어서는 대중 - 영어 Irrawaddy 라고 명패를 걸었다

지하로 내려가는 계단 맞은 편에는 다양한 인형들이 걸려 있다

참았던 생리를 해결하기 위해 지하로 향하는데, 나무 계단 맞은편에는 여러 종류의 인형이 걸려 있어서 바쁜 와중에도 걸음을 멈추고 웃음 짓게 한다. 계단 아래에는 나무로 만든 일종의 실로폰인 빳딸라(Pattala)가 놓여 있고, 해우소 앞에도 남녀 인형을 매달아 놓아서 싱긋 웃게 만든다.

미얀마의 실로폰인
빳딸라(Pattala)를 연주하는 모습

해우소 입구에 남녀 인형으로 구분한 모습과
토일렛 글자 주변의 장식이 재미있다

투박한 여인상의
항아리에서
쏟아지는 물줄기가
청량한 느낌을 준다

지하실은 마치 재즈 바에 들어온 느낌이 들게 한다. 약간은 투박한 느낌이 드는 여인상에서 떨어지는 물줄기가 땀을 식혀 주고, 벽에 걸린 그림 속의 남녀는 재즈 가락에 맞춰 춤이라도 출 듯하다. 밤이 되면 삼삼오오 잔을 들고 행운을 빌어 줄 듯한 분위기가 흥미롭다.

벽면 그림의 남녀는
금방이라도 춤을 추러
나올 분위기다

그런 한 쪽에 바간의 특산인 옻칠공예품과 도자기 및 인형 등이 진열되어 있다. 자신들의 문화에 대한 자긍심의 표현인가?

▲밤이 되면 이곳에서
   얼마나 많은 이야기들이
   이라와디 강물처럼 흐를까

▶바간의 특산품인 옻칠 공예품과
   도자기 그리고 인형 등을 진열했다

◀대기석 뒤에 세워져 있는
　칸막이는 등나무로
　얽어 만든 것으로 보였다

▶막힌 듯 열려 있는 구성이나
　등나무로 얽어 만든 것이
　마치 연기법의 형상화 같다

위층으로 올라와 보니 계단 입구 양쪽으로 대기석처럼 만든 자리가 있었는데, 그 뒤에 벽인 듯 칸막이처럼 세워져 있는 가구가 참 묘하다. 등나무 비슷한 것으로 얽어 만든 사각의 면은 막힌 듯 열려 있고, 서로가 조화를 이루면서 하나의 면을 만들고 있는 모습이 연기(緣起)의 형상화 같다는 생각이 든다.

　테이블 옆의 벽면 조형도 단순한 사각의 구성에 미얀마 전통 문양을 변화시켜 꾸민 것이 눈길을 끈다. 아직 음식을 먹기 전임에도 대중들의 얼굴은 매우 만족스러운 표정이다.

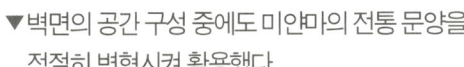

▶현관과 지하로 내려가는 계단 사이에
　대기석처럼 만든 자리

▼벽면의 공간 구성 중에도 미얀마의 전통 문양을
　적절히 변형시켜 활용했다

▼식사를 하기 전인데도 분위기에 취한 듯
　기분 좋은 웃음을 머금은 대중들

식당 뒤의 후원에는 별채들이 있고, 분수가 시원하게 분출되고 있다

뒷문을 열고 후원으로 나가니 분수가 있고, 그 너머로 숙박시설들이 보인다. 넓은 공간에 여유롭게 자리한 건축물들이 답답하지 않아서 좋다. 숙박시설들은 내년쯤 개장할 것이라고 한다. 분위기처럼 음식 솜씨도 좋아서 대중들은 모두 만족스러운 모습이다.

❶벽면에 대리석으로 부조를 만들었다 - 미얀마 악기를 연주하는 인물상 ❷벽면의 대리석 부조 - 기하학적 문양에 큰 꽃을 올려 조화를 이뤘다 ❸현관 앞 큰 항아리에 물을 가득 채우고 꽃으로 환영의 문양을 만들었다

식당채 앞에 있는 황금 대나무 - 금빛에 진한 녹색의 선이 몇 가닥 뻗어 있다

건물 벽면에는 돌조각의 활용도 보이는데, 악기를 연주하는 인물상이라든지 혹은 기하학적인 대리석 배치에 꽃 부조(浮彫)를 올려 멋을 부리기도 했다.

현관 입구에는 꽤나 큰 항아리에 물을 가득 채우고, 그 위에 꽃으로 모양을 만들어 손님들을 환영하고 있다.

식사를 끝내고 나오다가 아주 귀한 식물을 보았다. 황금 대나무가 건물 앞에 있었다. 몸통은 금빛인데, 거기에 묘하게도 초록 선이 몇 가닥 곧게 뻗었다. 어느 솜씨 좋은 화가가 진한 녹색 물감으로 그려 넣은 듯하다. 이런 귀한 식물을 보았으니 참으로 감사한 일이다.

미얀마 트레져 리조트 뉴 바간 34

바간의 둘째 밤을 신세진 미얀마 트레져 리조트의 정문

이라와디 레스토랑을 떠난 지 8분 후인 14시 29분에 우리는 오늘의 숙소인 '미얀마 트레져 리조트(Myanmar Treasure Resort)'의 정문을 들어섰다. 좌우로 크게 세워 둔 간판과 문지기가 없었다면 대사원이나 왕궁의 정문으로 착각할 만했다.

숲 속 길을 조금 달리자 곧 호텔 본관이 나타났다. 다층탑과 비슷한 본관은 위압감이 없어 좋다. 안으로 들어서니 나무마루가 친근감을 들게 하며, 벽면과

❶정문을 통과하여 들어가는 길은 양쪽이 숲으로 되어 있다 ❷본관 앞에서 돌아다 본 들어오는 길 - 초가지붕을 한 건물이 정겹다 ❸미얀마 트레져 리조트의 본관은 마치 바간의 어느 사원을 닮은 듯하다 ❹호텔의 로비는

로비 카운터의 위 벽면에는 왕궁의 모습을 옻칠로 꾸며 놓았다

천장 등은 옻칠 기법을 활용하여 다양한 문양들을 선보이고 있다. 이름에 보석이라는 뜻의 트레져(Treasure)를 넣은 것은 그만한 자신감이 있었던 모양이다. 카운터의 위 벽면에는 옻칠 기법으로 왕궁의 모양을 그려 두었고, 카운터 바로 뒷면에는 금속 부조가 있는데, 아마도 공양을 짓는 장면인 것 같다. 바로 옆에는 팔정도를 연상시키는 문양이 있는데, 칸 안에 동물 그림이 있는 것으로 보아 미얀마에서 태어난 띠를 구분하는 여덟 가지 동물을 그린 듯하다.

나무마루를 깔았고 벽면은 옻칠 기법으로 단장했다 ❺카운터 바로 뒷면에는 금속의 부조가 있는데, 마치 공양을 짓고 있는 풍경 같다 ❻카운터 옆 벽면에는 팔정도 그림을 연상시키는 도상이 있는데, 안에 동물을 그렸다

❶ 동쪽 끝자락에 있는 숙소를
찾아가는 길 - 사원을 순례하는 듯하다

❷ 본관 쪽을 돌아보고 찍은 것
- 본관 바로 곁의 모습

❸ 2층에 있는 내 방은 정갈하고
안정적인 분위기였다

첫날 신세진
아르타우카 호텔과
둘째 밤을 신세진
트레져 리조트는
이웃해 있다

'미얀마 트레져 리조트'는 아침에 우리가 체크아웃을 한 '아르타우카 호텔'
과 같은 거리에 인접해 있다. 처음부터 4성급인 이 호텔을 이용하기로 하였으
나 최근 몰려드는 관광객으로 인해 많은 방을 한꺼번에 예약하기가 불가능했
다고 우 사장이 설명해 주었다.

체크인이 되자 각자 흩어져 숙소를 찾아 간다. 내가 묵을 곳은 동쪽으로 한참
을 올라가 거의 끝자락에 있는 건물이다. 2층으로 된 아담한 건물들이 블록별
로 정리되어 있는데, 나무와 잔디밭으로 정리되어 있어서 마치 숲 속에 있는
작은 사원에 들어가는 느낌이다. 방 안의 분위기는 밝으면서도 복잡하지 않아
서 안정적이다. 창에 드리워진 환한 커튼을 올리니 바로 나무가 눈에 들어온
다. 천장과 벽 사이에는 띠처럼 두른 그림이 있는데, 왕족의 행렬처럼 보였다.

이 공간에 침향과 음악과 차향을 채우고
나는 무념의 세계로 떠났다

　새벽부터 움직였던 육체는 잠시 휴식을 필요로 했다. 뜨거운 물을 받아 잠시 반신욕을 한 후, 침향과 차와 음악으로 몸을 달랜다. 마음이야 긴장을 잘 하지 않지만, 육체는 낯선 곳을 다니는 것에 대해 제법 긴장을 했나 보다. 약간 들떠 있던 맥박은 침향을 만나면서 고요히 가라앉고, 굳어 있던 세포들은 보이차와 음악으로 유연함을 되찾는다. 창밖의 햇볕도 열기를 어느 정도 식히고 있는 모양이다.

천장과 벽면을 구분짓는 띠를 둘렀는데 왕족의 행렬처럼 보였다

숙소에서 나오는 길은 같은 길임에도
전혀 다른 느낌이다

본관 바로 뒤에는 풀장이 있고,
그 곁에 식당이 있다

15시 55분, 숙소를 나와 버스로 향하는 길은 깊은 숲 속에서 부처님을 뵙고 나가는 느낌이다. 같은 길임에도 올 때와 갈 때의 느낌이 참 많이 다르다. 본관 가까이 가서 왼쪽을 보니 식당과 풀장이 보였는데, 몇 사람이 앉아 음료수를 마시며 달콤한 휴식을 취하고 있다. 사람들은 저런 모습을 꿈꾸면서도 정작 이런 저런 핑계로 실천에 옮기지 못하는 경우가 많다.

본관은 앞모습보다 뒷모습이 훨씬 더 사원을 닮았다. 로비에 가니 부지런한 우리 대중은 이미 다 모여 있다. 이제 바간의 마지막 참배를 위해 다시 버스에 오른다. 시계는 16시 06분을 가리키고 있다.

호텔 본관의 뒷모습인데 앞에서 볼 때보다 훨씬 더 사원에 가깝다

그 사이 충분히 충전이 되었나 보다
- 순례를 떠나는 발걸음이 가볍다

구뱌욱지 사원과 먀제디 파고다 35

지도 아래(남쪽)의 구뱌욱지와 먀제디,
중간의 아난다 파야, 그리고
북쪽의 우빨리 테인 - 붉은 밑줄

▲ 구뱌욱지 사원의 담 아래에 있는
시멘트 안내 비석의 하단

이틀간의 일정으로 바간의 중요한 사원과 탑을 다 순례한다는 것은 애당초 불가능한 일이다. 그래서 몇 곳 중요한 곳을 순례할 수밖에 없다. 꼼꼼히 살피며 순례하려면 아마도 한 달 이상이 필요할 것이다. 한국의 순례자들은 바간에서 1박만 하기에 중요한 곳을 스치듯 지나갈 수밖에 없다. 2박을 하는 우리는 그나마 예불과 기도를 할 정도의 여유는 있으니 다행한 일이다.

호텔을 떠난 지 20여 분이 지나자 북쪽으로 올라가 칠기공예품으로 유명한 밍거바 마을(알파벳으로는 Myinkaba 또는 Myingaba로 표기하지만 현지에서는 밍거바로 발음함)의 마누하 사원 위쪽에 있는 구뱌욱지(Gu Byauk Gyi, 또는 Gubyaukghi) 사원 앞에 도착했다. 사원의 담 아래에 시멘트로 세운 안내 비석이 보인다.

구뱌욱지 사원의 정문 철제문에 걸려 있는 명패
- 그 옆에는 사진과 비디오 촬영을 금한다는 알림이 있다

구바욱지 사원의 앞마당에는
온통 그림으로 꽉 차 있다

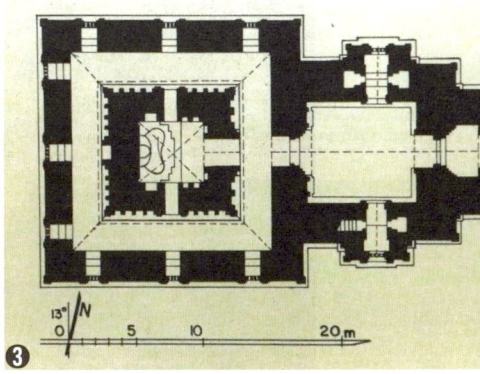

❶구바욱지 사원을 동쪽 위에서 내려다보고 찍은 자료사진 ❷구바욱지 사원을 남쪽 측면에서 살펴본 단면도
❸구바욱지 사원을 위에서 본 단면도 - 흰색이 사람이 다닐 수 있는 빈 공간

계단을 오르니 마당에는 온통 그림이 진열되어 있고, 사원 입구의 좌우에는
아담한 탑이 굳게 서 있다. 입장권을 사서 들어가며 보니 정문 앞에는 사원의
이름을 걸어 두었고, 그 옆에는 더 큰 글씨로 사진과 비디오 촬영을 금한다고
엄포를 놓았다.

구바욱지 사원은 좌우로
벽돌이 드러난 아담한
탑의 위호를 받고 있다

어둠 속에 원만한 상호를 살짝 보여주시는 구뱌욱지 사원의 본존

　구뱌욱지 사원은 AD 1113년 짱싯타(Kyansitthar) 왕과 뜨리록까바딴사까데비(Trilokavatarnsakadevi) 왕비 사이에 태어난 아들 라자꾸마(Rajakumar) 왕세자에 의해 지어졌다. 라자꾸마는 부왕인 짱싯타 왕의 고통을 소멸시키려는 목적으로 구뱌욱지를 조성했다고 한다. 그래서였을까? 이 사원은 가장 이상적인 것에 도달한 초창기 사원의 모범으로 일컬어진다. 라자꾸마는 이 사원을 조성한 후 본존불(本尊佛)에 청정수로 관불(灌佛-물을 뿌리며 찬탄하는 의식)을 하면서 이렇게 발원했다고 한다.

"제가 지금 완성하고 있는 일에 원만한 지혜를 주시옵소서!"

　라자꾸마의 원력이 투영된 것일까? 본존불은 참으로 원만한 상호이시다.

구바욱지 사원의 벽화 중에서
석존의 항마와 관계되는 듯한 장면

구바욱지 사원의 벽화 중에서 손이 열넷인
14수(手) 관세음보살상으로 보이는 그림

라자꾸마는 왕위를 계승하지 못했지만 스리랑카에서 전해진 불경들을 번역하면서 일생을 보냈다. 라자꾸마는 자신이 번역한 불경들의 내용을 구바욱지 사원 안에 벽화로 그리도록 했다. 회랑의 벽과 천장을 가득 채운 방대한 벽화를 보면 라자꾸마가 얼마나 열정적이고 섬세했는지를 짐작할 수 있다. 부처님께서 어떻게 마왕을 항복받고 성불하셨는지를 그린 벽화를 통해 라자꾸마가 얼마나 깨달음을 갈망했는지를 느낄 수 있었고, 관음상을 통해 그가 백성을 생각한 마음도 읽을 수 있다. 어쨌거나 구바욱지의 벽화는 현존하는 바간의 벽화 중에서 가장 아름답다고 한다.

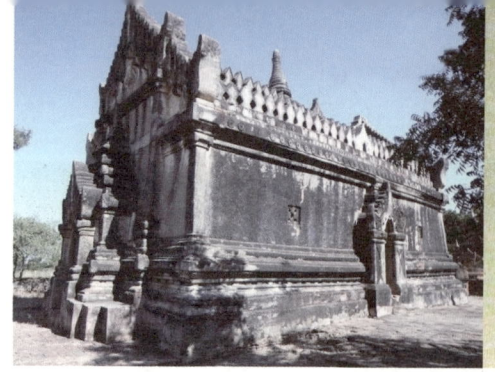

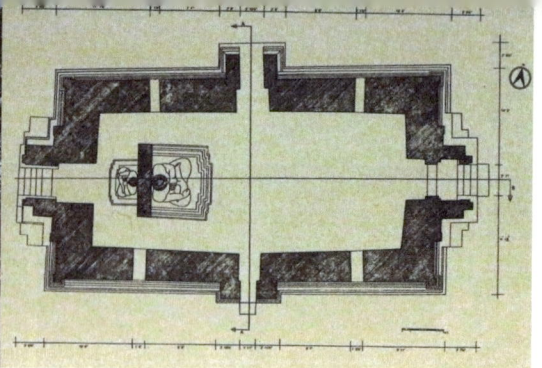

틸로민로 사원과 골든 익스프레스 호텔에서
가까운 우빨리 테인의 전경

우빨리 테인을 위에서 본 단면도-
전후 좌우에 모두 문이 있고 중앙을 비워 두었다

어둠 속을 더듬거리다가 문득 16년 전으로 시간 이동을 했다. 1996년 바간을 순례할 때 우리가 묵었던 골든 익스프레스 호텔에서 가까운 '우빨리 테인(U Pali Thein)'을 참배했었다. 부처님의 십대제자 우빠알리(Upāli-優婆離) 존자의 이름을 딴 것이라고도 하고, 또 다른 미안마의 우빨리 스님의 이름을 딴 것이라고도 한다. 그곳이 출가자가 비구계를 받고 서원을 하는 곳이었다고 하므로 십대제자 우빠알리 존자의 이름을 딴 것이리라.

우빨리 테인은 그 구조가 일반 사원과 확연히 다르다. 앞뒤 직사면체의 구조를 한 본당의 내부는 거의 뒤쪽에 본존을 모셨고, 그 앞은 비어 있다. 본존의 뒷면에는 조금 작은 불상을 모셨고, 바로 앞에 후문이 있다. 뿐만 아니라 좌우

우빨리 테인의 불당에
모셔진 본존(大佛)과 벽화
- 중앙홀 쪽에서 본 것

우빨리 테인의 벽화 중에서 마군이 고타마 보살을 설득하는 장면

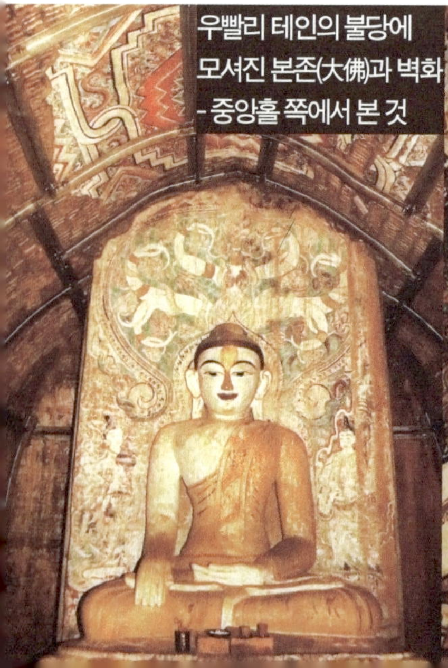

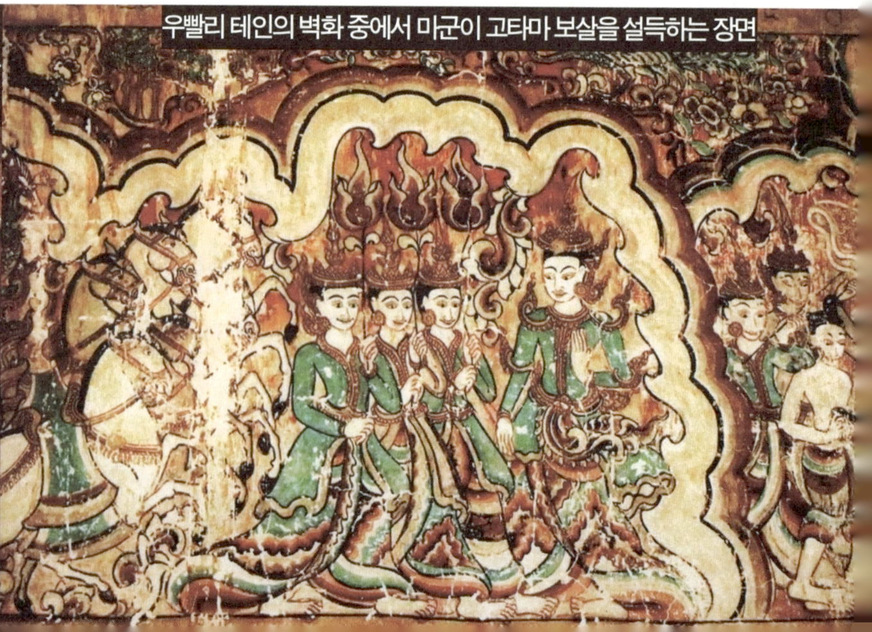

우빨리 테인의 천장에는
기하학적인 문양으로
장엄했다

로도 문을 두어서 출입이 쉽도록 하였다. 네 문이나 빈 공간 등은 이 사원이 의식을 목적으로 조성된 것임을 말해 준다.

본존의 상호는 원만한 편이며 자비로운 웃음을 머금고 계신다. 천장에는 기하학적 문양으로 장식했고, 벽면에는 프레스코 기법으로 부처님의 전생과 일생에 관한 내용을 그렸다. 특히 마왕 파순이 성불 직전의 석존께 성불할 필요가 있겠느냐며 설득하는 장면 등이 재미있게 묘사되어 있다. 아마도 출가자가 수행하면서 만나게 될 여러 가지 장애에 대한 암시와도 같은 것이리라.

우빨리 테인의 본존불
후면의 불상
- 후문을 향하고 있음

우빨리 테인에서 가까이 있었던 토굴로 이름은 기억 나지 않음 - 대문에서 촬영

1996년 우빨리 테인을 참배하고는 인근의 토굴(土窟) 사원을 참배하였었다. 다른 사원에 비하면 거의 땅에 붙은 듯한 건물 위에는 풀이 무성했다. 각자 하나씩 촛불을 들고 아주 작은 문을 통과하자 공동의 공간인 듯 제법 큰 방이 있었는데, 남아 있는 회벽에는 정감 넘치는 벽화가 그려져 있었다. 좁은 통로를 조심해서 나아가니 아주 작은 방들이 어둠 속에 정적을 유지하고 있었다. 바로 스님들이 각자 좌선하던 방들이었다.

우리나라에서 토굴이라고 하면 수행을 오래한 스님들이 혼자 정진하기 위해 검소하게 지은 암자 등을 일컫는다. 그러나 바간에서 본 토굴은 말 그대로 땅속의 굴이었다. 옛 스님들이 더위와 비를 피해 좌선을 하기 위한 곳이 토굴이었던 것이다.

❶1996년에 들렀던 토굴 - 도반들이 토굴 안으로 들어가고 있다 ❷공동으로 사용하는 중심 방에 남아 있는 회벽의 벽화가 재미있다 ❸어두운 통로와 각자 사용하는 좌선방을 보기 위해 촛불을 들고 다녀야 했다

구바욱지의 외벽면 상단에 있는
상체는 사람이고 하체는 새인
가릉빈가상

갑자기 눈앞이 밝아지는 바람에 다시 2012년으로 되돌아왔다. 입구에서 바간에 대한 사진첩을 하나 사서 잠시 살펴보는데, 관리인이 따라오란다. 입구에서 왼쪽으로 몇 걸음 가더니 벽면 상단을 가리키기에 렌즈로 당겨보니 묘한 상이었다. 상체를 보면 분명 사람 모양인데 하체를 보면 새 모양이다. 가릉빈가(迦陵頻伽)인가? 가릉빈가는 극락에 사는 새로 극락조(極樂鳥)라고 하며, 그 소리가 아름다워서 묘음조(妙音鳥)라고도 한다. 우리나라에서는 고구려 벽화에 등장했고 통일신라시대의 기와 문양으로도 사용되었던 반인반조상(半人半鳥像)이다. 다음으로 관리인이 보여준 것은 창이었다. 벽돌로 만든 창이지만 햇빛이 들어가는 문양을 다르게 하여 제각기 멋을 살렸다.

❹빛이 들어가는 부분을 보면 마름모와 원 그리고 꽃 모양 등으로 모양을 내었다
❺바로 옆에 있는 창에는 전혀 다른 문양으로 꾸며서 다양성을 살렸다

❹❺

그가 마지막으로 보여준 것은 사원의 모서리부분이었다. 회벽의 문양이 그대로 살아 있어서 옛 모습을 엿볼 수 있다. 그 모서리에서 유난히 눈길을 끄는 조각이 있다. 도깨비문양 같지만 호법 신장(護法神將)으로 보는 것이 옳겠다. 툭 튀어나온 눈하며 멋진 수염을 기른 위엄 있는 모습이 일체의 삿됨을 용납하지 않을 것 같다.

흔히 도깨비상으로
소개하지만
자세히 살펴보면
호법의 신장이다

구뱌욱지 사원의
뒤쪽 모서리 부분은
회벽이 그대로 남아 있어서
문양이 온전하다

구뱌욱지의 후면에서 앞쪽을 보니
먀제디 파고다가 바로 옆에 서 있다

먀제디 파고다의 정문에는 쌍사자가 지키고 있고
나무로 만든 현관식 건물이 있다

관리인에게 고맙다는 인사를 하고 돌아서는데 눈앞에 금빛 탑이 나타났다. 바로 이웃해 있는 먀제디 파고다(Myazedi Pagoda)이다. 구뱌욱지에서 조금만 옆으로 가면 사자 두 마리가 지키는 정문이 나오고 현관처럼 나무문이 있다. 먀제디 파고다는 학자들에게 잘 알려져 있는 곳이다. 영국이 식민 지배하던 1911년에 학자들이 비석 하나를 발굴했는데, 바로 '먀제디 짜욱싸'이다. 이 비석의 사면에는 각각 빨리어, 몬족어, 쀼족어, 버마어로 새긴 비문이 있었다. 미얀마어 연구에 중요한 자료이며 고고학적으로도 중요한 것으로 평가되는 이 비석의 진품은 바간 고고학박물관에 보관되어 있고, 사원에 있는 비석은 옛날 것처럼 만든 모조품이다.

▶ 비석의 사면에 각각 빨리어, 몬족어, 쀼족어,
버마어로 새긴 비문이 있는 먀제디 짜욱싸

구바욱지 사원의 앞마당에서 그림을 보다가 버스로 향하는 대중들

빨리 '아난다 파야'로 가야한다는 고 팀장의 재촉에 구바욱지 사원의 마당에서 그림 구경을 하던 대중이 서둘러 버스로 향한다. 저녁예불과 기도를 올리려면 노닥거릴 여유가 없다.

드디어 아난다 파야에 이르다 36

일출을 맞이할 때 멀리서 본 아난다 파야의 장엄한 모습은 사람들로 하여금 극락정토의 꿈을 꾸게 한다

이틀 동안 바간을 오가면서 이정표처럼 봐 왔던 황금첨탑의 사원인 아난다 파야(Ananda Paya-Phaya라고도 표기)를 향해 북으로 달린다. 전체적인 원경은 일출을 맞으며 이미 봤었고, 1996년의 참배 때도 비교적 오래 머물렀던 사원이기에 머릿속에서는 이미 입체영상이 그려지고 있다. 16년 전엔 바쁜 일정 때문에 예불도 제대로 올리지 못한 아쉬움을 이번엔 풀 수 있을 것이다.

아난다 파야에는 이 사원의 창건에 관한 아주 아름다운 얘기가 있다.

「짱싯타(Kyansitthar 또는 Kyanzittha) 왕의 왕궁에 어느 날 여덟 분의 귀한 외국 스님들이 탁발을 왔다. 왕이 직접 보시를 한 후에 물었다. "스님들께서는 어디에서 오셨습니까?" "인도에 있는 간다마아다나(Gandhamādana-『구사론(俱舍論)』제11권에 '중인도의 북쪽에 흑산이 있고, 그 흑산을 지나면 대설산이 있으며, 대설산을 지나면 간다마아다나〈향취香醉〉가 있다'고 나옴) 산에서 왔습니다. 신심이 깊은 짱싯타 왕은 그 스님들이 우기(雨期)에 머물 수 있는 사원을 지어 드렸다. 그리고는 매일 왕궁으로 초대하여 대접을 하고 법문을 들었다. 그러던 어느 날 왕은 네 분의 부처님께서 항상 머무신다는 난다물라(Nandamula) 동굴사원을 볼 수 있게 해 달라고 졸랐다. 스님들은 신통력으로 난다물라 동굴사원의 모습을 왕에게 보여주었고, 왕은 자신이 본 그 동굴사원을 바간에 세웠다. 왕은 그 사원의 이름을 아난다 파야라고 명명했다.」

아난다는 부처님의 동생이면서 25년간을 곁에서 모신 시자(侍者)였다. 아마도 짱싯타 왕은 아난다 존자처럼 평생 부처님 시중을 들면서 가르침을 실천하고 싶었던 모양이다.

1091년에 건립된 아난다 파야는 동서남북으로 입구가 길게 뻗어 있어서 십자형으로 되어 있는데, 동서의 길이는182m이고 남북의 길이는 180m이다. 사원 전체를 탑으로 보면 아래쪽은 삼중의 기단으로 되어 있고, 그 위에 마치 포탄형식으로 보이는 시카라(śikhara-인도 사원건축의 용어로 '꼭대기'를 나타내는 말인데 사원의 지붕을 표현하는 것이다. 인도 북쪽의 사원건축에서 본전〈本殿〉의 지붕을 형성하는 포탄형의 높은 첨탑을 말한다) 형식의 첨탑이 있다. 지면에서 첨탑의 상륜부(相輪部)까지 높이는 52.4m나 된다.

　사원의 중심은 정방형으로 네 분의 부처님을 모신 불당이 동서남북으로 배치된 구조이다. 각 불당은 스님들만 다녔던 가장 안쪽 회랑이 있고, 중간에는 왕이 다녔던 회랑이 있으며, 가장 바깥쪽으로는 일반 신자들이 다니는 회랑이 있다. 지금에는 남자라면 누구라도 부처님 발에 입을 맞출 수도 손을 댈 수도 있지만, 예전에는 스님들과 왕만 부처님 발에 직접 예배할 수 있었던 것이다.

출입구에서 촬영한 아난다 파야는
다소 근엄한 표정으로 다가온다

▶ 96년 참배 때 사진 - 이 모습을 보면서 바간이
  세상의 중심이 될 수 있겠다고 생각했었다

▼ 아난다 파야를 측면에서 본 단면도로
  좌우의 길이가 182m - 서쪽에서 본 것

아난다 파야는 균형과 비례에 있어 최고의 아름다움을 갖추고 있는 바간 왕국을 대표하는 사원이며, 바간의 유적들 중 가장 보존이 잘된 곳이기도 하다. 또한 이곳은 부처의 끝없는 지혜를 상징하는 사원으로 알려져 있다. 1975년의 지진으로 한 번 심각한 손상을 입었으나, 다시 복원된 후에는 잘 유지되어 현재와 같은 형태를 갖추었다. 아주 고귀한 여인의 아름다움에 남성적인 장중함을 겸하고 있는 이 사원은 순례자로 하여금 불국토의 궁전에서 부처님을 뵙고 있다는 확신이 들게 할 정도이다. 나는 1996년 참배를 하면서 언젠가는 바간이 세상의 중심이 될 수도 있겠구나 하고 생각했었다.

2012년 11월 22일
17시 05분에
그림자를 앞세우고
아난다 파야의
서문을 들어섰다

1996년 9월 15일에는 이 문을 통해
아난다 사원으로 들어갔었다

17시 05분, 이윽고 아난다 파야의 서쪽 문을 들어선다. 이미 쉐지곤에서 봤듯이 입구는 불교용품 등을 판매하는 가게들로 꾸며져 있다. 사원에서는 신자들이 입구에서 생계를 꾸릴 수 있도록 하고, 신자들은 사원에 보시를 하는 이런 구조가 미얀마에서 아주 잘 되어 있는 듯하다. 하긴 미얀마에서는 걸인도 순례자들로부터 보시를 받으면 부처님 전에 보시부터 한다는 얘기를 여러 번 들었다. 바쁘게 움직여야 하는 관계로 달리는 말 위에서 풍경 보듯이 상품들을 훑어간다.

아난다 사원의 서문을 들어서자
좌우의 가게들이 목례를 한다

서둘러야 했기에 달리는 말 위에서
경치를 보듯 물건들을 보며 지나갔다

아무리 바빠도 찍을 것은 찍고 가겠다
- 접이식 개폐문 앞

불당 앞에는 석가모니부처님의 발자국이
원형의 보호틀 안에 있다

　이윽고 접이식 개폐문이 있는 곳에 이르자 부처님께서는 먼저 가슴 부분까지
보여주셨다. 그리고 불당 앞 전실(前室) 원형의 틀이 있는 곳에 이르자 비로소
눈을 맞춰 주셨다. 사람들이 부처님을 만나는 것도 처음엔 자비가 가슴에 와
닿고, 좀 더 가까워지면 지혜의 안목이 열리게 되는 것이다.

　서쪽 불당 앞의 전실(前室) 중앙에 있는 원통은 부처님의 발자국(불족적佛足
跡)이다. 사진을 촬영하려고 보니 보호유리에 반사되는 빛 때문에 선명한 사
진을 찍기가 불가능했다. 16년 전에는 바닥에서 솟은 원통 위에 발자국이 있
었는데, 거기 상징적인 도상들이 꽉 찼었다. 발자국에 그 모든 것을 그린 것은
결국 45년간 맨발로 걸어 다니시며 중생을 교화하신 그 자취를 되새겨 잊지
않으려는 마음일 것이다.

▶ 1996년에는 불족적에 보호용 틀이 없어서
　가까이서 촬영을 할 수 있었다

왼쪽 입구를 지키고 있는 인물상은
여인의 몸매를 했지만 얼굴은 단아한 남자로 보인다

불당의 오른쪽 입구를 지키는데,
이곳은 원래 인왕상을 안치하는 장소이다

감실(龕室-벽 가운데를 깊이 파서 불상을 안치하는 장소)형의 불당 입구에는 좌우로 멋진 인물상이 있다. 우리나라 석굴암이라면 인왕상이 있을 자리이다. 그런데 전혀 다르다. 여인의 체형이지만 단아한 남성의 얼굴이다. 우리의 호법 신장(護法神將)처럼 부리부리한 눈매도 아니고, 얼굴에 불끈 솟은 근육도 없다. 더군다나 손에는 무기도 들고 있지 않고 주먹을 쥔 것도 아니다. 하지만 바깥 손은 힘차게 누르고 앞쪽의 손은 단호하게 손바닥을 내민 것이 삿됨을 물리치려는 의지와 용맹을 느낄 수 있다. 너무 바삐 움직이는 바람에 가이드에게 무슨 상인지를 묻지 못했다.

서쪽 불당에 모셔진 석가모니불은 광배에
드리운 그림자로 인해 마치 움직이는 듯하다

석가모니불은 오른손이 시무외인이고
왼손은 여원인의 변형처럼 보인다

아난다 파야에는 과거칠불 중에서 현겁(賢劫-bhadra-kalpa의 한역으로 '현명한
겁'이라는 뜻이지만 지구가 완전히 사라질 때까지의 시간을 가리킴)에 나타난 구류손불(拘留
孫佛)·구나함모니불(拘那含牟尼佛)·가섭불(迦葉佛)·석가모니불(釋迦牟
尼佛)을 북, 동, 남, 서의 불당에 모셨다. 따라서 서쪽 불당은 석가모니불을 모
셨다. 9.5m에 달하는 입불상(立佛像)은 건립 당시 모신 불상이 화재로 심하
게 훼손되었기에 약 100년 전쯤에 금, 은, 동, 철 등의 금속을 합금해서 조성한
불상이다. 조명으로 인해 광배(光背-불상의 뒤에 광명을 나타낸 문양으로 몸에서 나오는 빛

연화좌대의 좌우에는 꽃 공양을 올리는 그림이 있고 앞에는 작은 불상 두 구가 있다

을 형상화한 것이며, 신비함과 위대함을 상징한다)에 그림자가 생겨서 마치 움직이는 듯하다. 수인(手印-손 모양)은 오른손이 시무외인(施無畏印-중생의 두려움을 없애 주는 모양)이고 왼손은 여원인(與願印-자비를 베풀고 중생의 원하는 바를 성취시켜 주는 모양으로 원래는 손을 아래로 내려 손바닥을 보임)의 변형처럼 보인다. 연화좌대(蓮花座臺)의 좌우 옆에는 왕으로 보이는 인물이 무릎을 꿇고 꽃을 공양 올리는 그림이 있고, 좌대 앞에는 작은 불상이 두 구 모셔졌다.

왼쪽에는 바간에 불교를 전파한
신 아라한 존자상을 모셨다

오른쪽에는 아난다 파야를 조성한
짱싯타 왕의 상을 안치하여 그 공덕을 기렸다

이곳에는 특이한 상이 있다. 좌측 벽면의 제일 아래쪽 감실에는 바간 왕조의 초대 왕인 아노라타를 만나 불법을 전한 '신 아라한' 존자상이 있고, 오른쪽 벽면의 가장 아래쪽 감실에는 아난다 파야를 세운 짱싯타 왕의 상이 있다.

두 상은 모두 무릎을 꿇고 합장한 모습인데 감실의 앞쪽에 보호유리창을 만들고 자물쇠를 채워 두었다.

그리고 불단의 가장 바깥쪽 좌우에는 금빛 꽃이 화병에 꽂힌 채로 공양 올려져 있는데, 1996년과 2012년의 모습이 별 차이가 없어 보였다.

◀ 부처님 전에 바쳐진 금화(金花)가 좌우로 있다 - 1996년 자료 사진
▶ 불당의 좌우에 올려져 있는 화병에 꽂힌 꽃 공양 - 2012년 촬영

아난다 파야의 예불과 기도 37

북쪽 불당을 향해 가는 회랑에는 인적이 끊겼고, 전체 분위기는 마치 동굴에 있는 느낌이다

예불과 기도를 올리기에 가장 좋은 곳이 북쪽 불당이라며 고 팀장이 왼쪽으로 대중을 안내했다. 무수히 많은 작은 감실(아난다 사원에는 1천여 개의 감실이 있다고 한다)에 부처님을 모신 회랑을 지나며 히말라야에 있다는 전설의 '간다물라' 동굴사원에 서 있음을 느낀다. 저 멀리 바깥세상을 볼 수 있도록 큰 창이 위아래로 있으나, 내부의 황금빛이 너무나 찬란하여 나가고 싶다는 생각이 일지 않는다.

❶ 부처님의 발아래에 꽃을 공양 올리기 위해 대중들이 불당 안으로 들어서고 있다
❷ 꽃 공양을 올리기 위해 차례를 기다리고 있는 대중들의 얼굴이 상기되어 있다

　침향과 차를 공양 올린 후 대중들에게는 꽃을 공양 올리게 하였다. 사원에 들어올 때 화병에 꽂혀 있는 꽃을 있는 대로 다 샀기에, 대중들은 빠짐없이 꽃 공양을 올릴 수 있었다. 불단이 꽃으로 가득차면서 연화장세계로 바뀌었다. 대중들의 얼굴도 꽃처럼 환하게 피어난다. 공양 올린다는 것은 곧 자기가 공양을 받는 것이며, 보시를 하는 것은 또한 다른 형태의 보시를 자기가 받는 셈이다.

　"지심귀명례(至心歸命禮-목숨 바쳐 돌아가 의지하는 예를 올리옵나이다)" 떨리는 목소리로 예불문을 외며 대중들의 마음이 환희로 가득차기 시작한다. 우리의 염불은 동굴처럼 만들어진 아난다 사원 전체가 울림통 역할을 하여 위에서는 천상음악(天上音樂)이 되어 내려오고, 사방으로부터는 호법대중들의 찬탄송(讚嘆誦)이 되어 되돌아온다. 그 울림에 대중들은 혼연일체가 되어 무아지경의 열락(悅樂)속으로 녹아 들어간다. 바간의 팔부중(八部衆-불법을 수호하는 여덟 신(神)인 천, 용, 야차, 건달바, 아수라, 가루라, 긴나라, 마후라가와 그들의 수하 대중)이 다 모여든 가운데 30여 분이 찰나처럼 지나갔다.

❸ 한마음으로 합송하는 '지심귀명례'에 호법 신중들도 합장한 듯했다 ❹ 염불소리는 천상의 음악처럼 아난다 파야를 가득 채워 나갔다 ❺ 온몸을 던져 귀의하는 대중들은 이미 무아지경의 열락으로 들어서고 있다 ❻ 꽃 공양을 마치자 불단은 장엄한 연화장 세계로 바뀌었다 ❼ 기도하는 모습을 우 사장이 뒤에서 찍은 것 - 이때 주위에는 많은 이들이 모여 동참하고 있었다고 한다

대중들은 그 감동을 오래 간직하고 싶었나 보다. 기념촬영을 하잖다. 내 카메라 두 대를 우 사장과 고 팀장에게 맡겨 촬영하게 했는데, 사진기를 정확하게 다루지 못해 일어난 일이지만 결과가 참 재미있게 나왔다. 부처님께 초점을 맞춘 것은 사람이 그림자처럼 나왔고, 사람에게 맞춘 것은 불상의 윤곽이 사라져 버린 것이다. 이 사진들을 통해 참 많은 것을 살필 수 있다.

기념촬영을 원하는 대중들 때문에 자세를 취했는데 부처님만 빛나고 대중은 그림자놀이를 한다

우리가 오직 부처님께만 매달리고 있다면 자신의 지혜는 발현되지 못한다.
그러나 부처님의 지혜로 충만해진다면 육신 따위에 집착하는 범부의 모습은
점차 소멸될 것이다. 한편 자신을 내세우려고 하다 보면 부처님의 지혜를 바
르게 살피지 못할 수 있다. 그러나 자신의 참된 지혜가 발현되다 보면 부처님
의 위대한 빛이 후광처럼 될 수도 있는 것이다.

다른 카메라가 찍은 사진엔 대중들은 어느 정도 드러났는데, 부처님의 윤곽은 어디론가로 가 버렸다

부처님의 후광인 광배는 아난다 파야의 첨탑과 닮았다

북쪽의 불당에 모셔진 구류손불(拘留孫佛, Krakucchanda Buddha)은 창건 당시에 모신 불상 그대로 원형이 잘 보존된 상태이다.

광배는 위에서부터 점차 넓어지면서 좌대 아래까지 드리웠는데, 유리를 상감(象嵌-무늬를 파서 다른 것으로 채우는 기법)에 활용한 '흐망지쉐차' 칠기기법과 금박 장식을 멋지게 활용한 '쉐자와(shwezawa)' 칠기기법 등을 사용하여 장엄한 문양을 장식했다.

가사는 몸에 밀착해 수하신 위에 또 하나의 가사를 걸쳐서 망토나 연미복처럼 팔꿈치 부분에서 발목부분까지 넓게 퍼지는 형태를 취하였다. 그 모양이 마치 일체중생을 다 거둬 주시려는 듯이 느껴진다.

가슴에 두 손을 마주잡고 손가락을 살짝 편 이 수인은
정말 만나기 어려운 손 모양이다

가슴에 두 손을 안쪽으로 향해서 포갠 수인을
처음 만난 것은 미타사의 석조 미륵불상에서였다

구류손불의 수인(手印)은 매우 특이하다. 두 손을 가슴께에 모았는데 손
가락을 살짝 펴고 있다. 설법인의 변형으로도 볼 수 있겠으나 설법인은 보다
아래쪽에 위치하며, 또 손바닥을 마주잡지도 않는다. 설법인은 대개 한 손의
손바닥을 밖으로 보이며, 양손이 약간 떨어져 있는 모양이다. 구류손불이 취
한 이 수인은 극히 만나기 어려운데, 우리나라에도 이 수인을 볼 수가 있다.
이름 밖에 없던 개화산 미타사를 맡아 중창불사를 하면서 반쯤 땅에 묻혀 있
던 석조(石造) 미륵불상을 높은 곳으로 올려 모셨는데, 그 수인이 두 손을 가
슴께에 포갠 모양이다. 오는 이들마다 수인의 의미를 물었는데, 그때마다 나
는 미륵부처님께서 모든 중생을 당신의 마음에 담아 자비로 감싸주시려는 원
력의 표현이 아니겠냐고 설명했었다.

구류손불의 광배는 다른 부처님들의 광배에 비해 아주 섬세하고 화려하다 - 유리상감이 빛을 반사하고 있다

시선을 아래로 떨어뜨리면 물결문양의 가사 아래 맨발로 연화좌대에 서 계시는데, 광배를 보면 유리 상감의 문양이 빛을 반사하여 마치 빛이 쏟아지는 듯하다. 연화좌대 앞에는 항마촉지인을 한 석가모니불 좌상이 안치되어 있는데, 많은 이들이 개금을 한 탓인지 우둘투둘한 모양이다. 왼쪽으로 약간 기운 자세를 하고 있으며, 몸에 비해 두 손의 크기가 매우 크다. 다시 아래로 시선을 옮기면 기단부에 인물상과 코끼리 사자 등의 동물 부조가 있다.

시선을 왼쪽으로 돌려 큰 감실 벽면을 살펴보니 위로는 작은 감실이 셋 있고, 아래에 하나의 감실이 따로 있다. 왼쪽 위 감실 두 곳에는 선정인(禪定印)의

❶약간 왼쪽으로 기운 자세를 하고 매우 큰 손을 한 항마촉지인의 석가모니불을 좌대 앞에 모셨다
❷불단의 기단부에는 인물상과 코끼리 사자 등 동물상의 부조가 번갈아 있다

❶❷

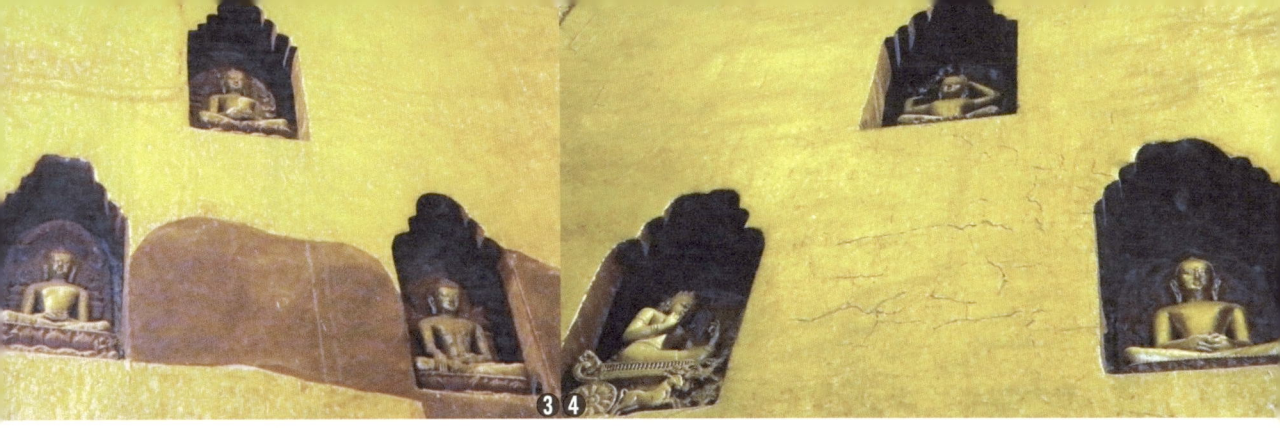

❸불당 왼쪽 벽면 상단 감실에는 선정인을 하신 두 분의 부처님과 항마촉지인을 하신 한 분의 석가모니 부처님이 모셔졌다 ❹오른쪽의 감실에는 삭발하는 태자상(上), 마차를 탄 태자상(下左), 선정인을 하신 부처님(下右)을 모셨다

석가모니불을 모셨고, 한 곳에는 항마촉지인(降魔觸地印)의 석가모니불을 모셨다.

오른쪽 벽면 위에 있는 작은 감실의 가장 위 불상은 두 손을 위로 올린 모습인데, 자세히 보니 칼로 머리카락을 자르고 있다. 아래 왼쪽 감실의 상은 말이 끄는 수레 위에 앉아서 두 손으로 무언가를 표현하고 있는데 머리에 쓴 관으로 보아 태자시절의 모습으로 보인다. 아래 오른쪽 감실의 불상은 선정에 드신 모습이다. 벽면 가장 아래의 좌우 감실에는 무릎을 꿇고 합장한 채로 본존불을 향하고 있다.

❺감실에 모셔진 작은 부처님 상 - 연화좌대 위에 선정인을 하신 모습이다 ❻감실에 모셔진 석가모니불로 항마촉지인의 수인을 하고 계신다 ❼왼쪽 벽 가장 아래의 감실에 모신 스님의 상 - 좌구 위에 무릎을 꿇고 합장한 자세 ❽오른쪽 벽면의 가장 아래의 감실에 모신 스님의 상으로 왼쪽의 스님 상과 마주 본 형태이다

동쪽의 불당으로 이동하면서
돌아다 본 북쪽의 불당 앞은
인적이 끊어지고 금빛만 가득했다

대중들이 이미 보이질 않아서 동쪽 불당으로 향하는데, 우 사장이 곁에서 한마디 했다.

"스님! 우리가 예불 올리고 기도하는 모습이 외국 사람들에게도 참 좋게 보이나 봅니다. 아까 스님은 앞에서 기도하시느라 못 보셨겠지만 외국 사람들이 주변에 굉장히 많이 모였습니다. 우리나라 전직 장관님과 수행원들도 한참을 옆에 서서 염불 소리를 듣고 있었고요."

언어로는 소통이 안 되더라도 마음의 울림은 소통이 가능하다는 것을 보여주는 한 예일 것이다. 모퉁이를 돌아가기 전 다시 돌아본 북쪽의 불당 앞에는 인적이 끊어진 채로 빛만 가득했다.

아난다 파야에서 램프를 생각하다 38

회랑의 측벽 작은 감실에 모셔져 있는 싯다르타 태자의 최초 삭발상

동쪽 불당으로 향해 가다가 회랑 벽의 작은 감실에 태자의 출가 삭발상이
모셔져 있는 것이 보인다. 북쪽 불당 벽면 우측 상단의 작은 감실에 있던 삭발
상은 너무 높은 곳에 있어서 자세히 볼 수 없었는데, 가까이서 보니 머리카락
을 자르는 생생한 장면과 그 뒤의 시종 '찬나'의 모습까지 분명하게 볼 수 있다.

동쪽 불당 앞에서 앞서 간 대중들이 보시를 하기도 하고 존상을 사진기에 담기도 하고 있다

▲ 1857년에 새로 조성된 구나함모니불의 얼굴은
　거의 둥근 상호이다
◀ 동쪽 불당에 모셔진 구나함모니불의 존상은
　티크 나무로 조성되었다
▶ 1996년 순례할 때 구나함모니불의 존상 앞에서
　도반이 촬영해 준 사진은 분위기가 어둡다

저만치 동쪽 불당 앞에 먼저 간 대중들이 보인다. 어떤 이는 보시함에 보시를 하고, 어떤 이는 부처님을 우러러보며 사진기에 존상을 담느라 바쁘다.

동쪽 불당은 구나함모니불(拘那含牟尼佛, Kanakamuni Buddha)을 모셨다. 동쪽 불당도 화재로 인한 훼손이 있었다. 그래서 1857년에 티크 나무로 부처님을 다시 조성해 모셨다. 부처님의 얼굴은 거의 원형이면서 무표정에 가깝다. 두 손을 아래로 내렸으며, 전체 광배는 상감기법이 없는 평면으로 윗부분에 문양을 두었을 뿐이다. 그 대신 머리 부분의 뒤에 따로 작은 광배를 두었다. 두 눈에는 쌍꺼풀이 선명하고 양쪽 귀는 어깨에 붙었다. 1996년 참배할 때 도반이 찍어준 사진이 있는데, 그때는 양쪽 벽이 어두웠고 차단 장치로 막아서 안으로 들어갈 수 없었다. 지금은 벽에도 흰색을 칠했고 또 조명시설을 하여 불전이 환하다. 입구엔 보시함만 있고 차단 장치는 제거되어 있어서, 한결 편안한 분위기이다.

남쪽 불당 앞에 서서
가섭불을 뵐 때 다시
북쪽 불당으로 돌아간 것이
아닌가 착각할 정도였다

사라진 대중을 찾아 서둘러 남쪽 불당으로 갔다. "어? 되돌아 왔나?" 잠시 북쪽 불당 앞에 서 있다는 착각이 일어날 만큼이나 부처님이 닮았다.

남쪽 불당의 본존은 가섭불(迦葉佛, Kassapa Buddha)이시다. 과거 제6불로 석가모니부처님 바로 앞의 부처님이시다. 뒤의 광배는 유리상감기법도 사용하지 않았고, 입체적 금박칠기기법도 보이지 않는다. 광배의 가장자리에 간단한 문양을 넣었고, 좌대 바로 위 좌우에 꽃을 공양 올리는 인물상을 묘사했다. 얼굴 표정은 구류손불에 비해 좀 더 부드러우며 눈과 입가에 미소가 흐른다. 구류손불의 얼굴은 가까이 보면 매우 엄한 표정이었고 멀리서 보면 부드러웠다. 가까이 볼 때와 멀리 볼 때의 얼굴 상호가 다르게 보이는

◀ 광배가 간결하게 장식된 것과 수인의 새끼손가락
모양을 빼면 거의 구류손불과 비슷하다

▶ 북쪽의 구류손불을 바로 밑에서 우러러 뵈면
엄한 표정을 하고 계시는 모습이다

▼ 구류손불을 가장 바깥 쪽의 회랑에서 보면
얼굴 표정이 자비로운 상호로 바뀐다

것은 가섭불도 마찬가지다. 이것을 두고 가까이서 예배하는 스님들에게는 엄한 모습으로 지도하는 부처님의 상을 표현했고, 멀리서만 예배가 가능했던 일반 불자들에게는 자비로 중생을 살펴주셨던 부처님의 상을 표현했다는 해석도 있다. 그러나 부처님의 상호는 보는 각도와 위치에 따라 모두 다르게 보이기 마련이다. 수인(手印)은 구류손불과 거의 같지만 마주잡은 오른손의 새끼손가락을 세운 점이 다르다.

네 분의 부처님 중에서 가섭부처님의 상호가 가장 자비롭게 조성되었다고 볼 수 있으며, 전체적으로도 광배부분이 복잡하지 않아서 친견하는 사람들의 마음을 편안하게 해 준다.

가섭불의 눈과 입가에는 은은한 미소가 있어서
네 분 중에서 가장 자비로운 상호이다

가섭불을 우러러 뵙고 있으면
누구나 편안해지는 느낌을 받을 것이다

테라코타 기법으로 조성한 부처님들과 대중들의 모습

아난다 파야의 회랑 측면과 천장에는 무수히 많은 벽화와 천장화가 있다. 대부분 부처님의 생애나 과거 전생 이야기를 그린 것으로, 돌로 조성한 것과 도자기로 조성한 것 그리고 테라코타 기법으로 조성한 것 등 다양하다. 은은한 색채를 보이는 테라코타 방식의 부처님들의 상과 볼륨감 있게 표현된

아난다 파야의 벽화로 싯다르타 태자의 행렬로도 보이는 장면이다

돌에 조각한 태자의 탄생도, 화려한 색채로 묘사된 태자의 행렬도와 카필라
성의 생활상 등은 마치 인도에 서 있는 느낌이 들게 한다. 아난다 파야의 모든
것을 정리하고 설명하려면 아마 달포가 걸릴지도 모를 일이다. 언젠가 다시
인연이 된다면 그럴 기회가 있겠지.

이제 처음 들어왔던 불당인 서쪽의 석가모니불을 다시 뵙는다. 실제로 손을 내밀어 중생을 쓰다듬어 주셨던 석가모니부처님의 수인은 여전히 중생을 향해 앞으로 뻗어 있다. 다시 우러러 뵈오니 중생을 연민히 여기시는 어버이의 그 표정이 상호에 고스란히 드러났다.

그 자애로운 상호를 뒤로 하고 밖으로 나왔다. 밖은 이미 어둠이 내려앉았고, 그 어둠 속에 아난다 파야는 보석처럼 빛을 발하고 있다. 사원의 기단을 보니 외등의 불빛 속에 부조가 보인다. 부처님을 유혹하는 마왕 파순의 딸들도 보이고, 부하 마군(魔軍)도 보인다. 이런 부조가 끝도 없이 이어진다.

다시 동쪽의 석가모니불을 뵙는다 - 얼굴에 자식을 걱정하는 어버이의 표정이 있다

❶아난다 파야 외벽 기단부의 부조로 마왕 파순의 딸들이 부처님을 유혹하는 장면으로 짐작된다
❷아난다 파야의 외벽 기단부에 있는 마군(魔軍)의 부조이다

광각렌즈로 잡은 아난다 파야의 야경으로
대중들의 모습이 정겹다

1996년에는 낮에 촬영했던 자리에서
2012년엔 밤에 촬영했다

고 팀장이 사원의 전체 모습을 보기에 가장 좋은 곳으로 안내한다며 왼쪽
으로 돌아 나갔다. 큰 나무 아래 여러 상들이 보였고, 돌아서서 사원을 보니 16
년 전에 사원을 촬영했던 바로 그 자리이다. 인물을 중심으로 사진 찍는 사람
들은 사원과 사람을 동시에 담으려고 애를 쓰고 있다.

 이제 아난다 파야와도 작별을 고해야 한다. 밖으로 나오며 문득 알라딘이 들
어갔던 지하 동굴을 생각했다. 지하 동굴의 각 방에는 세상의 온갖 보배가 다
있지만 그것을 만지는 순간 곧 그 보석이 되고 말기에 동굴을 나올 수 없다는
이야기하며, 가장 깊은 곳에 있는 먼지에 쌓인 램프만 가지고 나와야 한다는
숨은 뜻을 되새긴다.

 아난다 파야는 세상에서 가장 장엄한 도량 가운데 하나일 것이다. 동굴 사원
안에는 과거의 네 분 부처님을 모셨고, 수많은 부처님과 무수한 이야기를 담
고 있다. 하지만 우리가 이 동굴에 머물러 있어서는 안 된다. 오래 잊고 있어
서 비록 먼지가 잔뜩 쌓여 있을지라도 각자의 가장 깊은 곳에 있는 자기의 램
프를 되찾아야 한다. 오늘 우리가 아난다 파야를 참배한 것은 여기에 갇히기

아난다 파야를 떠나며 돌아다 보니 밤하늘에 황금빛 첨탑이 찬란한 빛을 뿌리고 있었다

위한 것도 아니며, 머물기 위함도 아니다. 두고두고 이곳을 회상하며 그리워하기 위함도 역시 아니다. 오직 자신의 램프를 찾기 위한 걸음일 뿐이다. 어떤이는 그 램프를 보았을 수도 있고, 어떤 이는 아직도 계속 찾고 있을 수도 있다. 분명한 것은 순례자 모두가 언젠가는 반드시 자기의 램프를 찾을 것이며, 지혜의 빛에 해당되는 램프의 요정 '지니'를 부릴 수 있게 될 것이다.

돌아보니 아난다 파야의 첨탑이 푸른 밤하늘에 우뚝 솟아 황금빛을 뿌리고 있다.

물가에서 함께 나누는 저녁의 한담 39

▲ 두번 째 방문하는 선셋 가든은
마치 고향집 같은 느낌이고,
지배인도 살갑게 대했다

▶ 저녁공양을 위해 버스에서 내려
선셋 가든으로 들어가는 대중들

◀ 이라와디 강의 이정표처럼 저 멀리
로카난다의 황금빛이 빛나고 있다

18시경에 아난다 파야를 떠나 18분 후쯤엔 선셋 가든(Sunset Garden)에 도착했다. 이라와디 강은 어머니의 품같이 넉넉하고 포근한 모습으로 우리를 맞아 준다. 로카난다(Lawkananda) 황금빛 탑도 이라와디 언덕에서 나그네들을 위로하며 변함없이 이정표 역할을 해준다.

두 번째의 방문이라서 '선셋 가든'도 고향집 같은 느낌이고, 매니저 또한 살갑게 우리를 대한다. 해진 뒤의 안온함을 맘껏 누리며 대중들은 별빛에 취해 아이들처럼 떠든다.

미얀마 트레져 리조트의 본관 옆
풀장과 식당, 그리고 공연장

나무 아래에서 일행들끼리
테이블에 둘러앉아 저녁을 즐기는 사람들

나무와 물과 조명이 어우러진 풀장 옆
공간은 낮과는 전혀 다른 묘한 분위기다

미얀마 문화 쇼라는 글씨가 보이고
전통 악기를 다루는 악사의 연주가 계속되고 있다

바간의 마지막 밤을 신세질 '미얀마 트레져 리조트'에 다시 돌아온 시각
이 20시쯤이다. 방 열쇠를 받고는 음악소리를 따라 수영장으로 가니, 조명 아
래 옹기종기 저녁식사를 즐기는 사람들이 보인다. 낮에 본 수영장 주변과는
전혀 다른 묘한 분위기가 발길을 붙잡는다. 식당 옆 무대에는 불이 환하게 밝
혀져 있고, 미얀마의 전통악기를 연주하는 이들이 보인다. 그 뒤에 '미얀마 문
화 쇼(Myanmar Cultural Show)'라는 글씨가 크게 써져 있다.

새로 만들어 준 우리의 자리는 본관 바로 옆이라서 마치 법당 분위기 같다

나는 이국의 낯선 곳에 가면 반드시 그곳의 전통문화공연을 접해 보려고 노력하는 편이다. 전통문화를 접해 보면 그들의 삶을 훨씬 빨리 그리고 깊고 넓게 이해할 수 있기 때문이다. 아직 저녁시간도 이른 편이고 게다가 분위기까지 좋은 곳에서 무료로 공연을 감상할 기회를 놓칠 수는 없다. 혼자 볼까 하다가 그래도 이런 기회를 그냥 흘려보내게 하기는 아쉬워 '음료수 마시며 한담하기'를 제안했다. 먼저 방으로 들어가 버린 몇 사람을 제외하고는 대부분이 남았다. 공연장 맞은편은 이미 꽉 차서 호텔 종업원들에게 자리를 부탁했더니, 약간 떨어진 곳에 다시 테이블을 마련해 주었다. 아마도 로비의 의자를 가져온 모양이다. 덕분에 다른 사람들에 비해 호사를 누리게 되었다. 더군다나 풀장 건너편에 가서 살펴보니 우리가 앉은 자리가 본관의 남쪽 앞인데, 마치 사원의 앞쪽 법당처럼 보인다. 그래도 기도를 하고 다닌 사람들인지라 명당(?)을 차지한 모양이다.

객실채를 지키는 신상이 연꽃봉오리를 들고 금빛 조명 아래 서 있다

우리 자리의 오른쪽과 왼쪽은 모두 유럽 사람들로 동양 사람들은 보이지도 않는다. 어둠 속에 조명으로 모습을 드러낸 객실채의 숙소들을 배경으로 나무 아래에 앉아 만찬을 즐기는 모습들이 그야말로 최상의 가든파티이다. 그 옆으로 객실채를 지키는 신상(神像)이 연꽃봉오리를 들고 금빛 조명 속에 서 있는 것이 보인다. 순간적으로 깊은 숲 속 사원을 보는 듯하다.

뒤로는 객실채를 배경으로 하고 나무 아래에 펼친 식당은 아주 멋진 가든파티이다

전통문화공연이 무대 위에서 펼쳐지고 바로 앞의 유럽인들은 흥미롭게 공연을 지켜본다❶
환한 조명 아래 인형술사가 현란한 손짓으로 인형에게 생명을 불어넣고 있다❷
빨간 옷을 입은 춤꾼이 음악에 맞춰 인형극의 이야기를 춤으로 보이고 있다❸

❹공연 무대 위의 춤과 음악 등이 풀장의 물 위에 일렁이며 우리를 환상 속으로 인도한다
❺우리 대중들도 무대 위의 공연에 마음으로 동참하고 있는 모습이다
❻분위기도 좋겠다 새로운 문화를 접했겠다 손이라도 잡아 주면 춤인들 사양하겠는가

때맞춰 공연이 시작되었다. 바로 앞의 식탁은 유럽 사람들이 일찌감치 자리를 잡고 음료수를 마시며 여유롭게 감상을 하고 있다. 그들의 어깨 너머로 사진 몇 장을 찍고 있는데, 내 카메라를 보며 엄지손가락을 치켜세운다. 매우 열려 있고 적극적인 사람들이다. 무대 위에는 인형을 움직이는 인형술사가 가장 왼쪽에서 조명을 받으며 현란한 손 움직임으로 인형에게 생명을 불어넣고 있고, 뒤쪽으로는 악사들이 연주하는 악기에서 흥겨운 가락이 쏟아져 나와 물결 위에 일렁인다. 그 앞에서 빨간 옷을 입은 춤꾼이 인형극의 얘기를 몸짓으로 풀어내고 있다. 문득 대중들이 생각나서 우리 자리로 돌아왔다. 우리 대중들도 공연에 심취해서 웃음 가득한 표정으로 사진을 찍기도 하며 즐기고 있다.

❼ 공연이 끝나자 비로소
저녁식사를 시작하는
유럽 사람들 - 그들은
늦은 만찬에
익숙할 것이다

❽ 아주 가까이 바로 앞에 시선을 둘 때
자기 모습이 좀 더 잘 보이게 된다
❾ 공연이 끝나자 우리 대중들도 드라마
틱한 하루를 이야기로 풀어내고 있다
❿ 다시 되찾은 적막 속에 도란도란 연인
들은 정담을 나누기 시작한다

공연은 30여 분간 계속되다가 밤의 적막에 자리를 내어 주었다. 유럽 사
람들은 늦게 식사하는 습관 때문인지 비로소 저녁식사를 하기 시작한다. 사
람들은 이제 바로 앞의 사람에게로 시선을 주고 얘기를 나누기 시작한다. 그
야말로 한담(閑談)이다. 우리의 시선은 항상 너무 멀리 가 있는지도 모른다.
바로 앞의 사람이 아닌 저 멀리 있는 그 무언가에 홀려 다니는 것은 아닌지 잘
살필 일이다. 불빛도 고즈넉해진 시각에 우리는 드라마틱했던 하루를 돌아보
며 정담을 나눈다.

문 앞을 지키던 외등이 눈을 비비며 이제 오시냐며 환한 웃음으로 반긴다

시각이 21시를 넘어서자 점차 빈자리가 늘어나더니 21시 20분쯤이 되자 우리만 남았다. 우리가 나눈 얘기들도 모두 하늘에 올라 별이 되어 반짝이고 있다. 내일은 또 새로운 풍광과 새로운 사람들을 만날 것이다.

적막만이 서성이는 길을 따라 심호흡을 하는 객실채들을 지나서 저 깊은 안쪽에 있는 오늘의 보금자리를 찾아간다. 입구에서 외등이 "주인님 이제 오십니까?"하고 환하게 웃으며 반긴다.

"고맙네! 그리고 애썼네! 이제 그대도 편히 쉬게나!"

❶식사를 끝낸 사람들이 자리를 비우기 시작하자 물빛마저도 여유로워진다 ❷마지막으로 자리에서 일어난 우리는 적막 속으로 길을 밟아 나간다 ❸내 보금자리를 찾아가는 시각, 길이 먼저 졸음에 겨워 비틀거리고 있다

안녕, 탑의 총림 바간이여! 40

같은 길임에도 대낮과
밤과 새벽에 따라 완전히
다른 느낌이다

02시 15분, 숲의 일렁임에 눈을 떴다. 아마도 바지런한 새나 짐승들이 움직였나보다. 커튼을 걷고 창밖을 살피니, 어둠이 호기심어린 눈으로 방을 엿보다가 화들짝 놀라 뒤로 물러난다.

욕실에 가서 온수를 틀어놓고 방으로 돌아와 사진기의 메모리에서 외장하드로 사진을 복사했다. 뉴질랜드에서 메모리를 분실하는 바람에 가장 중요한 자료를 몽땅 잃은 안타까움이 있기 때문에 복사해 두는 것이 습관화 되었다.

바흐의 무반주 첼로모음곡을 들으며 반신욕으로 남아 있던 전날의 흔적을 풀어낸 후, 삭발을 했다. 방으로 돌아와 침향을 사루며 무심의 세계에 한 시간 쯤 잠겨 있었다. 보이차를 맑게 우려 열 잔쯤 마시고 보온병에 대중들의 몫을 가득 채웠다. 주섬주섬 짐을 꾸리며 창밖을 보니 여명(黎明)이 검푸른 옷을 입고 기웃거린다.

05시 35분, 가방을 꾸려 방을 나선다. 식당으로 나가는 길은 어제 낮이나 밤에 보던 것과는 느낌이 다르다. 왜일까? 낮엔 너무 환해서 나무와 땅이 지친 듯했고, 밤에 오직 외등 빛 속에 모든 것이 숨죽이고 있었다. 그런데 지금은 외등 빛과 여명이 어우러지면서 모든 것이 깨어나고 있었던 것이다. 바로 그 생동감에 전혀 다른 길처럼 느껴졌던 것이다.

매우 이른 시각임에도 대중들의 에너지는 참으로 싱그럽기만 하다

식당의 분위기는 천장에서 바닥까지 나무의 따뜻하고 부드러운 질감 때문에 편안하다

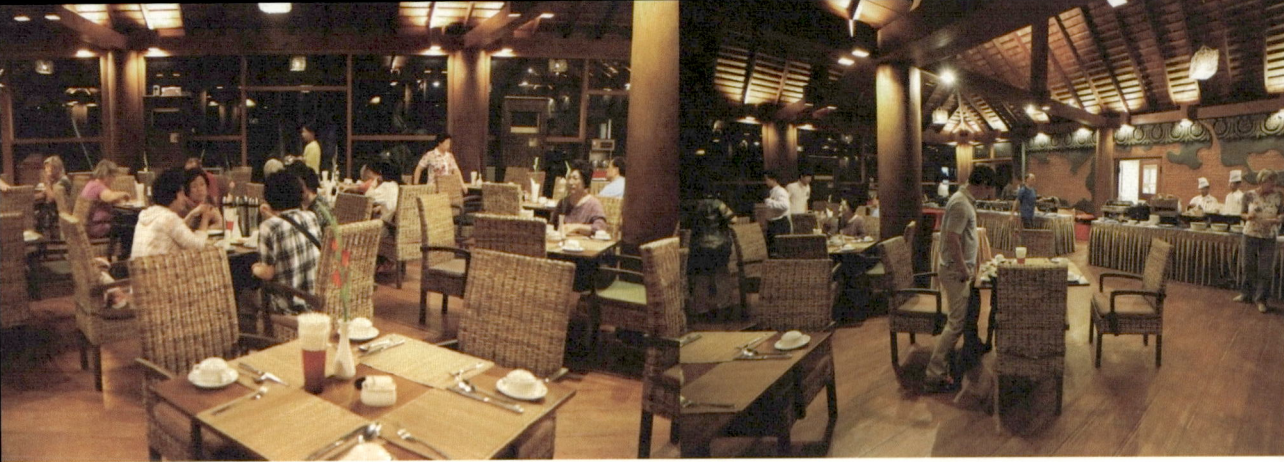

이미 나와 있던 대중들이 반갑게 인사를 한다. 삼면이 유리로 된 식당은 시원하게 넓고, 천장에서 바닥까지 목재로 꾸며서 편안한 느낌이다. 등나무로 엮어 만든 의자도 잘 어울린다. 메뉴가 참 푸짐하니, 아침을 든든히 먹는 사람들은 신나겠다. 죽 한 공기와 과일 몇 쪽 먹는 나지만 그래도 눈으로 즐기는 기쁨이 있어 좋긴 하다. 약처럼 아침공양을 귀하게 먹고 대중들에게 보이차를 한잔씩 돌리니, 그런대로 멋진 다회가 된다.

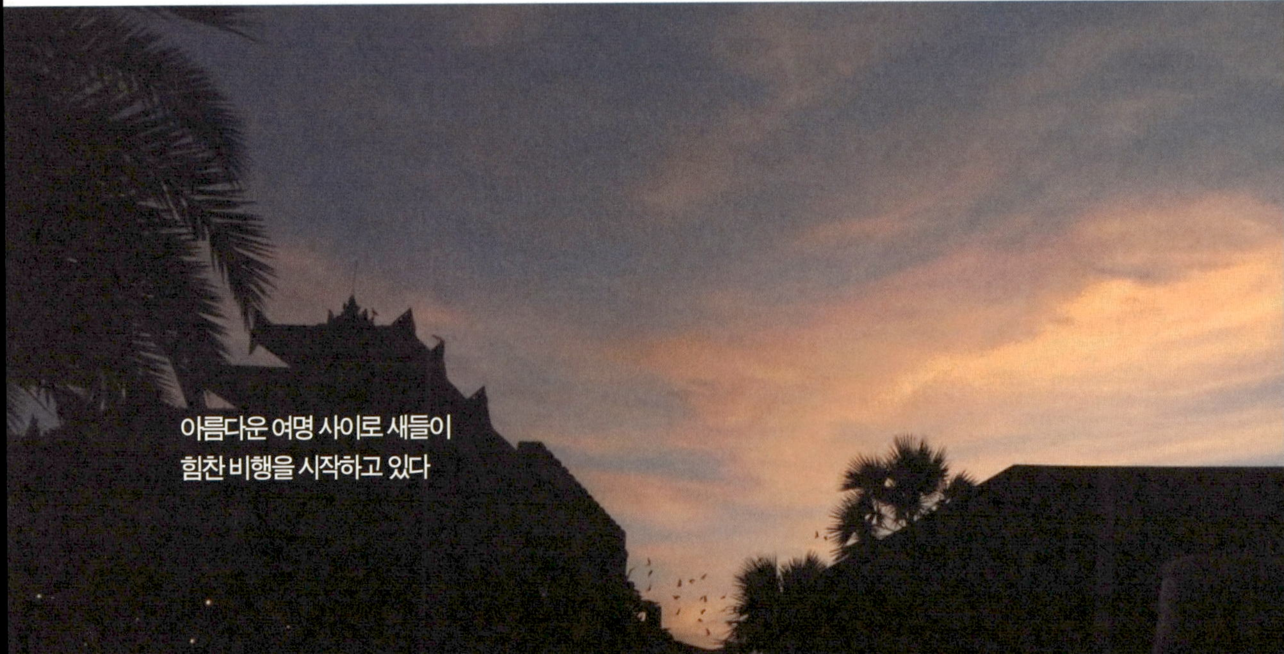

아름다운 여명 사이로 새들이 힘찬 비행을 시작하고 있다

호텔 본관의 머리 위로 하루를 열어 갈 장엄한 여명이 펼쳐지고 있다

체크아웃을 하는 대중들의 얼굴에 아쉬움이 스친다. 아마도 바간을 떠난다고 생각하니 섭섭한 모양이다. 왜 아니겠는가! 16년 전의 나도 똑 같은 심정이었다. 그때 바간을 떠나며 이런 생각을 했었다. "나중에 다시 오면 빗자루 하나 자전거에 싣고 모든 탑을 쓸리라." 그러나 16년 뒤에 와서도 겨우 이틀 만에 바간을 떠나려 한다.

  호텔의 머리 너머로 아침노을이 꽃을 피우고, 그 꽃밭에 새들이 힘찬 비상을 한다. 날마다 해는 솟고, 모든 일출은 새롭다. 어둠을 몰아내는 일은 만만한 일은 아니다. 그래서인지 무더운 날씨의 바간에서도 일출의 순간은 몸살 하듯 한기가 파고든다.

이미 바간과 천년의 사랑에 빠진 대중들이
버스에 타지 않고 서성이기만 한다

버스도 재촉하고 고 팀장도 비행기를 놓칠까
고심하니 어쩌랴 버스를 탈 수밖에

곱게 단장한
유도화가 얼굴을
붉히며 배웅하니
차마 걸음 옮기기
어렵구나

밝아 오는 하늘을 이고 비둘기들이 호텔 본관의 꼭지에 잠시 휴식을 취하고 있다. 대중들은 바로 버스에 오르기가 내키지 않는지 마당을 서성인다. 비록 이틀밖에 머물지 못했지만 이미 천년의 사랑에 빠지고 말았으니, 어찌 쉬이 발길을 돌리겠는가. 하지만 버스는 어서 가자고 부릉부릉 재촉하고, 비행기를 놓칠세라 고 팀장까지 애를 태우니 뾰족한 묘수가 있겠는가. 대중들의 발길이 버스로 향한다. 나도 더는 지체할 수 없어 곱게 차려 입은 협죽도(夾竹桃-유도화〈柳桃花〉라고도 함)의 배웅을 받으며 버스에 오른다.

비행을 끝낸 비둘기들이 호텔 본관의 꼭지 위에 내려 호흡을 가다듬고 있다

공항으로 가는 내내 오른쪽 차창 밖으로 노을을 마주하고 있었다

낭우 공항이 저만치 보일 무렵
비로소 나무 사이로 해님이
미소를 보여 주었다

바간의 가장 남쪽에 있는 호텔에서 가장 북쪽에 있는 낭우 공항으로 가는 길은 '빛 바라기'였다. 오른쪽 차창 밖은 황금빛 노을로 가슴을 뛰게 한다. 나무 사이로 보일 듯 말 듯 그렇게 해님은 숨바꼭질을 하다가, 공항이 보일 무렵에야 나뭇가지 사이로 미소를 보낸다.

❶ 낭우 공항의 대기실은 티켓을 사려는
여행객으로 북새통을 이루고 있었다

❷ 스님들이 탁발 나갈 때 주로 쓰는 양산 아래
관광객이 여유롭게 기념품을 살피고 있다

❸ 모처럼 스님들도 아주 편안한 자세로
바간의 향기를 맡고 있다

❹ 대중들은 아마도 많이 아쉬우리라
- 그래서인지 모두 생각에 잠겨 있다

06시 50분, 공항 청사의 금빛 지붕에서 비둘기가 우리를 반긴다. 대기실은 티켓을 살 사람들로 분주하다. 미얀마 국내선은 아침에 모두 움직인다. 양곤-낭우-만달레이-헤호-양곤으로 이어지는 모든 항공편이 거의 비슷한 시간대에 이착륙을 하므로 공항은 거의 시장을 방불케 한다.

공항의 기념품 판매대도 아침 시간만 반짝 문을 열었다가 닫는 모양이다. 스님들이 탁발할 때 사용하는 양산 아래 기념품을 고르는 유럽인의 뒤태가 여유롭다. 마침 호텔에서 뜨거운 물을 채운 보온병에는 보이차가 적당히 익었다. 두루 한잔씩 입김을 불어가며 마시는 차향에 조급함은 곧바로 사라진다.

낭우 공항 청사의 금빛 지붕에서 비둘기가
우리를 맞아 주었다

탑승을 기다리는 대합실은 빈 자리가 보이지 않을 정도이다

07시 20분경에 들어선 대합실은 빈자리가 없다. 출구마다 사람들은 자기가 타야 할 비행기를 확인하며 길게 줄을 서 있다. 우리는 중간쯤 출발하기에 고 팀장이 신호를 할 때까지 여유롭게 한담을 하며 주변의 동태를 살핀다. 예전엔 관광객이라고 해야 불교성지를 순례하는 한국, 일본, 중국의 불자들이 대부분이었다. 그러나 지금 눈에 들어오는 사람들은 모두 서구의 사람들이다.

주마등처럼 바간의 이틀이 다시 스쳐간다. 불탑의 총림인 그 사이에서 나도 하나의 탑이었던 시간이었다. 이제 마음으로 다음을 기약하며 작별을 고한다. "안녕, 내 사랑 바간이여!"

만달레이에 발이 묶이다 41

이윽고 활주로 쪽의 문이 열리고 각 문마다 승객들의 검표를 시작한다. 체크를 하고 밖으로 나가니 여러 대의 버스가 동시에 대기하고 있어서 잠시 당황한다. 거의 비슷한 이륙시각 때문에 탑승객들은 자기가 타야 할 버스를 찾느라 우왕좌왕한다. 심지어 탔다가 내리는 사람도 꽤 있다.

우여곡절 끝에 비행기가 활주로를 벗어나자 곧 바간의 낭우 지역이 눈에 들어온다. 빛나는 쉐지곤의 황금빛 탑이 이라와디 강을 벗하여 진녹색의 숲 속에 고고하게 서 있다. 시계를 보니 08시 4분이다.

우리가 탄 비행기는 바간에서 북동쪽 만달레이(Mandalay) 공항을 거쳐 바간에서는 동쪽이 되는 인레(Inlay)의 헤호 공항을 향하고 있다. 앞에서도 몇 번 밝혔지만 미얀마 국내선은 양곤-낭우-만달레이-헤호-양곤을 순항한다. 반대방향으로 도는 항로를 열지 않기에 양곤에서 헤호로 바로 갈 수 없고, 또 낭우에서 동쪽의 헤호로 바로 갈 수가 없다.

바간의 낭우 공항에서 인레의 헤호 공항은 정동쪽이지만 만달레이를 거쳐야만 한다

비행기는 동북쪽의 만달레이로 향하여
이라와디 강을 거슬러 오른다

아직은 건기의 초기라 강물이 많은 편이지만
곧 모래사장으로 변신할 것이다

비행기는 북동쪽으로 흐르고 있다. 그러고 보니 이라와디의 상류 쪽으로 거슬러 올라가는 셈이다. 모래톱들이 자주 보이긴 하지만 그래도 아직은 강물이 풍부한 셈이다. 두어 달 후쯤에는 아마도 대부분이 모래사장으로 바뀔 터이다. 1996년에는 9월달이었는지라 우기가 끝나지 않은 상태였다. 그래서 황톳물 바다 같은 이라와디를 볼 수 있었다. 지금은 푸른 강물과 미색의 모래톱이 어울려 예쁜 그림을 그려놓고 있다.

  15분쯤을 흘러가자 이라와디가 적셔놓은 곡창지대가 나타났다. 6.25동란 이후 우리나라가 원조를 받을 때 미얀마의 쌀이 많이 들어왔었다. 미얀마에 와서 지금의 우리가 좀 더 부유하다고 으스대는 사람들도 많겠지만, 신세진 나라임을 결코 잊어서는 안 되는 나라이다. 잠시 가난했던 50년 전쯤의 우리 환경을 떠올리는 사이에 만달레이 공항이 보인다. 낭우 공항을 떠난 지 50분 만이다.

이라와디가 적셔 풍성하게 한 땅, 오래 전에 이 땅의 쌀을 우리가 먹었다

망원 줌으로 당기니 지붕은 약간 짙은 색이고, 그 뒤로 금빛 모자를 썼다

만달레이 공항은 푸른 하늘 아래 백색의 옷을 입고 있다. 망원 줌으로 자세히 보니 지붕은 약간 다른 색이었고, 그 뒤로 수줍게 황금 모자를 썼다. 우리나라의 다층탑 모양이지만 미얀마에서는 왕궁이나 중요한 건축의 지붕 모양이다.

멀리서 본 만달레이 공항은 푸른 하늘 아래 흰옷을 입은 듯하다

헤호 공항의 안개로 인해 예정에 없던 만달레이 공항 대합실 방문이다

잠시 대기하다가 다시 이륙할 줄 알았는데 모두 내리란다. 헤호(Heho) 공항 주변에 안개가 짙어서 비행기의 착륙이 불가능하다는 설명이다. 안개가 걷힐 때까진 무조건 만달레이에서 대기해야 한단다. 이미 앞선 비행기들도 정지상태다. 하릴없이 내려 버스를 타고는 청사로 들어가니 2층 대기실로 안내한다. 우리는 기약도 없이 탑승 방송이 나올 때까지 발이 묶였다. 그래도 우리가 누군가. 보온병에 있던 보이차를 열어 다회를 연다. 참 미얀마 국내선은 물 종류를 가지고 탑승할 수 있다고 내가 말했던가? 여기저기서 과자도 나오고 금세 푸짐한 파티가 이루어졌다. 마침 전직 장관 일행도 동행하고 있었기에 차를 권했더니, 귀한 차를 마시게 되었다며 무척이나 좋아했다. 비행기들은 계속 모여들고 대합실은 몰려든 인파로 시끌벅적하다.

만달레이 공항의 대합실에서 활주로 너머의 탑을 망원렌즈로 찍은 것

시끌벅적한 자리를 벗어나 창가로 가서 활주로 쪽을 보니 저 멀리 자주색 파고다가 보인다. 망원렌즈로 파고다를 보다가 훌쩍 16년 전으로 시간이 동을 했다.

1996년 9월 16일, 장대비를 헤치며 바간에서 만달레이에 이르는 국도 위를 달리고 있었다. 그러다가 잠시 비가 쉬자 버스가 멈췄다. 몸을 좀 풀기도 하고 해우소도 다녀오라고 했다. 바로 그때 눈앞에 트럭을 타신 부처님이 나타났다. 축제에 모시고 가는 부처님이시란다.

잠깐의 휴식을 끝내고 출발하자 다시 비가 앞을 가렸다. 하늘에 있는 바다를 기울인 듯 퍼붓는 폭우는 순식간에 벌판을 삼키고 도로까지도 덮어버려서 황토바다 위에 두 줄로 떠 있는 가로수 사이로 수상(水上)버스는 거침없이 내달았다. 운전기사에게는 그 상황이 너무나 익숙한 듯 보였다.

1996년 버스로 만달레이를 향해 이동 중에 만나게 된, 축제에 모셔져 가는 부처님

▲ 딴보디 사원의 모델인 인도네시아의
불가사의 보로부두르 대탑
◀ 모에닌 스님의 원력으로
13년에 걸쳐 조성된 딴보디 사원의 원경

그렇게 억수장대 빗속을 달리다가 문득 비가 뚝 그치고 햇빛이 쏟아지기 시작하자, 순식간에 물이 빠지고 땅이 뽀송뽀송해졌다. 불과 10분 만에 벌어진 이 현상에 우리는 놀랄 수밖에 없었다. 그 이후에도 이런 일이 되풀이되었는데, 가이드는 삼 년 만에 처음 겪는 일이라며 놀라워했다. 그렇게 맨발이 젖지 않고 처음 참배한 곳이 만달레이에서 140km 정도 떨어진 몽유와(Monywa-'몽유아'라고도 발음함)의 '딴보디 사원(Thanbodhi Paya)'이다. 이 사원은 모에닌 스님(Moehnyin Sayadaw)이 1939년에 시작하여 1952년까지 불사를 하여 세운 절로, 인도네시아의 족자카르타에 있는 불가사의 세계문화유산 보로부두르(Borobudur) 대탑을 모방해서 건립한 것으로 알려져 있다. 모셔진 불상이 58만이 넘고, 내부에 7,350가지의 유물과 사리를 안치했다.

마당으로 들어서서 사원을 바라보니
한눈에 다 들어오지를 않았다

딴보디 사원으로 들어가는 정문 - 문이 동서
남북에 있었던 것으로 기억된다

첨탑형의 정문을 통과하자 밝은 채색의 사원 본채가 너무 커서 시야의 범주를 벗어나 버린다. 눈에 보이는 것은 온통 불상이요, 하늘로 치솟은 것은 모두 첨탑이다. 사원의 내부로 들어서니 미로처럼 사통팔달의 통로가 있고 크고 작은 불상으로 빈틈이 없었다. 어쩌면 연기법의 도형화 같기도 했고, 우리가 만나는 모든 것이 곧 부처라는 것을 상징하는 것 같기도 했다. 큰 불상 앞에서는 현지인들이 간절하게 기도를 올리는 모습도 어렵잖게 볼 수 있었다.

❶사원 내부로 들어서면 큰 불상과 작은 불상들이 빈틈없이 꽉 차 있다
❷처음 접하는 기이한 사원의 모습에 다들 기념사진을 찍느라 바쁘다 ❸끝없이 연결되는 통로가 미로처럼 느껴지는데, 연기법의 도상화 같기도 했다 ❹간절한 마음으로 기도하는 이 불자에겐 사원이 자신의 정토일 것이다 ❺기둥마다 글씨를 써 두었는데, 미얀마어라서 내용을 알 수가 없었다

❻사원의 곁에 서 있는 모습
을 도반이 찍은 사진인데, 나
도 사원의 일부처럼 보였다
❼혼자서 생각에 잠긴 띨라
신(예비여승)의 모습이 측은
하게 다가온다 ❽나선형 계
단을 오르는 전망대가 있어
서 올라가면 사원을 좀 더 자
세히 볼 수 있다 ❾엄청나게
큰 흰코끼리상이 탑을 등에
모시고 있다

밖으로 나와 사원 곁에 섰더니 도반이 사진을 찍어 주었는데, 나중에 살
펴보니 나도 사원의 일부가 되어 있었다. 약간 옆으로 가면 나선형 계단으로
오르는 전망대가 있어서, 사원을 좀 높은 곳에서 볼 수 있었다. 한쪽에 우두
커니 앉아 있는 연분홍 가사(?)의 띨라신(8계를 지키며 사는 여인이라는 뜻으로 우리나라
의 비구니와는 완전히 다르다. 미얀마에는 비구니가 없다)의 모습도 볼 수 있었고, 엄청나게
큰 코끼리상도 보였다.

처음엔 사원이라기 보다는 연구소처럼 느껴졌다

낮은 담 너머로 기이한 탑이 보였는데, 외벽을 완전히 유리로 장식한 것이었다. 그 모양이 특이해서 외계에서 온 비행선 같다는 생각을 했었다.

▲ 인도의 보드가야 대탑을
　모방한 느낌이 드는 탑이다

▶ 겉면을 유리로 장엄한 탑은
　마치 외계의 우주비행체 같아 보였다

▲ 흰색의 기단부에
황금 첨탑을 올린
보디 따따웅 파야의 원경

▲ 보디 따따웅 사원의 탑 옆으로
불상을 모신 곳이 있다

▲마치 가건물 같은 지붕 아래에
많은 불상을 모시고 있었다

◀보리수가 심어져 있는
보디 따따웅 정원에는 나무 아래에
작은 불상들을 모셨다

　　딴보디 사원을 참배한 후 다시 4km 정도를 달려 백색의 기단 위에 금빛 탑이 우뚝한 '보디 따따웅 파야(Bodhi Tataung Paya)'를 참배했다. 가건물 비슷한 지붕 아래 모셔진 큰 불상들과 보리수나무 아래 모셔진 백색의 작은 불상을 보면서, 좀 더 품격을 갖춘 불사가 되었더라면 좋았겠다 하는 생각을 했었다.

그곳에서 다시 양떼들이 풀을 뜯는 언덕을 오르니, 스님들이 탁발 나가는 형상을 조성해 두었다. 그리고 바로 위에 110m쯤 되는 엄청난 와불(누워 계신 부처님)이 모셔져 있는데, 머리를 받친 손모양이 와선상(臥禪像)이었다. 이곳은 '쉐달리웅 파야'로 불사를 하고 있는 중이어서 주변 정리가 되어 있지도 않았다. 시멘트로 조성한 불상의 안으로 들어가니, 거친 상태가 그대로 드러나 있어서 차라리 멀리서 볼 때가 좋았다는 생각이 들었다.

언덕을 오르던 버스가 멈췄다. 기사가 버스를 살폈다
- 1996년에는 흔한 일이었다

9 16 '96

버스에서 내려
걸어 올라가니
양(염소?)떼가
나타났다

9 16'96

언덕 아래 길에서도
거대한 와불은
잘 보였다

언덕의 정상에 이르면
탁발 나가는 스님들의 형상들이
먼저 반긴다

16'96

쉐달리웅 파야의 와불은
110m 정도의 거대한 불상이다

손 모양을 보면 누워서 선정에
드신 상태이다 - 시멘트로
조성했다

9 16'96

제 42화 만달레이의 회상-몽유와 ● 365

만달레이의 회상-사가잉 43

9 16 '96

몽유와 호텔이 있는 숲 - 얼핏 나무 사이로 보이는 건물들이 호텔에 속한다

몽유와의 밤은 고요하기만 했던 바간의 밤과는 아주 많이 달랐다. 몽유와 호텔(Monywa Hotel)은 큰 도로에서 약간 안으로 들어간 곳이었다. 하지만 실제로 느껴지는 것은 마치 깊은 숲 속에 들어와 있는 듯했다. 건조한 바간과는 달리 적당히 습한 느낌도 숲 속의 분위기를 더했다. 마치 나무로 지은 펜션 같은 분위기의 호텔 건물은 큰 나무보다도 낮아서 숨바꼭질하듯 사라졌다가 나타나곤 했다.

❶ 호텔로 들어가는 입구는 정갈해서
　사람들을 기분 좋게 해 주었다

❷ 새벽이 될 때까지
　비가 만들어내는 재즈공연을
　방 옆 의자에서 즐겼다

❸ 비가 개인 아침의 호텔 건물은
　마치 숲 속의 펜션 같은 분위기였다

밤이 되어 잠자리에 들려하자 슬레이트(스레트) 지붕과 나무 숲 그리고 마당에 떨어지는 빗소리가 마치 재즈공연장에 있는 느낌이 들게 했다. 그러다가 잠시 적막이 찾아오면 몇 분 잠들었다가 다시 연주소리에 깨길 되풀이했다. 잠귀가 유난히 밝은 나로서는 결국 새벽녘까지 창가 등나무의자에서 춤추는 비를 감상하는 것으로 잠을 대신했다.

◀ 미얀마 몽유와의
불교용품점에서
이른 아침에 구입해 모신
젊은 시절의 부처님 상

▼ 아마도 호텔의 사장 내외였던
것으로 기억되는 이들이 기념
사진을 찍자고 해서 응했다

　마침 아침에는 비가 그쳐서 인근의 마을을 돌아볼 수 있었는데, 이층으로 된 가정집의 위층이나 다락에는 불단을 모시고 예불을 올리는 것을 알 수 있었다. 깜빡 카메라를 놓고 나가서 그 풍경을 찍질 못해 좀 아쉬웠다. 그때 다행히 일찍 문을 연 불교용품점에서 아름다운 청년상의 석가모니부처님 흑백그림 사진을 살 수 있어서 지금도 개화사에 모셔 두고 있다.

　하룻밤의 인연도 참으로 소중한 것이라서, 호텔사람들은 아침이 되자 더욱 살갑게 대했다. 아마도 호텔 사장 내외였던 것으로 기억되는 사람들이 기념 사진을 찍자고 해서 함께한 사진이 있기에, 아련한 그리움으로 되살아나곤 하는 호텔이다.

❶휴게소라고 하기엔 좀 어설프지만
그래도 엄연한 휴게소이다
- 생리현상을 해결할 수 있는 곳
❷사가잉으로 가던 길에 만난 미얀마 대중버스는
미니트럭과 잘 구분이 되질 않는다
❸간밤에 잃어버렸던 단잠을
이곳에서 10분간 보상 받았다

　　호텔 사람들의 전송을 받으며 우리는 다시 길을 나섰다. 사가잉(Sagaing)
으로 가는 길은 역시나 쏟아지는 비 때문에 생각보다는 지체되었다. 비가 잠
시 뜸한 사이에 짐차 비슷한 미얀마 버스를 보게 되었다. 짐을 싣는 지붕에까
지 사람들이 올라 앉아 있고, 터져 있는 뒤쪽에는 청년이 매달려 있는 모양이
다. '가다가 비라도 만나면 어떻게 하지?' 걱정이 잠시 뇌리를 스쳐 지나갔다.
　　우리는 또다시 비와 벗 삼아 덜컹거리며 가다가, 비가 숨을 고르는 사이에
휴게소엘 들렀다. 휴게소라고 해야 달랑 작은 건물 한 채에 살림집을 겸한 간
이식당 같은 곳이었다. 음료수도 몇 가지 있어서 화장실엘 갈 겸해서 관광버
스가 쉬어가는 곳인 듯했다. 우리도 같은 목적으로 들렀는데 버스는 그냥 도
로변에 세워두고 질퍽거리는 주차장을 건너느라 발이 다 젖어야 했다. 마침
긴 의자가 있어서 간밤의 불면을 보상이라도 받듯이 10분간의 휴식시간을 맛
있게 즐겼다.

사가잉의 중심부에서
10km 정도 떨어져 있는
'까웅무도 사원'의 입구

일명 왕비의 탑이라 불리는 까웅무도 대탑은 복발형이다

　　드디어 사가잉의 중심부에서 10km 정도 떨어져 있는 '까웅무도 사
원(Kaungmudaw Paya)'에 도착했다. 이 사원에는 인도의 산치대탑처
럼 복발형의 탑이 중심에 있다. 1636년에 어와(Ava) 왕조의 따룽밍떠야
(Thalunmintaya) 왕의 명에 따라 스리랑카의 마하제디 대탑을 모델로 불사
를 시작하였고, 1649년에 그의 아들인 삥뜰래(Pintalei) 왕에 의해 완성된 탑
이다. 일설에는 왕이 왕비의 젖가슴처럼 예쁜 탑을 조성하라고 해서 만들었
기에 왕비의 탑(또는 공주의 탑)이라고 불리는 백색의 탑이 가슴을 설레게 했다.

◀ 사원으로 들어가는 입구에는
손님이 없어서 주인만
우릴 보고 있었다

▲ 까웅무도 대탑의 불당에
앉아서 기운을 느껴본다
- 바간과는 많이
다른 느낌이다

◀ 까웅무도 대탑의 전실은
유리장식과 금장식으로
무척 화려하다

　　좌우입구에는 바간에서와 마찬가지로 불교용품 등을 파는 가게들이 있었지만, 우기라 관광객이 별로 없는 탓인지 주인들만이 빤히 우리를 보았다. 탑의 입구에는 마치 거대한 왕관처럼 전실이 있었으며, 안으로 들어가자 유리와 금으로 장식한 벽면과 기둥 등이 용궁으로 들어간 듯 착각이 들게 했다. 꽃으로 장엄한 헌공대를 지나 불당으로 들어가니 자금색 부처님이 계셨다. 그러나 벽면과 후불장식이 너무 화려한 관계로 정작 부처님은 그리 빛나 보이질 않았다. 꾸밈이 지나치면 이런 부작용도 있나보다. 잠시 좌정(坐定)을 하고는 기운을 느껴본다. 하지만 바간에서의 그 기운과는 많이 달랐다.

수많은 불탑으로 인해 일명 '탑의 언덕'이라고 불리는 사가잉 힐의 모습

이라와디 강변의 사가잉은 샨족이 세운 왕국의 수도였다. 14세기에 50년 동안만 수도였지만, 샨족의 취향을 짐작할 수 있는 곳이다. 샨족은 흰색을 좋아하고 조용한 것을 즐긴 듯하다. 사가잉에는 흰색의 탑들이 도시 전체에 산재해 있다. 뿐만 아니라 조용한 것을 좋아하는 수행자들이 즐겨 찾는 곳이다. 사가잉에서 높은 곳에 속하는 언덕 일대는 멀리서도 마치 흰 종유석이 솟아 있듯이 탑들이 있어서 일명 '탑의 언덕'으로도 불린다. 뿐만 아니라 언덕에서 이라와디 강 쪽으로 보면 도시 전체는 마치 아름답고 거대한 사원 같기도 하고, 유명한 화가가 그린 명화 같기도 하다.

사가잉 시내는
불탑과 고요함으로 인해
마치 거대한 사원처럼 느껴진다

만달레이의 회상-만달레이 참배 44

사가잉에서 만달레이로 가는
길목엔 황금빛 나락들이
우릴 맞아 주었다

사가잉 순례를 마치고 만달레이로 가는 길은 황금 들녘이었다. 한참을 그렇게 자연을 감상한 후에 드디어 만달레이로 들어갔다.

만달레이는 지도상에서 확인할 수 있듯이 미얀마의 정 중앙에 위치한다. 양곤에 이어 두 번째로 큰 도시이며, 미얀마 전체 스님들 의 60% 이상이 수행하는 곳이다. 한마디로 문화와 종교의 도시라고 할 수 있다.

폭우와 햇볕 속에서 꿈처럼 순례했던 만달레이 주변의 지역들▶

◀ 만달레이 왕궁
안에 있는
전망대에서
내려다본 모습

▼ 이것이 미얀마
옛 왕궁 건축의
전형적인 모습이라고
볼 수 있다

▲ 만달레이 왕궁의 조감도
- 과거에 비하면 축소된 것이라고 한다

　영국과 프랑스가 식민지 전쟁을 일삼던 시기에 피해를 입게 된 꽁바웅 왕조(Konbaung dynasty)의 민돈왕(Mindon)은 수도를 아마라뿌라(Amarapura)에서 만달레이로 옮겼다. 왕궁을 새로 축조하고 사방에 해자(垓字-성을 보호하기 위해 둘레를 파고 물을 채운 인공 호수)를 파서 적으로부터 왕국을 지키려 했다. 하지만 결국 왕조는 영국에 의해 멸망했다.

❶만달레이 왕궁을 둘러싼 해자는 마치 강 같다
 - 멀리 만달레이 힐이 보인다
❷만달레이 왕궁으로 건너가는 유일한 통로인 다리
❸우리가 점심을 먹었던 배 위의 식당과 왕궁의 벽

金강산도 식후경이라고 했던가. 점심공양을 하기 위해 도달한 곳은 만달레이 왕궁을 둘러싼 해자 위에 떠 있는 배 안의 식당이었다. 식당에서 바라보는 해자는 마치 호수처럼 느껴졌고, 해자로 인해 왕궁은 건널 수 없는 과거의 세상 같았다.

그때까지 미얀마의 음식에 익숙하지 못해 누룽지나 먹고 있었는데, 마침 고수(한국에서는 빈대풀이라고도 하고, 중국에서는 샹차이香菜라고 함)가 나왔다. 주방에 큰 그릇을 부탁해서 거기에 고수를 손으로 잘라넣은 후 미얀마의 요리를 적당히 담은 후 비구니스님들이 준비한 양념장을 넣었더니 색다른 요리가 되었다. 다들 한입씩 먹고는 모두 따라하는 바람에 그날 식당에서 종일 쓸 고수를 바닥내고 말았다.

대리석 장경을 모신
쿠도도 사원의 중심 탑
- 쉐지곤 탑과 비슷하다

점심을 끝낸 우리는 쿠도도 파야(Kudhodaw Paya)로 향했다. 이 사원은 민돈왕이 25년의 불사 끝에 1857년에 완공했다. 중앙에는 바간 쉐지곤 파고다를 모델로 한 큰 탑이 있고, 사방으로 같은 모양의 작은 탑들이 한없이 펼쳐진다. 이 작은 탑들의 안에는 대리석이 서 있는데, 그 대리석에는 미얀마의 삼장(三藏 부처님의 말씀인 경, 지켜야 할 율, 연구논문 격인 론)이 새겨져 있다. 대리석의 장경

참배 직전에 내린 비에
목욕을 하고 서 있는 작은 탑들
- 729기가 도열해 있다

수는 무려 729기나 된다. 이것이 바로 세계에서 유일한 석장경(石藏經)이다.

1871년 4월 15일에 민돈왕은 만달레이에서 제5차 경전결집을 시작했다. 세계 여러 국가에서 모인 2,400여 고승들은 6개월에 걸쳐 삼장을 암송하여 결집을 마쳤으며, 이 내용을 대리석에 새기기 시작했다. 대리석 장경이 완성되기까지는 그로부터 7년 5개월이 걸렸다고 한다.

보호용 쇠창살로 막아 놓은 대리석 장경   다행스럽게도 쇠창살이 없는 곳이 있어서
- 답답한 느낌을 지울 수 없었다   대리석 장경의 모습을 그대로 담을 수 있었다

　지금은 큰절과 떨어져 있지만 예전엔 해인사 선원이 팔만대장경을 봉안한 장경각과 이웃해 있었다. 특히 퇴설당(堆雪堂)에서 계단을 올라 쪽문을 열면 바로 장경각 마당이 나오는데, 깊은 밤 이슬에 젖은 잔디를 밟으며 뜰을 거닐거나 장경각을 돌면서 화두를 챙기는 맛이 일품이었다.

　투도도 파야의 하얀 탑 사이로 거닐며 대리석 장경을 친견하는 것은 참으로 환희로운 일이었다. 보호용 쇠창살이 있는 것이 아쉬웠는데, 다행스럽게도 쇠창살이 없는 곳이 있어서 온전한 모습을 담을 수 있었다. 하지만 자꾸만 글자가 지워진 하얀 대리석만의 경전이 눈앞에 나타나는 것은 어인 까닭일까? 서유기에서도 처음 부처님으로부터 받은 경전이 백지였다. 그것이 경전의 본래면목일 것이다. 빽빽이 글자로 채워진 대리석이 빈 대리석으로 보이는 것은 그 때문일 것이다.

만달레이 힐의 조감도 - 긴 계단을 이리 저리 꺾으며 올라야 한다

투도도 파야를 뒤로 하고 시가지를 한눈에 조망할 수 있는 만달레이 힐에 올랐다. 해발 236m의 작은 산이지만 막상 걸어서 오르려 하면 제법 시간도 걸리고 숨도 가빠진다. 하얀 사자상이 좌우를 지키는 입구에서부터 정상까지 회랑이 연결되어 있는데, 맨발로 954계단을 오르면 비로소 가슴이 탁 터지는 정상이다. 이곳은 특히 불연 깊은 곳으로 미얀마 사람들에게는 각인되어 있다. 그 옛날 석가모니부처님께서는 시자 아난다 존자와 함께 이곳 만달레이 힐에 오셔서 예언을 하셨다고 미얀마 특히 만달레이 사람들은 믿고 있다. 일종의 불연국토설(佛緣國土說-부처님과 특별한 인연이 있는 곳이라는 주장-우리나라의 경주도 여기에 속하며, 그래서 스라바스티성을 뜻하는 서라벌이라고 칭했다)인 셈이다.

❶ 입구에는 거대한 흰 사자상이 좌우에서 지키고 있다 ❷ 만달레이 힐에 오르는 계단은 회랑이 되어 있어서 비가 올 때도 쉽게 오를 수 있다 ❸ 노약자를 위해서 엘리베이터도 마련되어 있으나 돈을 내고 타야 한다 ❹ 유리로 장식되어 있는 사원은 미얀마가 아니라면 이슬람 사원이라고 착각할 수도 있을 것이다

정상에 올라 시가지를 바라보면 만달레이는 거대한 사원이다. 아득히 펼쳐진 시가지의 숲과 사원 및 왕궁과 공공건물들의 조화는 멋진 풍경화를 보는 느낌이다. 정상에는 유리장식으로 장엄한 쉐야토(Shwehathaw) 사원이 있어서 동서남북으로 불당이 있었는데, 20여 분 정좌하고 있었더니 그 느낌이 아주 좋았다.

만달레이 힐 정상에 있는 쉐야토 사원의 본존불 - 20분 정도 정좌했더니 그 기운이 좋았다

　사람들은 만달레이 힐에서 별로 볼 것이 없다고들 하지만, 번잡한 도시의 어지러운 건물들을 보는 것보다 별로 볼 것이 없다고 생각되는 하늘과 벌판이 참으로 볼만한 것이 아닐까?

툭 터진 만달레이를 내려다보면 그대로가 거대한 사원 같다

▲ 미얀마 사람들의
자랑인 만달레이
마하무니 황금불
사원의 금빛 지붕

❶ 황금대불 앞에서 기도하는 여자 신도
들 - 여인은 안쪽의 황금대불전으로 들
어갈 수 없다 ❷ 황금대불에 금박을 붙이
고 있는 스님들과 거사들 ❸ 1996년 9월
17일 난생 처음으로 부처님께 개금 공양
을 올렸다 ❹ 본당에서 약간 떨어져 있는
전각에는 관불을 할 수 있도록 해 두었다
❺ 종무소로 보이는 곳에서 거사들이 열
심히 경전을 읽고 있었다

　　　　만달레이 힐을 내려온 우리의 발걸음은 만달레이에서 가장 유명하면서
또한 신성시되는 마하무니 사원(Mahamuni Paya)으로 향했다. 시가지로부
터 서남쪽으로 2~3km 정도 떨어져 있는 이 사원에는 3.8m의 황동불상인 마
하무니(Mahamuni)가 모셔져 있다. 금빛 피라미드 모양의 지붕 아래에 불당
이 있고, 거기에 대불상이 모셔져 있다. 비구스님들이나 남자신도들만이 불
상이 모셔져 있는 안쪽으로 들어가 금박을 붙이는 의식을 할 수 있으며, 매일
새벽 4시 30분경에 물로 세안을 해드린다. 그 물은 특별한 영험이 있다고 하
여 신자들이 얻어가려고 장사진을 이룬다고 했다.
　　마당의 작은 전각에는 불자들이 관불(灌佛-불상에 물을 부어 목욕을 시켜 드리는 의식)
을 할 수 있게 해 두어서 신자들이 끊이지 않고 있었다. 마하무니 사원에서 인
상 깊었던 일은 종무를 보는 신자들끼리 경전을 공부하는 모습이었다.

티크목으로 된 1.2km의 만달레이 우뻬인다리가 호수를 가로지르고 있다

만달레이 순례의 마지막 장소는 우뻬인 다리(U Pein Bridge)였다. 아마라푸라의 명소인 타웅타만호수(Taung Thaman Lake) 위로 높이 3m, 폭 2m, 총 길이 1,209m의 티크나무 다리가 우뻬인이다. 이는 스님들이 호수 건너편으로 탁발을 할 수 있도록 하기 위해 우뻬인이라는 사람이 쓰러져 가는 궁전에서 티크 나무를 가져와 다리를 세웠기에 그의 이름을 붙였다고 한다.

200년이나 되는 나무다리 위에서, 나는 이 언덕도 잊고 저 언덕도 잊은 채로 서 있었다. 그리고 물이 다리가 되고 다리가 물이 되는 그때쯤 만달레이에 작별을 고해야 했다.

이 다리 위에서 이 언덕도 잊고 저 언덕도 잊은 채로 물이 다리가 되고 다리가 물이 되는 것을 보았다

헤호 공항을 거쳐 인레 호수에 이르다 45

헤호 공항으로 가는 비행기 안에서 찍은 산마을 - 해발 1,400m 정도

비행기에 탑승할 준비를 하라는 안내방송에 나는 1996년으로부터 2012년 현재로 돌아왔다. 서둘러 버스를 타고 비행기에 올랐고, 비행기는 헤호(Heho) 공항을 향해 힘차게 이륙했다.

잠시 후 창밖으로 보이는 풍경이 달라지기 시작했다. 만달레이까지는 거의 평원 위로 날아왔는데 헤호로 향하는 비행기는 산악지대 위로 날고 있는 것이다. 그도 그럴 것이 헤호가 속해 있는 샨주(Shan state)는 해발고도가 1,000~1,500m의 고지대이기 때문이다. 산자락에 기대어 있는 마을이 정겨워 내려다보는 사이사이 몇 번인가 비행기가 심하게 흔들렸다. 아마도 바람 때문인 듯했다.

마치 시골 학교 같은 헤호 공항의 분위기 - 실을 짐들이 보인다

09시 35분, 비행기는 무사히 헤호 공항 활주로에 안착했다. 조금 전까지 안개 때문에 착륙할 수 없었던 공항이라고는 믿기 어려울 만큼 맑은 하늘 아래 아주 조신한 모습으로 우리를 맞아 주었다.

활주로를 걸어 청사로 들어가는데, 곧 탑승할 사람들의 가방을 실은 차량들이 이삿짐처럼 기다리고 있었다. 활주로에는 프로펠러 방식의 비행기 한 대가 졸고 있고, 담이나 철조망이 없는 활주로는 그저 좀 넓은 운동장 같은 느낌이다. 우거진 풀과 그 너머의 산자락들이 친구처럼 옹기종기 얘기를 나누는 듯 정겹기까지 하다.

공항에 대기하고 있는
프로펠러 비행기가
정겹다

스님들에게 공양 올릴 물건들을 보시 받고 있는 모습이 대합실 바로 앞에 펼쳐져 있다

가방을 찾아서 청사를 나서니 바로 앞에 이상한 진열대가 버티고 서 있었다. 얼핏 보면 만물상이나 잡화상처럼 보이는 진열대의 정체는 물건을 보시 받는 곳이었다. 신행단체에서 자발적으로 하는 것으로 사찰에서 필요한 것이라면 무엇이든지 가능한 것이라 한다. 살펴보니 탁발 나갈 때 사용하는 일산을 비롯해서 빗자루까지 다양한 물건이 걸려 있었다. 일정한 때가 되면 모아서 사찰로 가져가서 드린다고 하니, 미얀마사람들의 신심을 다시 한번 느낄 수 있었다.

불과 한 시간 전에 안개 때문에 비행기가 착륙할 수 없었던 공항이라고 보기 어렵다

주차장 한편에는 음료수와 간단한
간식거리를 파는 곳들이 있다

마치 시골 장터와도 같은 분위기의
헤호 공항 주차장

공항청사를 나오니 바로 앞이 주차장이었다. 간단한 음료와 스낵을 팔
기도 하고, 또 재배한 농산물이나 과일을 팔기도 해서 마치 시골 장터 같은 분
위기가 사람들의 마음을 한결 느긋하게 만들어주는 곳이 바로 헤호였다. 헤
호는 샨주(Shan 州)의 주도(州都)인 타웅지(Taunggyi)에 있는 작은 마을이
다. 공항은 마을의 북쪽에 있는데, 주민들을 제외하고는 모두가 인레 호수에
가기 위한 사람들이 이용하는 곳이다. 해발 1,300m의 고지대에 위치하고 있
어서 일 년 내내 서늘한 기후이다.

흰 소 두 마리가 끄는 수레가 버스를
통과시키려 길 옆으로 비켜 있다

인레 호수로 가는 길은
옛날 지리산 아래
읍내 장에 가던 길 같았다

잘 익은 벼를 베고 있는 부모님들을 뒤로하고
아이들은 제 할 일을 찾아 부지런히 가고 있다

한 떼의 소들을
어린 꼬마 혼자서 몰고 가는 것이
꼭 내 어린 시절 같았다

10시 5분, 우리는 40km 떨어진 인레 호수를 향해 출발했다. 길가의 풍경은 아주 오래전 우리네 산골을 달리는 딱 그런 분위기였다. 가끔씩 만나는 소가 끄는 수레하며, 벼를 베는 농부들과 소떼를 돌보는 아이들 모습에서 자연스럽게 어린 시절의 나를 떠올렸다.

▲ 헤호와 인레 호수가 있는 샨주는
중국, 태국, 라오스와 접해 있다
▶ 헤호 공항에서 인레 호수로 들어가는
두 길 중에서 서쪽 길이 우리가 달린 길이다

우리가 달리고 있는 샨주는 중국의 윈난성(雲南省)과 라오스 북서부와 타이
북부에 인접하고 있다. 주민의 대부분은 타이계(系)의 샨족(族)으로 고원을
흘러내리는 하천 연변의 저지대에 거주하면서 쌀농사를 짓는다. 이 밖에 카
친족(族)·까렌족·버마족·중국인 등이 거주한다. 샨주는 벼농사 외에 과수
와 마약원료인 양귀비 산지로도 유명하다. 최근에는 독일인이 포도밭을 일궈
와인을 생산하기 시작한 곳도 이곳으로, 포도농장은 타웅지(Taunggyi) 인근
아이타야(Aythaya)라는 조그마한 마을 어귀에 위치하고 있다고 한다. 고도
는 1,300미터 정도로 아시아에서 가장 높은 지역에 위치한 포도농장인 셈이
다. 바간에서 저녁공양 때 대중들의 피로를 풀어주기 위해 와인을 살피던 중
에, 미얀마 생산의 와인이 있는 것을 보고 궁금해서 알아보다가 우연히 알게
된 내용이다.

버스에서 내려 가방을 끌고
호텔 본관으로 향하는 중에 악기 소리가 들렸다

기우뚱거리고 덜컹거리며 달리기를 한 시간여, 11시 5분경에 우리는 드디어 헤호의 남쪽에 있는 인레 호수(Inle lake)에 도착했다. 대개의 경우는 인레 호수 북단의 동쪽에 위치한 냥쉐(Nyaung Shwe)로 가지만, 우리는 호수의 건너편 서쪽에 있는 까웅다잉(Kaungdine)으로 들어섰다. 버스에서 내려 호텔로 향하는데 갑작스레 징소리 북소리가 요란하게 났다. 호텔 직원들이 우리를 환영하느라고 입구에서 잠깐 공연을 하는 소리였다. 약식 공연장 옆에는 갖가지 꽃들이 어서 오라는 듯 바람에 춤을 추고 있었다.

❶나무에 붙어 있던 양란도 바람에 흔들리며 우리를 반겨 주었다 ❷고운 빛의 이 양란은 수줍어하면서도 활짝 웃어 주었다 ❸친숙하게 느껴지는 주황색 코스모스로 인해 먼 타지에 와 있다는 생각을 잠시 잊었다

일산 모양으로 만든 정자에서
차라도 한잔 나누면 참 정겨울 듯

악기 소리는
호텔 종업원들이
손님을 환영하는
뜻으로 하는
조촐한 공연이었다

HU PIN HOTEL

외형만 보면 마치 잘 지어 놓은 남방의 사원 같은 휴 삔 호텔의 본관과 식당

우리가 묵게 된 곳은 '휴 삔 까웅다잉 호텔(Hu Pin Kaungdine Hotel)'
이다. 외관이 웬만한 사원보다 좋아서 덜컹거렸던 길 위의 피로감이 싹 가셨
다. 입구에 아기자기한 연못을 두고 그 위로 나무다리를 만들어 본채로 들어
가는 것도, 마치 세심교(洗心橋)를 건너 사원으로 건너가는 그런 분위기다.

휴 삔 호텔 본관으로 건너가는 나무로 만든 다리   해우소에 가다가 본 후원의 별채들도 정갈한 모습이었다

휴 삔 호텔 본관 앞에 있는 오밀조밀한 연못

지배인으로 보이는 이의 환영인사를 받고 체크인을 하러 들어갔더니 분위기가 예사롭지 않았다. 아주 오래된 범선(帆船)에 탄 그런 느낌이다. 대중들도 전혀 색다른 분위기에 감탄이 연발이다. 얼핏 보이는 후원도 예사롭지 않게 잘 짜인 분위기여서 주인의 고상한 취향을 짐작케 한다.

❶휴 삔 호텔의 지배인으로 보이는 이가 회랑 쪽에 기다리고 있다가 환영의 미소를 보냈다
❷휴 삔 호텔의 본관 로비에 들어가자 마치 엄청나게 큰 범선에 탄 느낌이 들었다
❸미얀마를 다니는 동안 아주 익숙해진 환영의 꽃이 호텔 입구에 이쁜 모습으로 나와 있다

제 45화 헤호 공항을 거쳐 인레 호수에 이르다   393

완전히 나무로만 만든 해우소는
마치 편안한 서재와도 같은 분위기였다

빛과 통풍이 조화로운 해우소는 한순간
여행의 피로를 풀어버리는 미력이 있었다

어느 곳이건 그곳의 후원이나 해우소 (화장실)를 보면 전체적인 분위기를 쉽게 알 수 있다. 그런 점에서 후 삔 호텔은 분위기를 살리는 데 아주 성공적이었다. 해우소(解憂所)는 퍼질러 앉아 놀이라도 하고 싶을 정도로 정갈하고 편안했다. 지붕 아래로부터 퍼지는 햇빛이 나무로 만들어진 실내의 이곳저곳을 어루만지고 있어서, 좋은 시집이라도 펼쳐 놓고 읽고 싶은 그런 분위기였다.

물 위에 여장을 풀다 46

방 배정을 받고 본관을 나와 이 다리를 건널 때 전혀 다른 세상으로 넘어가는 듯했다.

11시 12분 체크인이 끝났다. 우리가 신세질 방은 호수 위에 떠 있는 방갈로(bungalow)다. 본관을 나와 반월교식(半月橋式-다리 중간을 높여 휘게 만든 다리) 나무다리를 건너려니 들어갈 때와는 분위기가 완전히 다르다. 넓은 정원 너머로 펼쳐지는 인레호수를 보며 다리에 오르니 우리는 전혀 다른 세상으로 건너가는 느낌이다. 손님들에게 저 언덕으로 건너간다는 파라미타(波羅蜜多)를 체험시키려 한 것일까?

❶잘 가꾸어 놓은 정원을 지나며 노고를 아끼지 않은 이들에게 감사의 마음이 들었다 ❷이름을 모르는 열대성 과일 등이 정원을 풍부하게 만들고 있었다 ❸바간에서 봤던 금빛 대나무와 다른 품종으로 정원사가 솜사탕 모양으로 만들어 놓았다 ❹경사진 길을 조금 내려가자 호수가 모습을 드러내며 눈을 시원하게 했다

숙소로 가는 길은 꽤 멀었다. 잘 가꾸어진 정원을 지나는 길에는 열대과실도 보이고 황금대나무도 보였다. 금빛을 띤 황금대나무는 몸통의 줄이 바간의 식당에서 봤던 것과는 다른 것이었는데, 정원사가 솜씨를 부려서 솜사탕처럼 만들어 놓았다. 경사로를 따라 약간 내려가니 눈앞에 호수가 펼쳐지면서 가슴이 툭 터졌다. 그리고 5m쯤 더 내딛자 기러기 날개처럼 방갈로가 좌우로 펼쳐져 있다.

❺이리 구불 저리 구불 꺾여진 계단을 대중들이 내려가고 있다 ❻땅과 물의 경계에 나무로 다리를 만들어 통로로 삼고 거기 방갈로가 매달려 있었다 ❼내가 묵은 21호 방갈로는 거의 가운데쯤 위치하고 있어서 좌우 날개를 가진 셈이었다 ❽두 사람이 쓸 수 있는 방갈로는 이웃한 다른 방갈로들과 어깨동무를 하고 있다 ❾방에서 바라본 세면대, 왼쪽에 화장실이 있고 오른쪽에 욕실이 있다 ❿영화에서 봤던 하얀 모기장을 면사포처럼 쓰고 있는 두 개의 침대가 있는 방

이리 구불 저리 구불 계단을 꺾어 내려가니 땅과 물의 경계선 상에 나무로 통로를 만들고, 그 통로에는 가지에 과실이 매달리듯 방갈로가 한 채씩 매달려 있다. 나무문을 열고 들어가니, 화장실, 세면대, 욕실이 따로 분리되어 있고, 침실에는 영화에서나 보던 하얀 모기장이 침대를 보호하고 있었다. 뿐만 아니라 문을 열고 베란다로 나가면 찰랑이는 물결이 속삭이고 있질 않는가. 이 방을 사용하는 사람이 자신이 영화의 주인공이 된 환상에 빠지기에 충분했다.

문을 열고 베란다로 나가면 차를 마실 수 있는 테이블이 마련되어 있고, 호수가 넓은 품을 내어준다

베란다에 서니 드넓은 인레호수가 품을 내어 준다. 내 방이 가운데쯤 위치하고 있어서인지 왼쪽과 오른쪽의 방갈로가 좌청룡 우백호처럼 벌렸고, 호수 너머 산들이 안산(案山-사찰이나 주택 등의 앞쪽에 있는 작은 산)이 되어 있다. 내가 있는 곳이 바로 본당(本堂)의 자리이니, 내가 바로 주인공(主人公)이 된다. 하긴 누구라도 당당한 사람이라면 자신이 있는 곳이 곧 본당(本堂)이 되고, 흔들리지 않으면 스스로가 곧 주인공(主人公)이 되지 않겠는가.

내가 묵은 방의 베란다에서 본 왼쪽 날개의 방갈로들
- 좌청룡 역할

방갈로 베란다에서 오른쪽 날개를 본 것
- 우백호 역할

방갈로 아래를 무심히 보니 흰나비들이 날고 있었다

문득 시선이 방갈로 아래쪽에 멈췄다. 웬 나비들이 저리도 많고? 궁금하여 망원렌즈로 당겨 보니 그건 어리연꽃이었다. 우리나라에서는 7~8월에 흰색으로 피는 연꽃으로, 가운데는 노란색이며 다섯 개의 꽃부리는 하얀 털로 덮여 있다. 아주 귀한 편에 속하므로 실물을 본 사람도 그리 많지 않을 정도인데, 지금 이 머나먼 곳 호수 위에서 가득 핀 어리연꽃 위에 잠자리를 마련한 셈이다.

아아, 오늘 밤에는 대중들이 저 어리연꽃을 베고는 연화장세계에 노닐 수 있겠구나.

망원렌즈로 당겨 보니 나비라고 착각한 것은
어리연꽃 무리가 피어 있는 것이었다

우리나라에서는 7~8월에 피는 어리연꽃으로
실물을 본 사람이 흔치 않다

휴 삔 호텔의 방갈로 중심에 있는 선착장의 분위기

가방만 두고 바로 나오라던 가이드의 말이 생각나 서둘러 선착장으로 갔다. 방갈로의 중간쯤에 위치한 선착장에는 좁고 긴 카누처럼 생긴 배들이 손님을 태울 준비를 마치고 기다리고 있었다. 좌우의 방갈로 바로 밖에 울타리가 만들어져 있었고, 그 가운데에 일주문처럼 출입문이 있었다. 선착장은 호텔의 앞마당인 셈이었다. 왼쪽 방갈로 날개 앞에는 연꽃 밭이 있었는데, 망원으로 당겨 보니 꽃이 진 연밥들이 솟아 있는 사이사이로 피지 않은 연봉들도 많이 보였다. 우리나라처럼 일시에 피고 지는 형태가 아닌 모양이다.

❶뱃사공을 제외하고 5명 정도 탈 수 있는 카누 비슷한 유람선이 선창작에 대기하고 있다
❷호텔의 앞마당이라는 표시라도 하고 싶었던지 울타리를 만들고 출입문을 세웠다
❸왼쪽 날개인 방갈로 앞에는 연꽃 밭이 만들어져 있었다

❹ 대중들이 다 모여서 시끌벅적 자외선 차단제를 바른다고 법썩을 떨고 있다 ❺ 뒤뚱거리며 배에 올라 드디어 출발이다 - 스님들까지도 아기처럼 좋아한다 ❻ 마치 일주문을 나서 세간으로 나가듯 우리는 이 문을 지나 망망한 호수로 나선다

대중들도 곧 모여들어 자외선차단크림을 바른다고 부산을 떨었다. 아마도 물 위를 다닌다는 것이 어떤 것인지를 잘 알고 있는 듯했다. 십수 년 전 동남아 여행을 할 때 물 위에서 하루를 지낸 일이 있었다. 그때 가이드의 말을 흘려듣고 팔과 다리에 자외선 차단제를 바르지 않았다가 화상을 입고 몇 달을 고생한 경험이 있다. 그래서 가능하면 신체노출을 피하라고 대중들에게 충고를 해 주었다.

11시 40분, 드디어 미지의 세계로 향해 물 위에 몸을 맡겼다. 좁고 기다란 배 위에 뒤뚱거리며 대여섯 명씩 나눠 타자 꽁지의 모터가 굉음을 내기 시작했다. 그리고는 수정 구슬들을 튕겨 올리며 배가 앞으로 내닫기 시작했다. 울타리 사이의 문을 나서자 곧바로 눈앞에 망망한 호수가 펼쳐졌다.

망원렌즈로 당겨 보니
연밥이 가득한 사이로 연봉들이 보였다

인레 호수는 미얀마에서 가장 큰 호수로 남북의 길이가 22km이고 동서의 폭이 11km나 된다. 샨주 자체가 고원지대인 만큼 호수도 해발 875m 쯤에 위치하며, 그런 만큼 연중 내내 시원한 편이란다. 인레 호수는 우리나라에도 이미 많이 소개되었는데, 인타족 8만여 명이 한평생을 물 위에서 생활하는 것으로 유명하다. 호수 위에 흩어져 있는 여러 마을에 100~150 가구씩 모여 사는 이들은 고기잡이나 농사, 직물, 세공업 등으로 생계를 유지한다.

오늘 우리는 한나절에 걸쳐 사찰참배와 더불어 인타족의 생활상을 둘러볼 예정이다.

미얀마에서 가장 큰 호수 중의 하나이면서 가장 높은 곳에 있는 인레 호수

금방이라도 배가 가라앉을 정도로 짐을 잔뜩 싣고 있는 광경을 보다

계속해서 수초를 끌어모아 배 위에 올리고 있다
- 밭에 사용할 모양이다

인레 호수의 물 위로는 부레옥잠 같은 수초들이
떠다니고 있다 - 이런 것들을 모았나 보다

호수 위를 미끄러지듯 달리는 우리 앞에 묘한 광경이 나타났다. 금방이라
도 가라앉을 정도로 짐을 잔뜩 실은 배가 나타난 것이다. 가만히 보니 계속해서
장대로 뭔가를 건져 올리는 것이 아닌가. 짐이라고 생각했던 것은 수초를 건져
올려 쌓은 것이었다. 아마도 수상의 논밭을 만드는 데 필요로 하는 모양이었다.

❶ 이미 호수의 순례를 마친 듯 낭쉐로 돌아가고 있는 유람객들
❷ 돌아보니 주황색 일산 위로 수정 포말이 튀어 오르고, 하늘엔 흰 구름이 놀고 있었다
❸ 제법 큰 마을이 나타났고, 그 마을의 중심에는 사원이 우뚝한 탑들과 더불어 서 있었다
❹ 다음으로 만난 것은 밭에서 일하는 농부들이었다 - 얼핏 보면 밭에 서 있는 것처럼 보이지만 배 위에 있다

좀 더 나아가자 멀리 진분홍 일산을 쓴 관광객을 실은 배가 낭쉐로 되돌아 가는 모습도 보였다. 아마도 오전에 호수 위 마을을 돌아본 사람들인 모양이다.

문득 궁금하여 뒤를 돌아보았더니 주황색 일산 위로 하얀 보석 같은 포말(泡沫)이 튀어 오르고, 파란 하늘엔 흰 구름만 두둥실 놀고 있었다.

출발한 지 15분쯤이 지나자 오른쪽으로 제법 큰 마을이 보이고, 그 가운데 사찰의 높은 지붕과 탑들이 보였다. 그 마을을 지나니 이번에는 농사짓는 사람들이 나타났다. 얼핏 보면 밭 위에 서 있는 듯 했지만 사실은 물길 위의 작은 배 위에 서 있는 사람들이었다. 밭에는 긴 장대들이 무수히 꽂혀 있었는데, 그건 밭이 떠내려가지 못하게 고정시킨 것이다. 인레 호수의 밭은 대로 발을 엮어 물에 띄우고 그 위에 흙을 올려서 만든 형태이기에 물에 떠 있는 것이다. 그러므로 긴 장대를 바닥에 박아서 고정시켜야 제자리에 있게 된다.

드디어 운하처럼
밭과 밭 사이로 뚫린
수로에 진입한다

12시 15분, 이윽고 우리는 농경지 사이의 운하 같은 물길로 들어섰다. 물길의 양쪽에는 부레옥잠이 둔덕을 이룬 채로 연보라 꽃을 자랑하고 있었다. 밭가에는 토란 줄기처럼 생긴 것을 잔뜩 실은 배 위에서 소년이 건너다보았다. 곧 마을이 보였는데, 호수 바닥에 나무를 세우고 그 위에 집을 지었다. 배가 필수품인 만큼 집집마다 배가 몇 채씩 있는데, 집과 호수 사이가 바로 배 정박장인 셈이었다. 가정집들은 단층 또는 이층구조가 대부분이었다.

배가 여러 척 동시에 비껴 다닐 수 있는 큰 물길 곁에는 배가 정박할 수 있는 자리를 만들어 놓은 상점이나 카페도 보였고, 제법 근사하게 꾸민 모텔도 보였다.

▲ 수로변에 가득히 둔덕처럼 있는
부레옥잠이 한창 꽃을 피우고 있다

▲ 밭가에는 토란 줄기 같은 수확물을 실은 배 위에서
소년이 우리를 건너다보았다

▼ 음료 등을 파는 상점 앞에는 배를 대고
오를 수 있는 계단을 만들어 두었다

▲ 수심이 얕은 곳에 기둥을 박고
그 위에 집을 짓는 것이
인레 호수의 건축방식이다

카페로 보이는 건물이 큰 물길 가에서 손님들이
오기를 기다리고 있다 - 왼쪽은 모텔 같다

한참을 구불대며 물길을 꺾은 뒤
주황색 지붕의 사원 앞을 통과했다

엔진을 끄고 조용히 배를 디밀고 있는
식당의 이름은 '르 몽드'이다

뒤따라온 배가 미끄러지듯이
식당의 앞마당으로 들어서고 있다

세 번째 네 번째 배들도 속속 당도한다
- 뒤로 사원의 모습이 보인다

　　한참을 이리 구불 저리 구불 물길을 꺾던 배가 주황색 지붕의 사원을 지
나더니 곧 엔진을 껐다. 사공은 대로 바닥을 짚으며 조용히 배를 전진시켰다.
곧 식당의 계단에 배가 닿고, 종업원들이 우리를 부축해 주었다. 우리가 점심
을 신세질 식당은 '르 몽드(Le Monde, Lemonde)'였다.

2층으로 된 식당 '르 몽드'는
동시에 100명도 넘는 손님을 받을 만큼 넓다

식당 벽에 붙여 놓은 아웅산 장군과 딸 수치
여사의 사진이 미얀마의 변화를 보여 준다

식당의 2층에서 내려다보며 찍은
우리 대중들의 식사 모습

식당 뒤편에 따로 다리를 지나 마련된 해우소
- 뒤로 보이는 밭 때문에 육지로 착각했다

　2층으로 된 식당은 100여 명을 동시에 수용할 수 있을 정도로 컸다. 벽
에는 아웅산(Aung San, 1915~1947) 장군과 그의 딸 아웅산 수치(Aung San
Suu Kyi)의 사진이 나란히 걸려 있어서, 미얀마 변화의 바람을 호수 위에서
도 읽을 수 있었다. 음식은 정갈하여 먹을 만했다. 이층으로 올라가니 가운데
가 통해 있어서 아래의 대중들이 그대로 내려다보였다. 사방으로 터진 이층
에서 혼자 놀다가 내려와 해우소를 찾았더니 뒤쪽에 별채처럼 있었다. 그 뒤
로 아득히 펼쳐지는 밭으로 인해 잠시 육지에 있는 듯 착각이 들었다.

우리에게 점심을 대접한 인타족 아가씨들과 혜욱 스님이 활짝 웃고 있다

순박해 보이는 인타족의 아가씨들은 예쁘기까지 했다. 수많은 손님이 오가는 식당에 종사하면서도 그녀들은 자신들의 빛나는 자산인 순박함을 잘 간수하고 있었다. 마침 혜욱 스님이 그녀들과 기념촬영을 하고 싶다기에 카메라를 들고는 영어로 '너무 예쁘다'고 했더니 모두들 즐겁게 웃었다.

아름다운 사람들 때문에 자꾸 돌아보게 되는 르 몽드 식당

13시 12분, 아름다운 사람들 때문에 자꾸 돌아보게 되는 '르 몽드'를 떠난다. 다시 뒤뚱거리며 그렇게 좁은 수로를 내닫는데, 바로 옆으로 진주 구슬을 흩뿌리며 아이들을 태운 배가 추월해 간다. 아마도 학교를 다녀오는 길이거나 아니면 일을 보러 나가는가 보다. 내닫는 배 위에서 아이들은 그저 일상사라는 듯 태평스런 표정들이다.

❶ 갑자기 진주 구슬을 흩뿌리며 쏜살같이 내닫는 아이들을 태운 보트
❷ 보트 위의 삶이 너무나 익숙해 보이는 아이들의 모습

❶❷

❶ 물 위의 논밭인 '쭌묘'에서
경작물을 채취하여
돌아가는 모녀

❷ 고기잡이 배도 사라져 버린
망망대해 같은 곳에 이르자
앞에 사원이 나타났다

❸ 사원 오른쪽으로
전철 역사 같은 건물 안에
금시조 배가 있다

10여 분을 '쭌묘'라고 일컫는 물 위 논밭을 스치며 내닫던 배가 광화문 통 같은 넓은 물길로 나가더니 이윽고 거칠 것 없는 망망대해 같은 곳에 이르렀다. 고기 잡는 배 등이 한 척도 보이지 않는 것은 바로 이곳이 부처님이 계시는 곳이기 때문이다. 그것을 증명하듯 앞쪽으로 아득하게 육지에서나 가능할 것 같은 장엄한 사원이 나타났다. 그 사원의 오른쪽으로 역사(驛舍)와도 같은 건물이 있고, 그 안에 금시조(金翅鳥)가 탑을 싣고 있는 '까라웍'이라는 금빛 배가 보였다. 그 배 앞을 지나 왼쪽으로 꺾어 황금 탑이 있는 왕궁 같은 사원 앞에 보트가 닿았다. 바로 인레 호수의 상징과도 같은 파웅도우 파야 (Phaung Daw U Paya)이다.

   파웅도우는 인레 호수에 인공의 섬을 만들고 건립한 사원이다. 역사는 약 40여 년밖에 되지 않지만, 인레 사람들은 말할 것도 없고 미얀마 국민들이 꼭 참배하길 원하는 성소가 된 데는 특별한 사연이 있다.

   바간 왕조의 제4대 왕인 알라웅시투(Alaungsithu, 1113~1160)는 전쟁 중 말레이 반도에서 5cm 정도 크기의 아주 작은 불상 다섯 구를 모시게 되었는데, 이 불상을 1120년 인레 호수의 한 사찰에 봉안했다. 세 구의 불상과 두 구의 아라한 상으로 구성된 성상(聖像)을 모시게 된 인레 호수 사람들은 그때부터 매년 10월 축제를 열었다. 금시조에 금탑을 안치한 황금의 배를 만들어 그 안에 다섯 구의 성상을 모시고 마을마다 돌며 축복을 내리는 의식을 행한 것이다. 이 의식에는 왕과 대신들까지 참석했기에 곧 국가적인 축제가 되었으며, 그로부터 수백 년 동안 계속되었다.

파웅다우 축제에서 인레 호수에서만 볼 수 있는 외발로 노 젓는 모습을 단체로 보여준다

1965년 사람들을 비탄에 빠뜨리는 사건이 일어났다. 축제기간 중에 가장 깊은 곳을 지나던 배가 전복되면서 성상들이 사라진 것이었다. 사람들은 자신들의 잘못을 쉼 없이 참회하면서 성상이 나타나길 기도했다. 수년이 지난 어느 날 호수의 중심부 땅이 솟은 곳에 성상 네 구가 모습을 드러내었고, 한 구는 미역에 감긴 채로 본래 모셔져 있던 곳에 그 모습을 드러내었다. 이 소식은 삽시간에 미얀마 전역에 퍼졌으며, 신심이 충만해진 불자들은 불상을 모실 새로운 사찰 건립을 위한 기금을 마련하였다. 그 보시로 네 구의 불상이 모습을 드러낸 곳에 인공의 섬을 만들고, 그곳에 사원을 건립하니 바로 파웅도우 파야이다.

　이윽고 다시 이어진 축제는 외발로 배젓기 등의 다양한 문화행사까지 함께 하는 대규모의 축제가 되었다. 현재는 그것을 일컬어 파웅도우 축제라고 한다.

옛 왕궁의 모습에 사원임을 나타내는 팔각 금탑이 솟아 있는 파웅도우 파야

파웅도우 파야는 동서남북 네 곳에 출입문이 있다. 문은 금으로 멋을 낸 다층탑형으로 회랑을 통해 중앙의 법당으로 이르게 된다. 불당은 금으로 장식한 삼 단의 붉은 지붕으로 건축되어 미얀마의 옛 왕궁 모습을 떠올리게 하는데, 그 중앙에 팔각의 황금 탑을 세워 부처님의 정토인 사원임을 밝혔다.

우리가 탄 배는 북쪽 문 앞에 섰다. 배에서 내리자마자 신을 벗고 회랑으로 들어섰다. 그 회랑이 끝나는 곳에서 계단을 오르니 본당이다. 본당의 중심은 밖에서 본 팔각 금탑의 바로 아래인데, 다시 황금의 다층 지붕을 닫집처럼 설치

❶ 북문을 지나 회랑을 통과한 대중들이 계단을 통해 본당으로 들어가고 있다
❷ 본당 중앙에는 금탑 아래에 닫집 같은 지붕을 마련하고 그 아래 불상을 모셨다

❶❷

◀가장 영험한 불상으로 알려져 있는
다섯 구의 성상에 개금하는 불자들

▼ 5cm였던 불상이
30cm 정도로 커지면서
본래 모습이 사라진
파웅다우의 주존들

하고 그 아래에 유명한 다섯 불상을 안치했다. 그 불상을 친견하는 순간 뽀빠
산에서 만난 눈사람 비슷한 조형물에 대한 의심이 풀렸다. 불상의 특징은 아
예 찾을 길이 없고, 그저 금으로 만든 눈사람 같았다. 호수에 빠졌다가 다시
나타난 이후 사람들은 영험 있는 부처님이라고 하여 개금을 하기 시작했고,
그것이 수십 년 이어지다 보니 30cm 정도 크기의 현재 모습이 된 것이라고 한
다. 하긴 개금을 한 사람의 소원 한 가지는 반드시 이루어진다고 하니, 누군들
개금을 하지 않겠는가.

▲ 대중들을 대신하여
다섯 구의 성상에 금을 공양 올렸다
- 비구스님과 남자들만 할 수 있다

▶ 모두가 감동에 젖어
기념촬영을 하자고 하니
그 뜻을 따를 수 밖에 없다

향과 차를 공양 올리고 예불과 기도를 한 후 축원까지 마치니, 대중들의 얼굴이 금보다 더 빛났다. 대중을 대표하여 내가 다섯 성상에 금을 공양 올렸다. 대중들은 고 팀장으로부터 파웅도우 연기(緣起-건립 내력)를 듣느라고 삼매에 들었다. 설명이 다 끝나자 기념촬영을 하잔다. 결국 대중들의 소원대로 다섯 성상을 뒤에 모시고 단체 사진을 찍었다.

❶ 향과 차를 공양 올리고 예불 및 기도를 한 뒤 축원을 했다 ❷ 대중들의 탐구열이 뜨거워 어느덧 삼매의 경지에 이른다 ❸ 고 팀장이 파웅도우 파야의 연기에 대해 자세히 설명하고 있다

밖에서 보면 붉은색 삼층 지붕이 안에서 보면 금빛 천장이다

눈을 들어보니 본당의 천장은 금빛 문양으로 뒤덮여 장엄하기 그지없었다. 원형에 가깝게 조성된 벽에는 이곳에 주석했던 고승들의 진영(眞影-사진)이 모셔졌고, 파웅도우와 연관된 벽화도 보였다. 그런데 어디서 본 듯한 낯익은 벽화들이 보였다. 가만 살펴보니 부처님의 생애에 관한 벽화였다. 모두 스물여덟 장면으로 구성된 부처님의 생애 벽화는 내게 참으로 소중한 자료였다. 우리나라에서는 팔상도(八相圖-부처님의 생애를 여덟 장면으로 나누어 설명하는 그림) 외에는 다른 자료가 거의 없기 때문이다. 아주 천천히 벽화를 사진기에 담고는 대중들을 찾으니 이미 빠져 나가고 없었다. 본당에서 계단 아래의 회랑을 살피는데, 오래전 영구암을 떠나던 그때가 문득 떠올랐다.

▼본당에서 계단 아래 회랑을 볼 때
문득 영구암을 떠나던 장면이 떠올랐다

▲벽의 아래에는 파웅도우와 인연 있는 고승들의 진영을,
위에는 부처님의 생애를 모셨다

사라쌍수 아래에서 열반에 드시자 꽃비가 내려 천지를 뒤덮었다

수자타가 시녀를 대동하고 죽공양을 올리고 있는 장면

강을 건너 부다가야의 보리수 아래에 이르시자 길상에게 풀을 얻어 앉으셨다

보리수 아래에서 정각을 이루신 후 상인들의 공양을 받고 최초 설법을 하셨다

카필라에 이르시자 야소다라비가 라후라를 데리고 와서 인사 올리다

탁발을 나가셨다가 미친 코끼리를 만나(왼쪽) 얌전하게 만드시다(오른쪽)

◀배에 올라 돌아보니 대중들의 머리 위로
햇빛이 눈부시게 쏟아지고 있었다

▼ 햇빛은 마치 부처님께서
머리의 광명을 놓아
중생의 무명을 밝혀주시는 듯했다

서둘러 뒤쫓아 가니 첫 번째 배는 스님들 전용이라고 대중들이 대기 상
태였다. 배에 올라 대중들을 보니, 머리 위로 햇빛이 쏟아지고 있다. 그것은
마치 부처님께서 몸은 감춘 채 두광(頭光 부처님의 머리 뒤에 환하게 빛을 발하는 것) 만
을 발하시어 대중들을 비춰 주는 듯했다. 하긴 먼 장도에 지칠 줄 모르고 예불
을 올리며 기도하는 그 신심을 부처님께서 왜 모르시랴! 문득 금강경의 한 구
절이 떠올랐다.

"… 여래가 부처의 지혜로서 이 사람을 다 알고 이 사람을 다 보나니 …"

호수의 삶-농사, 고기잡이, 길쌈 49

파웅도우 파야를 떠나 조금 달리자 초가가 나타났고, 그 카페의 분위기가 참 좋아 보였다

파웅도우 파야를 떠난 우리는 인레 호수 위의 삶을 돌아보기로 했다. 가는 길에 관광객으로 가득한 초가집 카페의 여유로운 모습도 흘깃 보았고, 억새가 우거진 둔덕도 흘려보냈다. 초가라도 우리나라처럼 볏짚이 아닌 억새나 갈대로 지붕을 이은 것이다.

관광객들이 단체로 들리는 곳은 거의 정해져 있는데, 관광객이나 순례자들이 많아지면서 자연스럽게 만들어진 코스라고 할 수 있다. 그러므로 보여주기 위한 모습이 없는 것은 아니로되, 실제 주민들 삶의 터전을 보여주는 것이니만큼 거짓은 아니다.

물가에 억새 덤불이 많아서
산자락을 거니는 듯
착각이 일어난다

쭌묘 위에는 주로 토마토나 고추 등을 재배하는데,
그 맛이 뛰어나다

물 아래에 잠겨 있는 수초더미
- 쭌묘에는 물 아래의 수초를 거름으로 사용한다

인레 호수에서의 삶은 앞에서 이미 언급한 물 위의 논밭 '쭌묘'에서의 농경이다. 토마토 등의 야채 경작은 이미 잘 알려져 있는 농작물이다. 자신들의 식생활을 유지하기 위한 필수적인 작업이기도 하지만, 시장에 내다 팔고 다른 것을 사는 수단이 되기도 한다. 수초로 만든 거름 등 자연적인 것만을 사용하기에 인레 호수에서 생산하는 농산물들은 점차 인기가 높아지고 있다.

어린 소년이 쭌묘에서 수확한 작물을 싣고 외발 배 젓기로 배를 움직이고 있다

인레 호수에서 흔히 만날 수 있는 물고기 잡는 통발을 들고 외발로 노를 젓는 광경

물 위에서 사는 이들에게 어업보다 더 중요한 일이 있겠는가. 아주 오랫동안의 삶의 터전이기에, 인레의 사람들은 호수 생태계를 아주 건강하게 잘 유지하였다. 그러므로 호수 전체가 아주 풍요로운 어장이나 다름없는 셈이다. 인레에서는 두 가지 방법으로만 고기를 잡는다. 우선 긴 장대로 물 위를 내리치면 물고기들이 수초 사이에 숨는다. 그러면 배 위에서 통발그물을 던져 넣거나 펼치는 그물을 던진다. 그리고는 그 통발 또는 그물 안에 삼지창을 마구 찌르면 물고기들이 떠오른다. 배 위의 어부는 이 물고기들을 주워 담으면 된다. 이 고기잡이에서 필요한 기술이 바로 한 발로 균형을 잡고 다른 한 발로는 노를 젓는 '외발 노 젓기' 기술이다. 인레에서는 꼬마가 이 방법으로 노를 젓는 것을 볼 수 있다.

긴 장대로 수면을 치면 물고기는 수초가 우거진 곳에 숨는데, 이때 통발이나 그물을 던진다

나무로만 지은 2층의 큰 가옥 아래에 배가 멈췄다

파웅도우를 떠난 지 20여 분에 우리는 이층의 목조 건물 아래에 내렸다. 먼저 온 관광객이 많은지 여러 채의 배가 정박해 있다. 길 따라 들어가 계단을 오르니 어릴 적에 보는 길쌈기구들을 다 모아 놓았다. 마치 내가 수십 년을 거슬러 고향집에 있는 듯했다. 인레의 여인들은 옛날의 우리 어머니들처럼 물레와 베틀을 이용해서 길쌈을 하는데, 바로 그 현장에 우리가 당도한 것이다.

계단을 올라 1층 안으로 들어가니 길쌈하는 기구들이 설치되어 있었다

1층에는 기구들만 있고 사람이 없어 기구전시장인가 착각했다. 하지만 2층
으로 오르니 여러 사람들이 작업을 하고 있었다. 젊은 여인이 베틀에 앉아 눈
처럼 하얀 천을 짜고 있었고, 나이가 많이 드신 할머니가 초록색 실을 물레로
잣고 있었다. 색색의 무늬가 들어 있는 천은 많은 경험을 요하는지, 연만한 할
머니가 솜씨를 발휘하고 있었다. 바로 곁에는 한 아주머니가 연대를 잘라 거
미줄 같은 실을 뽑고 있었는데, 최고급 비단에만 들어가는 연사(蓮絲)라고 한
다. 베틀 앞에는 어린 오누이가 있었는데, 나를 보자 미얀마 사람들이 부처님
전에서 하는 방식의 절을 했다. 그 모습이 바로 앞에 떠 있는 부레옥잠의 꽃처
럼 예뻤다.

❶ 2층으로 올라가니 젊은 여인이 베틀에 앉아 하얀 천을 짜고 있었다 **❷** 연세가 매우 높아 보이는 할머니가 녹색 실을 물레질하고 있다 **❸** 여러 가지 색과 무늬가 있는 천은 노련한 할머니의 몫인가 보다 **❹** 여러 가닥의 연대를 잘라서 당기자 백옥 같은 연사가 뽑혀 나왔다 - 최고급 비단에만 사용 **❺** 젊은 부인이 연대를 잘라서 연사를 뽑아내고 있다 **❻** 베틀 앞에 앉아 있던 꼬마 오누이가 미얀마 방식으로 나에게 절을 하고 있다 - 내게 절을 한 꼬마들의 웃음이 부레옥잠의 꽃처럼 예뻤다 **❼** 호수 어디에나 피어 있는 부레옥잠의 꽃

MYA SETKYAR PURE SILK FABRIC
INN PAW KHONE, INLAY , Ph:081.24072,29476,22457
မြဆကြာ ပိုးထည်လုပ်ငန်း
အင်းပေါ်ခုံ အင်းလေး

실크를 비롯해 각종 옷과 상품들을 파는 가게의 간판

옷감 생산 공장을 나와 들른 곳은 옷가게였다. 이곳에서 길쌈으로 생산한 옷감으로 옷이나 여러 상품을 만들어 파는 가게였는데, 유럽 사람들이 호기심 어린 눈으로 살피며 열심히 묻고 있었다. 우리 대중들도 그동안 별로 살 기회가 없었던지라 열심히 둘러보고 있었는데, 연사(蓮絲)가 혼합된 비단은 의외로 비싸서 만지작거리며 쉬이 살 결정을 못하는 듯했다. 사실 이곳의 길쌈 제품은 미얀마 전역에서 인기 있는 상품이라고 한다.

여러 가지 재질로 만든 갖가지 상품들이
다양한 모습으로 진열되어 있다

미얀마 전역에서 인기가 높은 제품들인 만큼
가격이 만만찮다

옷 가게에서 왼쪽으로 오작교 같은
이 다리를 건너면 찻집이다

찻집의 입구에는 커피만 몇 가지 소개했으나
메뉴판에는 꽤 다양한 음료를 갖추고 있었다

휘 한 바퀴 둘러보고는 밖으로 나와 살피니 왼쪽에 찻집이 있었다. 우 사
장에게 쇼핑을 끝내면 차 마시러 오라는 말을 남기고 오작교 같은 나무다리를
건너, 카페 입구의 메뉴판을 보니 커피와 열대과일 음료를 팔고 있었다. 대중
들이 다 모일 때까지 기다렸다가 각자의 기호대로 차를 시켜 마시며, 앞에 펼
쳐진 고요한 풍경에 젖어 잠시 망중한(忙中閑-바쁜 가운데 만든 여가)을 즐겼다.

차 한 잔을 앞에 두고 바쁜 일정 속에서도 잠깐 한가로움을 즐기고 있다

호수의 삶-대장간, 수공예, 은세공 50

대장간 앞의 선착장에는 동시에 밀려든 배로 복잡하다

찻집에서의 여유를 접고 명경(明鏡)같은 호수를 미끄러져 다음으로 도착한 곳은 물 위로 길게 손을 내민 나무 선착장이었다. 먼저 도착한 배들 사이를 비집고 들어가 도우미들의 손을 잡고 내린 곳은 대장간 앞이었다. 쿨렁거리며 나무다리를 지나 대장간으로 들어가니, 먼저 온 이들로 북적거리는 가운데 농기구 만드는 과정을 시연해 보이는 중이었다.

어린 시절을 산촌에서 보낸 나에게 대장간의 기억은 꽤 특별하다. 5일장이 열리는 날 십 리나 떨어진 곳에 있는 장터로 나가면 그야말로 별유천지였다. 부엌에는 얼씬도 하지 않으시던 아버님이 장보기만은 주로 당신이 하셨는데, 그 때문에 아버님을 따라다녔던 기억이 대부분이다. 몇십 호 정도의 작은 마을에서 하늘과 산과 강과 바다 그리고 들판을 상대로 놀던 나에게, 5일장은 없는 게 없는 그런 곳이었다. 하지만 가장 신나게 구경을 하던 곳은 땅땅거리

한 젊은이가 풀무질을 하고 있고
다른 장인은 쇠를 달구고 있다

장인이 집게로 달군 쇠를 잡아주고,
세 젊은이가 망치질을 하고 있다

는 소리가 요란한 대장간이었다. 우리 집 농기구의 대부분과 부엌칼이 바로
이 대장간에서 만든 것이었다. 그래서 날이 무디어진 것을 벼리기 위해서나
새것을 장만하기 위해서 반드시 들리는 곳이 바로 대장간이었던 것이다.

인레의 대장간은 수십 년 전의 기억을 불러내기에 충분했다. 좀 높은 풀무
위에는 한 청년이 걸터앉아 두 손잡이를 번갈아 밀고 당기며 바람을 일으켰
다. 어린 시절에 본 풀무는 수평으로 밀고 당기는 것이었는데, 인레의 것은 수
직으로 누르고 올리는 식이어서 두 손이 오르락내리락 하였다. 좀 낮은 화로
에서는 탄이 시뻘겋게 달아올랐고, 그 위의 무쇠도 덩달아 선홍빛을 띄었다.
그 무쇠를 장인이 집게로 집어 쇠판 위에 올리자 세 명의 젊은이가 번갈아 가
며 두들겼다. 뭉툭하던 무쇠는 점차 길고 얇아지며 모양을 갖추어갔다. 계속
진행된다면 칼날이 될 것 같았다.

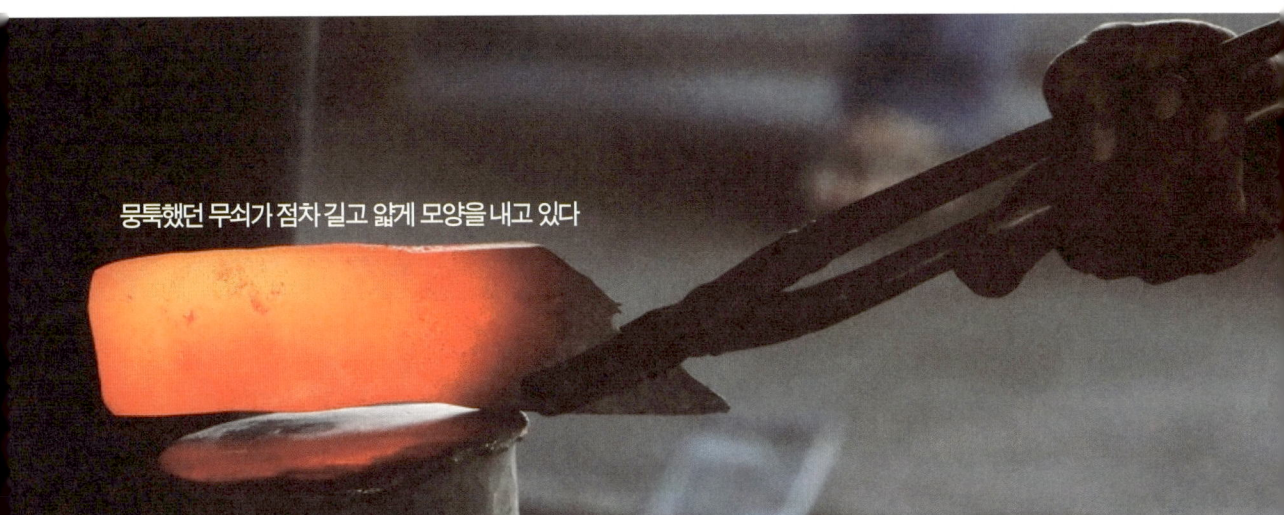

뭉툭했던 무쇠가 점차 길고 얇게 모양을 내고 있다

진열장에는 다양한 제품들이 전시되어 있었는데, 대금만 지불하면 살 수 있는 것들이었다. 그러나 관광객이 살 만한 것은 거의 없었다. 그들의 삶에 필요한 도구들을 중심으로 만들고 있었기 때문이다. 배를 타러 나오는데 문득 부처님께 마지막으로 공양을 올린 대장장이의 아들 춘다가 생각났다.

부처님께서 춘다로부터 마지막 공양을 받으신다 - 파웅도우의 벽화

내닫는 배 앞으로 울타리가 나타났고 많은 방갈로가 보였다

대장간을 떠나 넓은 호수로 나와 내닫는데 느닷없이 나무울타리가 나타났다. 그 안에는 많은 수의 방갈로가 늘어서 있었는데, 이윽고 일주문 같은 대문이 나타났다. 대문 안으로 쉐인타 호텔(Shwe Inn Tha Hotel)이라는 간판이 보였다. 망망한 호수 위에 울을 치고는 물 위에 떠 있는 호텔을 만들어 놓은 것이다. 배를 타고 방을 찾아가는 그 기분도 한 번쯤 맛보아도 좋으리라.

마치 일주문 같은 대문이
물 위에 서 있고, 그 안으로
쉐인타 호텔이라는
간판이 보였다

배는 방향을 꺾어 다시 운하와 같은 수로로 접어들었다. 그리고 다시 나타난 탑의 숲이 보였다. 워낙 자주 나타나는 사원이라서 이름을 묻기도 미안해 묻는 것을 그만두었다. 배는 사원의 건너편 가게 앞에 멈추었다.

가게에 들어서자 화면이나 영상에서 많이 접한 특이한 여인들이 바로 눈앞에 서 있었다. 빠다웅(Padaung)족 또는 카얀(Kayan)족이라고 일컬어지는 소수민족인 이들은, 여인의 아름다움에 대한 기준이 매우 특이하다. 다섯 살 때부터 목에 금빛 금속 테를 감고 사는데, 나이가 들어가면서 이 테를 늘려 간다. 이에 따라 목은 기린처럼 길게 늘어나는데, 바로 이 목의 길이에 따라 아름다움이 커진다고 생각한다는 것이다. 나중에는 테가 서른 개 전후에 이르게 되는데, 이 경우는 그 무게만 해도 엄청나다. 실제로 그 제품을 들어보니 내가 들고 다니는 카메라보다도 더 무거웠다.

가게는 여러 가지 수공예품을 판매하는 곳이었는데, 직물류에서 목각 및 금속제품에 이르기까지 다양한 상품들을 갖추어 놓았다. 가게의 안쪽에서는 직물을 짜는 틀 앞에서 나이 지긋한 이가 작업을 하다가 얼굴을 카메라로 향해 주었다.

하얀 탑의 숲이 나타났으나 너무 빈번하여 사원의 이름 묻는 것을 생략했다

사원의 건너편 수공예품 가게에 있는
빠다웅족 여인들과 혜욱스님의 기념촬영

안쪽에는 나이 지긋한 이가
손으로 짜는 직물기구로
작업을 하다가 카메라를 보았다

가게에는
직물을 비롯해 목각과
금속의 제품까지
다양하게 갖추어 놓았다

대나무 울타리에서 휴식을 취하는 새는 모터 소리에도 수행자처럼 움쩍도 하지 않았다

수공예품 가게 사람들의 배웅을 받으며 떠난 배가 다시 속력을 높일 즈음, 대나무 울타리에 휴식을 취하고 있는 새들을 만났다. 그들은 바쁘게 오가는 사람들이 너무나 익숙한지 요란한 모터소리에 놀라지도 않았는데, 마치 한 경계를 넘어선 수행자를 보는 듯했다.

근래에 조성한 듯한 이 사원은 마치 우리나라 석가탑을 보는 것 같았다

다시 운하 같은 물길로 방향을 잡아 마치 우리나라 석가탑처럼 조성한 현대식 사원 앞을 지나, 나무 구름다리 몇 개를 통과하더니 제법 큰 건물 앞에 멈췄다. 계단을 통해 이층으로 올라가니 은세공 가게였다.

허공을 가로지르는 나무로 만든 구름다리 몇 개를 통과했다   이윽고 제법 큰 건물 앞에 배가 닿았다

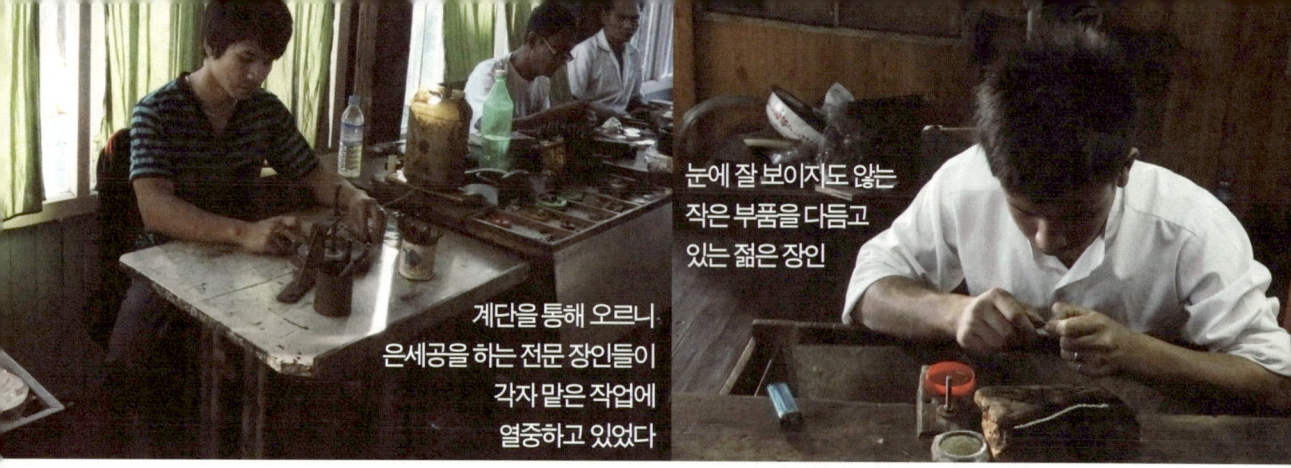

눈에 잘 보이지도 않는
작은 부품을 다듬고
있는 젊은 장인

계단을 통해 오르니
은세공을 하는 전문 장인들이
각자 맡은 작업에
열중하고 있었다

여러 사람의 장인들은 각자가 맡은 공정을 처리하느라 바쁜데, 그들의 솜씨가 예사롭지 않다. 은세공은 칠기공예 못지않게 미얀마가 자랑하는 공예 중의 하나이다. 장신구를 비롯해 생활용품도 만들지만, 대부분의 고급상품은 불구(佛具)이기 때문에 정성을 다하여 최상품을 만드는 것이다.

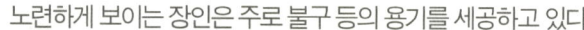

노련하게 보이는 장인은 주로 불구 등의 용기를 세공하고 있다

진열장에는 다양한 제품들이 보는 이의 눈을 어지럽게 하고 있다

진열장에는 엄청나게 많은 가짓수의 상품들이 있어서, 보는 이의 눈을 어지럽게 할 정도였다. 마음에 드는 상품을 손에 넣는 것도 좋겠지만, 눈으로 살피는 재미도 쏠쏠한 법이다. 대중들이 물건을 고르는 동안, 제공한 차를 마시며 눈요기를 실컷 하였다.

장신구들이 주로 진열되어 있는 진열장에서
주인을 기다리는 세공품들

사는 것도 기분 좋지만
그냥 눈으로 보는 것도 아주 즐거운 일이다

한 집 아래에서 아이들이 노는 가운데 어머니가 목욕을 한 뒤 옷을 갈아입으려 하고 있다

다시 먼 길을 돌아가야 했기에 가이드의 부르는 소리가 다급해졌다. 들어왔던 곳과는 반대쪽으로 나가니 마치 터미널 같은 곳에 배들이 차례를 기다리고 있었다.

그곳을 떠나 지나는 마을은 제법 멋을 부렸다. 건물들도 예술적으로 구조를 이뤘지만, 정원도 멋스럽게 가꾼 그런 곳이었다. 한참 경치 구경에 빠져 있는데, 한 가족의 모습이 눈에 들어왔다. 건물 아래쪽 물 가까운 마루에서 아이들이 놀고 있는 가운데, 어머니는 막 목욕을 하였는지 옷을 갈아입을 차비를 하고 있었다. 미얀마 사람들은 통으로 된 옷을 입은 채로 목욕을 한 후, 마른 옷을 그 위에 걸치고는 속으로 젖은 옷을 벗는다. 내 카메라가 포착한 것이 바로 옷을 갈아입기 직전의 장면인 것이다.

들어왔던 곳의 반대편으로 나오니
터미널 같은 곳에서 배들이 기다리고 있었다

은 세공장을 떠나 만난 아름다운 마을은
건축과 정원이 눈길을 사로잡았다

갈매기와 놀고 노을에 젖다 51

인레의 삶을 둘러보고 마을을 빠져나와 망망한 호수 위를 내달으며 보니, 여기 저기 많은 배들이 하얀 공작새처럼 꼬리를 치켜세운 채로 숙소로 돌아가고 있었다. 그 배들을 쫓아가던 카메라 앵글에 하얀 부표가 줄지어 나타났다. 여기도 양식을 하나 하고 보았더니 갈매기무리가 앉아있는 광경이었다.

흰 공작새처럼 꼬리를 세우고 내닫는 배를 쫓는데 하얀 부표 같은 갈매기 떼가 잡혔다

❶좀 더 가자 이번에는 갈매기들이 우리 배 위를 에워싸고 날았다 ❷마치 자기네가 우보처가 된 듯 오른쪽으로 날고 있는 갈매기 떼 ❸마치 좌보처나 되는 듯 왼쪽 하늘을 날고 있는 갈매기들

갈매기들은 요란스레 괴성을 지르는 모터소리를 콧노래쯤으로 듣는지 유유히 놀고 있더니, 배가 바로 옆을 스칠 때쯤에야 물을 박차고 날아올랐다. 그러더니 곧장 우리 배를 따르는 것이 아닌가. 누군가 멀리서 보면 스님들이 탄 배를 신심 깊은 갈매기들이 호위하는 것처럼 보일 것이었다. 빠른 속도로 달리는 배 위를 따르는 갈매기 무리를 찍느라, 내 카메라는 8천분의 1의 속도로 갈매기를 쫓았다. 몸을 돌릴 수도 없는지라 허리를 꺾어 허공의 갈매기를 찍는데, 다른 갈매기들보다 더 빨리 더 높게 나는 갈매기가 계속 렌즈에 들어왔다. 그 갈매기는 하얀 낮달과 더불어 거침없이 허공을 날았다. 그러자 내 뇌리 속에서 유명한 갈매기 한 마리가 잠을 깨어 날아올랐다.

꿈쩍도 않던 갈매기들이 배가 곁에 갔을 때에야 날아올랐다

낮달을 머리 위에 이고 날고 있는 이 갈매기가
계속 카메라에 들어왔다

1973년, 나는 화두병(話頭病-참선을 할 때 화두를 드는데, 답은 깨닫지 못한 채 가슴이 답답하고 머리가 터질 것 같은 증상이 생기는 것)에 걸린 채로 부산 남부민동의 방파제 끝에 있는 등대에 앉아 있곤 했다. 그때 내 곁에는 갈매기들이 날고 있었고, 내 손에는 '리처드 바크'가 쓴 소설 『갈매기의 꿈』이 들려 있었다.

우리가 탄 배와 나란히 날고 있는 갈매기들을 보며 늘 그런가 보다 했다

갈매기 '조나단 리빙스턴'은 동료 갈매기들과는 다른 생각을 가지고 있었다. 그래서 평범한 갈매기의 삶에 만족하지 않고 비행술을 연마하였다. 부모님의 뜻에 따라 다른 갈매기들처럼 행동해 보기도 했지만, 그런 건 너무 무의미하다고 생각하여 결국 다시 비행 연습을 하기 시작했다. 그는 고된 훈련을 이겨 내며 갈매기의 역사상 최고 빠른 갈매기가 되었고, 여러 가지 비행기술을 터득했다. 그렇지만 다른 갈매기들은 조나단을 추방했고, 조나단은 다른 곳에 가서 비행술을 연마하며 날마다 많은 것을 터득해 나갔다.

내 머릿속에서도 오래 쉬고 있던 갈매기 한 마리가 날아올랐다

이들은 무엇을 보고 무엇을 위해
이처럼 오래 우리와 함께하는 것일까

당당하면서도 유유자적한 이 모습에서
해탈을 유추하는 것이 당연하지 않은가

조나단은 권태, 공포, 분노를 마음속에 담고 있기 때문에 갈매기의 삶이 짧다는 것을 알아차렸고, 그 모든 것을 떨쳐버린 자신은 정말로 근사한 삶을 오래 누릴 것임을 확신하였다. 어느 날 조나단은 자신과 같은 생각을 가지고 있는 갈매기들을 만나게 되었는데, 그들은 각자가 가장 하고 싶었던 것을 추구하며 완벽에 도달하는 것을 삶의 목적으로 하였다.

조나단은 그곳에서 새로운 비행기술을 연마하였고, 다시 본래 있던 곳으로 돌아왔다. 그리고 어린 갈매기 플레처를 만나 제자로 삼아 가르쳤다. 3개월이 지났을 무렵 조나단에게는 여섯 제자가 생겼다. 그리고 그는 제자들과 갈매기들 무리로 들어갔다. 그러나 갈매기들은 그를 신 또는 악마로 보았다. 하지만 그에게 몰래 찾아와 비행을 가르쳐 달라는 갈매기들도 많았다.

'가장 높이 나는 새가 가장 멀리 본다'는 말을 유행시킨 이 소설을 접하면서 나는 석가모니 부처님을 생각하고 있었다. 모든 인도인들이 해탈을 꿈꾸면서도 그것은 신에 의해서만 가능하다고 여기며 운명처럼 괴로움을 받아들일 때, 싯다르타는 영화로운 자리를 박차고 과감하게 출가하여 결국 부처의 자리에 이르셨다. 그 결과로 우리는 스스로 해탈과 열반에 이를 수 있음을 확신하게 된 것이다.

보다 완벽한 사진을 찍으려고
몸을 완전히 젖혔더니 뒤의 스님도 그러고 있었다

갈매기들의 거침없는 비행을 좀 더 자세히 찍으려 몸을 완전히 뒤로 젖혔을 때, 나는 현실로 돌아올 수밖에 없었다. 제일 뒤에 있던 고 팀장이 무언가를 허공으로 던지고 있었던 것이다. 미리 우리에게 얘기도 하지 않았고 또한 먹이를 나눠 주지도 않았기 때문에, 갈매기들이 따르는 것을 보며 특별한 일이 벌어진 줄 알았던 것이다. 그러나 몸을 완전히 뒤로 젖혀 배의 후미를 찍을 때, 먹이를 던지는 고 팀장을 보면서 갈매기들의 목적을 알게 된 것이었다.

바로 그 순간을 포착한 사진 속에는 뒤따르던 다른 배의 대중들이 부러워하는 모습도 잡혔다. 나중에 들은 얘기도 엄청 신기하고 부러웠다는 것이었다. 하지만 현실은 우리네 삶과 다를 바 없는 일이 벌어졌을 뿐이었다. 겉으로 보기에는 엄청 신비해 보이는 일들도 이익을 취할 것이 있어서 그것을 쫓는 경우가 대부분인 것이다. 심지어 종교계에까지도 이권다툼처럼 보이는 일들이 비일비재하지 않는가.

갈매기들은 고 팀장의 손에서
던져지는 먹이를 따르고 있었던 것이다

뒤를 따르던 배의 대중들은 갈매기들이
우리 배를 따르는 것이 부럽고 신기한 듯했다

갈매기들이 떠난 하늘을 저녁노을이 채우고 있다

던져주던 먹이가 사라지자 곧 갈매기들도 떠나 버리고 빈 하늘만 보였다. 그리고 저녁노을이 갈매기가 떠난 자리를 채우기 시작했다. 해는 마침 산등성이에 걸리려 하고 있었다.

물에 어리는 저녁노을은 내 어린 날의 친구이자 어머니이며 스승과도 같은 존재였다. 지리산 아래 살다가 중학교 때 부산으로 나오게 된 나는 그 어렵다는 사돈집에서 지내게 되었다. 큰누나의 시댁이었는데, 그 집의 외손자를 가르치며 지내는 입장이었다. 그런데 누나는 속아서 결혼을 한 셈이었고, 누나도 나도 마음 편치 않은 나날을 보내야 했다. 사돈집은 낙동강 옆이었고, 집 안에 있기가 싫었던 나는 강변에 나가 노을에 물든 강물에 시퍼렇게 슬픈 나날을 흘려보냈던 것이다. 노을과의 인연은 출가 후에도 계속되어 김해 영구암에서 타는 노을과 벗할 수가 있었다. 그래서일까? 나는 노을만 보면 어머니 품속처럼 편안함을 느낀다.

노을 아래 귀가하는 배 위로 갈매기 한 마리가 되돌아왔다

노을에 젖어 5분쯤 달렸을까? 호수로 되돌아가는 배가 노을 속으로 들어선 순간 어디선가 갈매기 한 마리가 날아왔다. 뒤이어 먹이를 던져주지 않는데도 많은 갈매기들이 노을 속으로 날아들었다. 그들은 꼭 먹이를 취하기 위해서만 나는 것이 아님을 내게 보여주는 듯했다. 갈매기들이 돌아간 자리에 이번에 잠자리 한 마리가 춤을 추고 있었다. 노을 아래 어렴풋이 보이는 물위 농장 '쭌묘'로부터 우리를 배웅하러 나왔나 보다.

잠자리 한 마리가 날아와 우리를 배웅하고 있다

먹이를 던지는 이도 없는데 나타난 갈매기들
- 먹이 때문에만 나는 것이 아님을
보여주려는 것일까

금빛 물결 위에서 어부는 통발을 들고 황금 노을을 잡으려 하고 있다

호수는 점차 금빛으로 물들고, 어부는 통발을 든 채로 황금 노을을 잡으려 하고 있었다. 그는 자신이 이 호수의 진정한 주인이라는 듯이 당당했다. 서쪽 하늘도 점차 황금빛으로 물들고, 우리 대중들이 탄 배가 옆으로 다가와 어깨를 나란히 하였다. 이제까지 살핀 모든 것은 여기 호수에 두고, 우리 동반자들은 이제 함께 앉을 식탁을 향해 어둠을 뚫고 가고 있는 것이다.

서쪽 하늘이 서서히 금빛으로 물들고 있다

어둠이 내리는 물결 위로
우리 대중들이 탄 배가 다가와
어깨를 나란히 했다

호수 위에서 잠 못 들어 서성이다 52

노을에 잠겼다가 선착장으로 돌아왔다 - 뒤이어 대중들이 들어오고 있다

노을에 젖어 지난 삶을 돌아보는 동안에 보트는 호텔 선착장에 들어섰다. 돌아보니 우리 대중들이 뒤이어 들어오고 있었다. 노을에 취해서인지 아니면 호수의 향기에 취해서인지 얼굴마다 미소가 가득하다. 굳이 도를 닦는다는 의지를 불태우지 않더라도 미소 띤 얼굴로 사는 삶이라면 '나날이 좋은 날'이 되리라.

속속 도착하는 대중들의 얼굴에는 노을보다 더 아름다운 미소가 피어나고 있었다

호텔 본채의 오른쪽에 있는 식당은
완전히 범선 안의 분위기였다

천장만을 보고 있으면 두둥실 바다 위에
떠 있는 듯한 착각이 든다

식당 정중앙의 좌석이 바로 우리 대중들이 공양할 자리이다

저녁공양에 대해 설명을 하는 여행사
사장의 말을 듣고 있는 모습

저녁공양 예약시간이 아니라도 대중들의 배꼽시계는 알람을 울린 지 오래인지라, 방에 들어갈 생각도 없이 곧바로 식당으로 향했다. 식당은 본채의 오른쪽에 있는데, 그 분위기가 마치 범선(帆船)에 오른 것 같은 것이 본채의 분위기를 능가했다.

우리 자리는 식당의 한가운데였다. 창가에는 전직 장관 일행이 맥주 향에 젖어들고 있었고, 안쪽으로는 서양 사람들이 역시 맥주의 향에 취해가고 있었다. 우리는 보온병에 차를 넣고 주방에서 뜨거운 물을 담아 잠시 뜸을 들인 후에 보이차를 컵에 따라 후후 불어가며 피로를 날렸다. 물론 특별 처방이 따로 있기는 했다.

공양을 마치고 식당을 나오니 정원의 정자에 다른 팀이 멋진 자리를 마련하여 흥을 돋우고 있었다

20시 31분, 피곤을 식당 의자에 앉혀 두고 우리만 사뿐히 빠져나왔다. 낮에 본 정원의 정자에는 다른 순례자들이 어둠의 신과 호수의 정령들을 불러놓고 걸쭉한 판을 벌려놓았다. 숙소로 향하는 우리의 등 뒤로 흥겨운 가락도 들렸고, 적막을 흔들어 놓는 웃음소리도 어깨를 넘어왔다.

정원의 외등이 내미는 손을 잡고 조심조심 계단을 내려가며 보니, 같은 곳임에도 낮에 보던 것과는 완연히 달랐다. 어쩌면 우리 눈이라는 것이 그만큼 얄팍한 것은 아닐는지. 하지만 어둠 속에 조명을 받은 방갈로의 모습이 색다른 분위기라서 다양한 체험을 하는 특혜를 받은 셈이다.

어둠 속에 의연한 모습으로
서 있는 외등의 손을 잡고 계단을 내려가고 있다

낮에 보던 모습과는 달리 조명 속에 보이는
방갈로들이 다분히 몽환적이다

별들의 축복을 받으며
방갈로들이 새색시처럼
얌전하게 앉아 있다

별들이 내리는 축복을 받으며 방갈로들은 수줍은 색시처럼 다소곳한 모습으로 앉아 있고, 호수 쪽으로 뻗은 통로는 저만큼에서 어둠 속으로 자취를 감추어버렸다. 물속으로 들어가 물고기들과 대화라도 하는 것인가.

호수쪽으로 뻗은 나무다리 통로는
저만큼에서 어둠 속으로 사라져 버렸다

비록 창은 닫혔으나 말소리까지는 막을 수 없었나 보다
- 이야기들이 창밖으로 나와 돌아다니고 있었다

방에 들어가 음악 몇 곡을 듣는데, 방음이 전혀 되지 않는 방갈로의 구조 탓으로 너무 멀리까지 퍼지는 것 같아 차라리 천지자연의 연주를 듣기로 했다. 채 아홉시도 되지 않았지만 호수 안쪽은 흑진주 색이었다. 옆채의 스님을 청해 베란다에서 차를 몇 잔 마시며 미얀마의 향기에 대한 감흥을 나누었다. 건너편의 대중들도 쉬이 잠들지 못하는지 두런두런 나누는 얘기소리가 물결을 타고 우리 발아래까지 번져왔다. 창은 닫혔으나 소리는 닫히지 않는, 닫힌 듯 열린 경계였다. 우리는 멀리 있으면서도 바로 곁에 있는 듯 그렇게 체온을 느끼고 있었다.

베란다에 앉아 차를 마시고 있는데,
멀리 있는 대중들의 이야기 소리가
물결을 타고 건너왔다

밤이 깊어지자 외등들도
벗이 필요한지
물결 위에 제 빛을 비춰보고 있다

두런거리던 말소리까지
사라진 나무 다리 위로
시적시적 선착장으로 향한다

스님도 돌아가고 대중들의 웃음소리마저 물고기 밥이 되었는지 고요해진 시각, 나는 카메라를 둘러메고 시적시적 선착장으로 향했다. 잠들지 못한 인어공주라도 만날 속셈이었던 것이다. 하지만 선착장의 빈 배에는 인어공주의 모습은 없었고, 불빛인지 달빛인지 분간하기 어려운 몽환적인 빛만 가득했다.

선착장에 홀로 앉아 졸고 있으려니 야보 선사(冶父禪師·중국 송대의 스님)가 나타나 시 한 수를 읊었다.

천척사륜직하수(千尺絲綸直下垂) 천 길 되는 낚싯줄 곧바로 드리우니,
일파재동만파수(一波纔動萬波隨) 한 파도 일자마자 온갖 파도 따르네.
야정수한어불식(夜靜水寒魚不食) 밤은 고요 물은 차서 고기 물지 않으니,
만선공재월명귀(滿船空載月明歸) 빈 배 가득 달빛 싣고 돌아오누나.

사람은 사라지고
빛만 가득한 배를 보다가
야보 선사의 시를 들었다

얼마나 베란다에 앉아 있었을까
- 동쪽 산등성이 너머로 새벽이 모습을 드러내기 시작했다

야보 선사와 헤어져 돌아와 침대에 누웠더니, 그동안 바쁘다고 모른 체 하며 멀리했던 물고기들이 바로 방 아래까지 몰려와 첨벙거렸다. 아주 부드러운 비단처럼 밤안개도 침상으로 찾아와 놀자고 졸랐고, 호수 위를 떠돌던 냉기도 내 품으로 파고들었다. 결국 여벌로 가져온 모든 옷을 껴입고 베란다로 나갔다.

물 위의 외등이 마지막 책임을 다하려는 듯 빛을 뿌리고,
건너편 산자락에 불이 밝혀지고 있었다

　호수의 친구들과 노닥거리다 보니, 호수 건너 산등성이 너머에서 느릿느릿 새벽이 제 모습을 보여주기 시작했다. 물결 위에 떠 있는 외등은 제 사명을 다하려는 듯 마지막 빛을 호수에 뿌렸고, 호수 건너 산자락에도 하나둘 불이 밝혀지기 시작했다.

호수의 아침, 그리고 이별 53

5시경 호수로 나가는 대문 양쪽에 불이 환하게 밝혀졌다 - 누굴 맞으려는가?

다섯 시를 넘어서자 호수로 나가는 대문 양쪽에 환하게 불이 밝혀졌다. 어떤 손님을 맞이하기 위함일까? 덩달아 객실의 잠들었던 영혼들도 깨어나기 시작했다. 이제껏 어둡기만 하던 영혼의 창에 불이 하나둘 켜지기 시작했다.

잠들었던 영혼들도 깨어나 창에 불을 밝혔다

이게 산인가? 물인가? 구름인가? 호수인가? - 그냥 보면 될 걸...

내 침대에서 놀던 물안개들이 어디로 갔나 했더니, 왼쪽 날개 방갈로 밑에 가서 친구들을 깨우고 있었다. 호수 아래 용궁에서 아침이라도 짓는지 물안개가 모락모락 김처럼 피어올랐다. 그쪽에 머무는 이들은 오늘 떠나지 않는지 아직 한밤중이다. 이 멋진 선경(仙境)을 요처럼 깔고 자면서도 보질 못하다니…

방에 들어가 물을 끓여 차를 몇 잔 마시며 같이 놀던 냉기들을 호수로 돌려보내고는, 다시 보온병마다 대중들을 위한 보이차를 담았다. 가방을 정리한 후 베란다로 나왔더니 그새 물안개들이 모여서 운해(雲海)를 이루었다. 먼 호수 쪽을 거의 뒤덮은 구름은 층을 이뤄 산마루와 어깨동무를 하고 있었다.

내 침대에서 뒹굴던 물안개가 방갈로 아래에서 동료들을 깨우고 있었다

새들이 구름 위로 나는 그 광경을 보노라니, 마치 내가 높은 산 위에 서 있는 느낌이 들었다. 스님을 모시고 살던 영구암 시절, 아침마다 암자 바로 아래까지 운해가 몰려와서 나와 신선놀이를 하자고 졸랐던 것이다.

물안개가 구름이 되어 넘실거리며 산을 넘고 놀란 새들이 날아오른다

물 아래 용궁에서 아침이라도 짓고 있는지 김이 넘실대며 피어오른다

망원렌즈로 왼쪽 방갈로 아래를 당겨보니 마치 거대한 온천처럼 물안개가 피어오르고 있었다. 아마도 아침마다 되풀이되는 멋진 풍경이겠지만, 잠든 사람에게는 보일 리가 만무하다. 일출을 기다리며 광각렌즈로 호수를 담아보니, 마치 좌청룡 우백호를 갖춘 명당에 앉아 있는 듯했다.

여기가 좌청룡 우백호에 안산(앞의 작은 산)까지 갖춘 명당일세

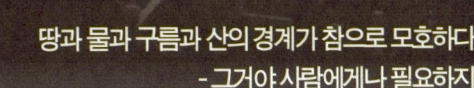

땅과 물과 구름과 산의 경계가 참으로 모호하다
- 그거야 사람에게나 필요하지

체크아웃을 할 만반의 준비를 한 후 계단을 오르며 다시 돌아보았으나 해는 바쁠 것 없다는 듯 산등성이를 넘어오지 않았다. 방갈로 뒤의 갈대밭 쪽을 보았더니 그 경계가 모호하다. 하긴 천지자연이 언제 경계를 두었던가. 경계라고 하는 것은 그저 사람들이 편의상 정한 것에 불과한 것이다.

먼 곳은 물안개가 구름 되어 그윽하고,
가까이는 맑은 물에 아침 노을이 먼저 든다

물안개는 수면으로 내려앉는데 해는 여전히 산등성이를 넘어오지 않는다

06시 20분의 호텔 앞은 한적했다. 휘적휘적 언덕 쪽으로 가서 호수를 살피니, 수면으로 물안개가 내려앉는 모양이다.

아침의 싱그러운 공기를 마음껏 들이키며 이리저리 오가며 10여 분을 보내니, 이윽고 긴 그림자를 만들며 햇빛이 찾아왔다.

안개에 얼굴을 가리고 있다가 "까꿍!"하며 나타나듯 그렇게 햇빛이 어느 순간 내 등을 비추고 있는 것이었다. 열심히 일출장면을 찍으려던 내 노력이 있었기에 비록 일출장면은 놓쳤으나 행운처럼 찾아드는 햇빛을 만끽할 수 있는 것 아니겠는가.

이른 아침의 호텔 앞은 마치 산사처럼 한적하다

그렇게도 일출장면을 기다렸건만 호텔 쪽을 찍는 내 등 뒤에서 그림자를 대동하여 깜짝 등장했다

바깥이 밝아지니
조명이 상대적으로 약해져서
식당 안이 어둡다

대중들이 기다릴까봐 식당 안으로 들어갔더니 생각보다 많은 사람들이 자리를 채우고 있었다. 바깥의 밝은 빛에 비해 식당 안의 조명이 약한 탓으로 내부는 어둡게 느껴졌다. 우리가 바깥의 강한 빛을 쫓아다니느라 자기 내면의 빛을 밝히지 않으면 이처럼 어두운 법이다. 다행히 창을 통해 빛이 쏟아져 들어오면서부터는 옆 사람들의 표정도 또렷하게 보였다. 우리가 부처님이나 선지식을 스승으로 모시고 따르다 보면 창으로 들어오는 빛처럼 어느 정도는 내부를 밝혀 주기도 한다. 고개를 들어 천장을 보니 조명과 햇빛, 하얀 천과 나무색깔이 묘한 조화를 이루고 있었다.

다행히 창으로 쏟아져 들어온 빛이 닿는 곳은 환해졌다 - 오른쪽 아래의 죽이 내 아침공양

창으로 들어온 빛과 조명과 하얀 천과 나무 천장이 조화롭다

발아래를 맴돌던 고양이가
폴짝 뛰어올라 안겼다

고양이 눈 속에 엊저녁 함께 놀았던
호수의 정령들이 모두 모여 있었다

죽 한 그릇을 앞에 두고 앉았는데, 어디선가 고양이 한 마리가 나타나 내 주위를 맴돌더니 폴짝 무릎 위로 올라왔다. 그러더니 천연덕스럽게 자리를 잡고 앉아 날 올려다보았다. 가만히 그 눈을 보니, 엊저녁 같이 놀았던 호수의 정령들이 모두 그 속에 들어와 있었다. 짧은 만남이 아쉬웠던 것일까? 고양이는 몸을 비비다가 아예 눈을 감고 졸고 있다. 눌러앉은 고양이 때문에 죽 한 그릇 비우고 일어나는 시간이 몇 배나 길어졌다.

고양이가 섭섭해 할까 염려되어 죽 비우는 시간이 엄청 길어졌다

해우소의 지붕에서 쏟아져 들어온 빛이
환상적인 그림을 그렸다

공양을 끝내고 기분 좋게 멋진 해우소로 향했다. 근심을 풀어놓고 둘러 보는데, 지붕에서 들어오는 빛이 환상적인 분위기를 만들고 있었다. 너무나 아름다워 사진기로 당기고 밀기를 되풀이하다 보니, 거기 누군가가 비단을 짜 놓았다. 어제 본 연사(蓮絲)로 짜 놓은 듯 새하얀 커튼이 걸려있는 것이었 다. 가까이 당겨보니 거미줄이 햇빛을 받아 빛나고 있었다. 간밤의 사냥으로 지쳐 쉬러 갔는지 거미는 보이지 않았다. 어떤 이는 거미를 잔인하다고 표현 하지만, 다른 무언가의 희생 없이 존재하는 것은 아무 것도 없는 것이다. 채식 주의자들이 도덕적으로 우월감을 갖기도 하지만, 야채도 온전히 그들에게 제 생명을 희생당하고 있는 것이다. 그러니 늘 만물에 감사하며 살 일이다.

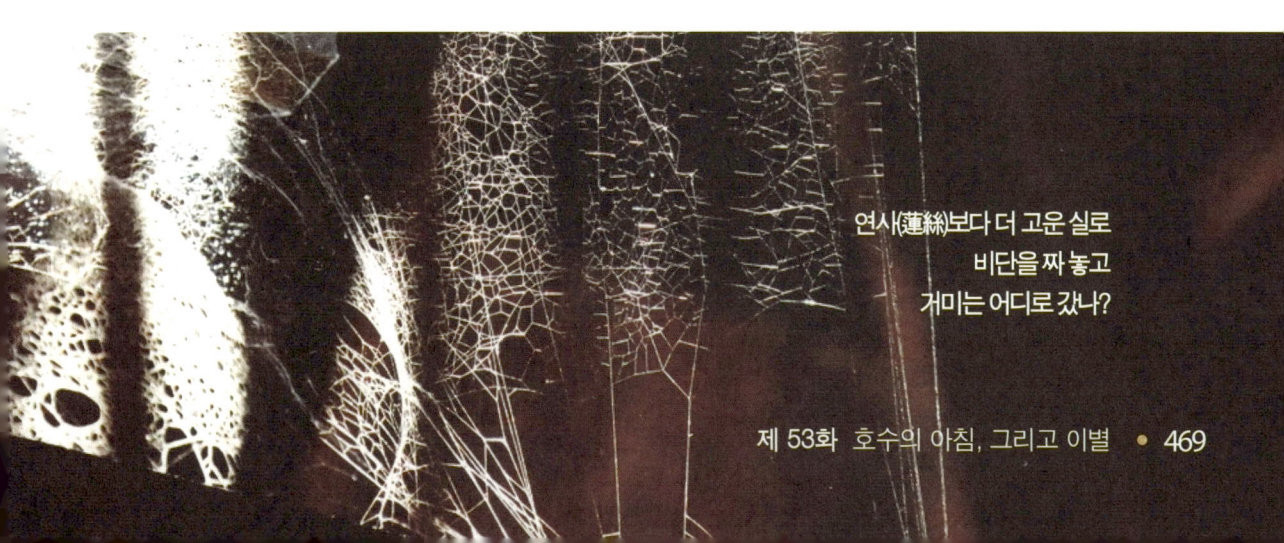
연사(蓮絲)보다 더 고운 실로
비단을 짜 놓고
거미는 어디로 갔나?

호텔의 정원 아래에는 천연의 정화시설인 갈대밭이 펼쳐져 있다

버스에 오르기 전 다시 한 번 주위를 찬찬히 둘러보았다. 정원 아래 갈대밭이 햇빛을 받아 빛나고 있었다. 갈대밭의 넓이가 상당해서 미처 정화되지 못한 더러운 물이 다소 흘러 들어가도 대부분 맑혀서 호수로 보낼 것 같았다. 옛날 어린 시절 고향에선 특별한 정화시설이 없었지만 수초가 가득한 개울을 지나면서 구정물(무엇을 씻거나 빨거나 하여 더러워진 물)이 대부분 맑아졌었다. 물론 호텔에서는 정화시설을 갖추었을 것이지만, 2차 정화는 아마도 저 갈대숲이 할 것이다.

물안개 자욱한 호수는 비밀을 가득 품고 있는 비밀의 바다 같았다

시선을 돌려 어제 하루를 함께 한 호수를 보았다. 대문 밖의 호수는 물안개가 아직 걷히지 않은 상태로 건너편 산마저 가려버려서, 그저 망망한 바다를 보는 듯했다. 호수는 내게 이렇게 말을 하고 싶은가 보다.

"그대가 어제 본 것은 극히 일부분에 불과하다오. 나는 아직도 그대에게 보여줄 것이 무궁무진하다오. 그러니 함부로 아는 체 떠들지 마오."

그래 언젠가 다시 와서 비 내리는 풍광도 보고 싶고, 외발로 노를 젓는 것도 배워보고 싶다.

❶ 비행기 시간에 맞추려면 아쉽지만 떠나야만 한다 - 버스들이 먼저 몸을 풀고 있다 ❷ 호텔 직원들이 우리를 배웅하기 위해 버스 앞에 나와 기다리고 있다 ❸ 호텔의 정문에는 우리를 안내라도 하려는 듯 앞서서 나가는 사람이 있다 ❹ 카메라를 향해 환한 미소를 보내는 그 얼굴에 햇빛이 부끄러워했다

출발시간을 알리는 가이드의 말에 고개를 돌리니, 오늘 떠날 순례자들을 태울 버스들이 몸을 풀고 있었다. 순례자들은 아쉬움이 많은 듯 서성거리며 쉬이 버스에 오르지 못했다. 종업원들이 우리를 배웅하기 위해 버스 앞에 있다가, 내 카메라를 보고 미소를 보냈다. 버스에 올라 출구를 보니, 종업원 한 사람이 우리를 안내라도 하려는 듯 앞서서 대문을 나서고 있었다.

호텔을 나서는 우리를 마지막으로 배웅해 주는 초가집

우리는 호텔 초가집의 인사를 받으며 앞서 나간 이를 뒤따라 대문을 나섰다. 언제 다시 오게 될 줄을 모르니 돌아보게 되는 것은 인지상정이리라.

◀ 호텔을 나선 지 5분 후쯤에 만나게 된 탁발을 나서는 스님들

▼ 왼쪽의 가정집 너머로 얕은 탑이 보이니 아마도 사원이 있는 모양이다

지나온 길을 돌아보는 것은 삶을 알차게 하는 좋은 방법이 된다. 그러나 너무 뒤를 보다가 다가오는 것을 놓치는 것은 어리석은 짓이다. 호텔을 떠나 5분쯤 지난 07시 11분경 스님들의 탁발행렬과 마주쳤다. 어제 호텔로 들어오면서 사찰을 본 것 같지 않은데, 이 스님들은 어디서 나온 것일까? 그러고 보니 작은 마을 안쪽에 얕은 첨탑이 보였다. 이제껏 너무 높고 큰 사원을 본 탓에 무심코 지나친 모양이었다. 본디 수행처가 크고 높은 곳은 아니련만…

여러 가지가 뒤섞이는 가운데서
수행자의 자세를 유지하는
스님들의 뒷모습

자세히 보면
스님들의 자세에서 수행의 깊이에
차이가 있음을 읽을 수 있다

　　한적한 시골임에도 우리가 만난 스님들은 거의 백여 명에 가까웠다. 가
끔 슬리퍼를 신은 젊은 스님들도 있지만 대부분 맨발이다. 말없이 땅을 보며
조용히 걷는 모습이 일반 사람들과 다른 수행자의 모습이다. 하지만 자세히
보면 출가한지 오래되지 않은 어린 스님과 어느 정도 공부가 된 스님은 걸어
가는 모습에서도 차이가 난다. 어린 스님들은 길을 가면서도 궁금한 것이 많
아서 자꾸만 두리번거리게 되고, 지나치는 것들을 흘깃거리며 본다. 내면을
살피기보다는 바깥세상이 더 궁금한 나이들이고 수행이 깊지 않기 때문이다.
　하지만 동자승들의 나이로 보자면, 그 또래의 아이들과는 비교도 할 수 없는
의젓함이 있다. 사람과 수레와 버스와 오토바이가 뒤엉킨 곳을 지나면서도
그저 흐트러지지 않는 자세로 행렬을 이탈하는 법이 없다. 아직 깊진 못하지
만 자신을 제어하는 법을 아는 것이다.

아직 어린 동자승의 모습도 또래의 아이들과는
비교할 수 없을 정도로 의젓하다

이 스님의 모습에서 수행자의 전형을 볼 수 있다 - 당당하면서도 고요하다

탁발하던 스님들의 행렬을 지나쳐 버스가 어느 정도 달렸을 때 뒤쳐져 혼자 오는 스님을 보게 되었다. 스님은 두 손으로 발우를 껴안은 채로 깊은 선정에 들어 있는 듯했다. 시선은 발 앞에 두고 흔들리지 않는 자세로 빠르지만 조용히 걷는 모습이 과연 수행자다웠다. 산자야의 제자였던 사리불과 목련도 부처님의 최초 다섯 제자 중의 한 분이신 앗사지(Assaji) 스님이 탁발하러 나온 모습을 보고는, 그 당당함과 조용함과 평화로운 모습에 놀라서 질문을 하였다.

"당신의 스승은 누구이시며, 무엇을 가르치십니까?"

"나의 스승은 카필라의 태자였던 고타마 싯다르타께서 수행하여 성불하신 석가모니붓다이십니다. 저는 배운지 오래되지 않아서 많은 것을 알지는 못하지만, 부처님께서는 '모든 것은 인연에 의해 생기거나 소멸한다고 말씀하셨습니다. 또한 괴로움이 생기는 원인에 대해서 말씀해 주셨고, 그 괴로움에서 해탈하는 법을 말씀해 주셨습니다."

그리하여 두 사람은 죽림정사로 부처님을 찾아가 출가하였으며, 십대제자가 되었던 것이다.

버스를 가로막고 걷는 개, 다가오는 수레, 길가의 사람, 자전거를 타는 사람 - 모두가 느긋하다

스님을 뒤로 하고 앞으로 나가는데 버스가 속도를 늦추었다. 바로 앞을 개 한 마리가 당당히 막고는 느긋이 걸어가고 있었고, 앞에서도 흰 소가 끄는 수레가 다가오고 있었던 것이다. 길 옆에 서 있는 사람이나 저만큼 앞서가는 자전거나, 경계하지도 않지만 방해된다고도 생각지 않는 태도였다. 그러니 버스기사도 클랙슨을 울리지도 않고 그저 기다려 주었다.

우리는 '조화'를 거창한 것인 듯 떠벌리지만 '어울림'이라는 것은 이처럼 그저 작은 배려나 기다림이면 되는 것이다.

곧게 뚫린 길에는 가로수가 울이 되고,
안개가 시야를 가린다

삶의 터전을 향하는
오토바이들의 행진이 힘차다

시골길을 덜컹거리며 공항으로 가는 길에서 고 팀장이 자기 아내 이야기를 했다. 고 팀장의 처가는 바로 인레였다. 양곤에서 만나 첫눈에 반해 가족들을 설득해 결혼까지 하게 되었단다. 결혼 첫날밤 아내가 삼배를 올리더란다. 그래서 다음부터는 하지 말라고 극구 말렸더니, 자기가 잠이 들면 그때 하는 것을 한참이나 지나서야 눈치챘단다. 그러니 어찌 아내에게 잘못할 수 있겠냐며 너스레를 떨었다. 하긴 부부간에 사이가 멀어져 원수처럼 대하는 경우, 잠자는 머리맡에서 큰절을 계속하면 상대의 마음이 누그려져서 금슬이 좋아진다고 하는 이야기가 있다. 노스님들로부터 참 많이 들었던 것을 미얀마에 와서 듣게 되다니, 이것이 불가(佛家)에 널리 퍼진 이야기임을 알겠다.

이야기를 듣는 사이에 버스는 제법 넓은 도로로 나섰고, 삶의 터전으로 향하는 오토바이가 많아졌다. 가로수가 울타리를 만든 곧은길이었으나 안개가 채 걷히지 않아서 시야가 멀리까지는 미치지 못했다. 어쩌면 현재의 고 팀장이 이런 길과 같은 현실에 서 있겠다는 생각이 들어서, 그들 부부의 미래가 밝아지길 잠시 기도했다.

끝없이 펼쳐지는 벌판에는 벼가 영글고 있다 - 고향 생각이 절로 났다

버스는 계속 벼가 익은 벌판을 지나가고 있다. 어린 시절을 이런 풍경 속에서 자란 나로서는 곧바로 옛 고향의 모습이 떠오른다. 과거는 대부분 아름답게 느껴진다고 했던가. 참 어린 시절은 아름다웠다. 먼지 풀풀 날리던 신작로 옆의 구멍가게 십리다마(알이 굵어서 녹여 먹으면 십리까지 갈 수 있다는 사탕)는 일년에 몇 알 밖에 사먹을 수 없었지만, 촌놈들에게는 먹을 것이 지천으로 깔려 있었던 것이다. 개울의 가재와 논두렁의 참게, 다슬기나 논 고동을 삶아 먹거나 구워 먹는 재미가 쏠쏠했다. 어디 그뿐인가. 진달래꽃, 감꽃, 찔레의 새순, 송기(松肌-봄철에 물이 오르는 소나무 가지를 잘라 달콤한 속껍질을 벗겨 먹는 것), 새알 등등. 지금의 아이들에게 삶의 전부가 되어버린 시험이니 성적이니 따위는 그저 성적표 받아든 날의 한나절 지나가는 얘기였다. 생각건대 늘 즐거웠던 그곳이 바로 극락이었던 것이다.

잘 정리된 길에 짐과 사람이 함께 타는
미얀마식 택시가 달린다 - 공항이 가까운 듯하다

노란 꽃이 손을 흔들어 환영해 주는
공항 입구를 지나 주차장으로 향한다

잘 정돈된 길에 짐과 사람이 동시에 타는 미얀마식 택시가 앞에 나타난 것으로 보아 공항이 가까워진 것 같았다. 호텔을 떠난 지 한 시간쯤 지난 08시 05분이다. 곧이어 마중 나온 노란 꽃들이 손을 흔들어주는 환영을 받으며 공항주차장으로 들어섰다. 어제 봤던 그 자리에 사람들이 흥정을 하고 있는 모습이 참 정겹게 다가왔다.

공항 주차장 - 어제 그 자리에서
물건을 흥정하는 모습이 정겹게 다가온다

❶ 부지런한 사람들이 우리보다 먼저 헤호 공항에 도착해 있다 ❷ 청사 앞의 공양물 보시대에는 어제보다 더 많은 물건이 걸려 있다 ❸ 심사대를 통과할 가방들이 청사의 입구까지 길게 줄을 서 있다

청사로 들어서니 우리보다 부지런한 이들이 이미 가득하다. 청사 앞의 공양물 보시대에도 어제보다 물건이 많아졌다. 청사 입구까지 줄지어 놓인 가방들이 사람들의 숫자를 말해준다. 하지만 복잡하기 짝이 없는 이 혼잡 속에서도 사람들은 짜증을 내지 않는다. 외국 관광객들도 미얀마에 동화되고 있나 보다.

국내선인데도 사람이 많다 보니 대합실에 들어가기까지 시간이 20여 분이 걸렸다. 대합실에는 거의 빈자리가 없을 정도로 꽉 찼고, 뒤에 들어오는 사람들은 서서 기다려야만 했다. 대합실 안에는 와인과 음료수를 사 먹을 수 있는 작은 가게와 서점과 기념품상이 있었다. 나는 서점에 가서 인레호수 사진첩을 샀다. 대중을 위해 준비해 온 보이차를 한 잔씩 마시며, 우리 식구들은 제법 여유를 부렸다.

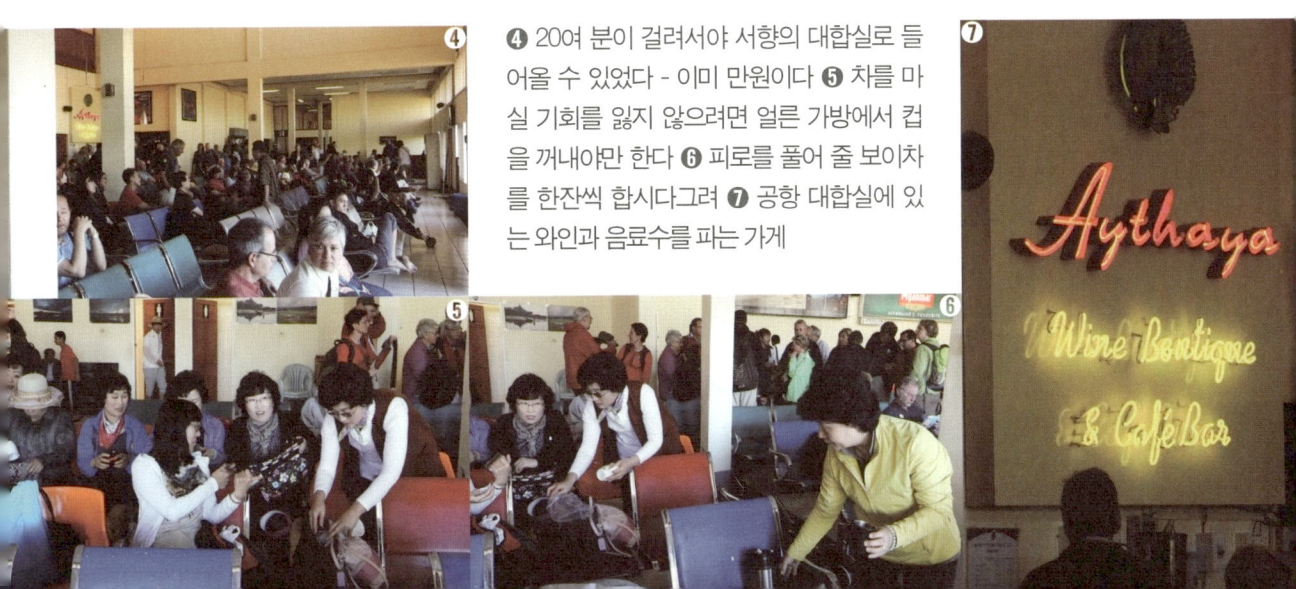

❹ 20여 분이 걸려서야 서항의 대합실로 들어올 수 있었다 - 이미 만원이다 ❺ 차를 마실 기회를 잃지 않으려면 얼른 가방에서 컵을 꺼내야만 한다 ❻ 피로를 풀어 줄 보이차를 한잔씩 합시다그려 ❼ 공항 대합실에 있는 와인과 음료수를 파는 가게

맑은 하늘과
밝은 햇살 속에 소풍 가듯
비행기를 향해 간다

뒤를 돌아보니
대중들의 얼굴이 매우 밝아 보였다
- 미얀마 사람들을 닮아 가나 보다

우리 다음 손님을 태울
양곤항공의 비행기가
바로 곁에서 놀고 있었다

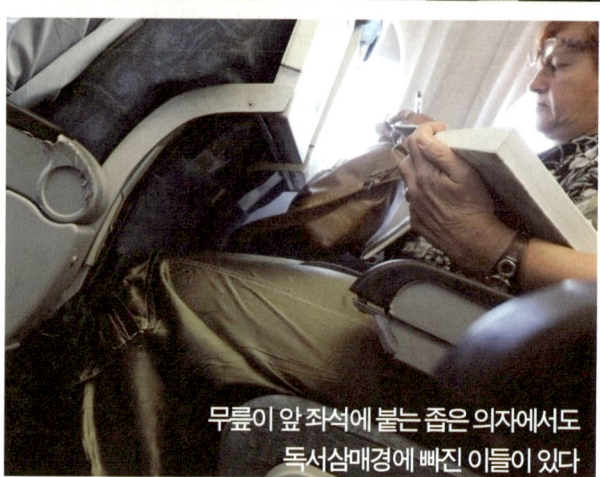

무릎이 앞 좌석에 붙는 좁은 의자에서도
독서삼매경에 빠진 이들이 있다

09시 25분, 이윽고 우리가 탈 미얀마항공의 비행기가 준비되었단다. 모두 대합실을 나가 활주로로 걸어간다. 하늘엔 구름 한 점 없이 푸르고, 햇빛은 눈이 부시다. 우리는 마치 소풍가는 기분으로 비행기를 향해 가볍게 걷는다. 트랩을 오르며 보니 양공항공의 비행기가 다음 순서를 기다리고 있다. 미얀마의 국내선비행기는 좌석이 아주 좁다. 앉으면 무릎이 앞좌석에 닿을 정도이다. 그러니 대개는 무언가를 할 엄두를 못 낸다. 하지만 그런 여건 속에서도 자기 삶을 확실하게 꾸리는 사람들도 있기 마련이다. 내 건너편에 자리한 서양인들이 그랬다. 운신을 하기 어려운 지경임에도 그들은 책을 펼쳐 곧 독서삼매경에 들었다.

다시 양곤으로 돌아오다 55

양곤 국내선공항에 멈췄을 때
우리를 싣고 갈 버스가 대기하고 있었다

뒤로하고 떠나는 헤호와 인레에 대한 기억을 되짚어 보는 사이에 어느
덧 양곤 국내선공항에 도착이다. 10시 30분, 공항활주로는 이미 열을 받기 시
작했다. 대기 중인 공항버스인 아시안 윙스(Asian Wings)를 타고 청사로 들
어가며 보니, 큰 공항이라서 대기 중인 비행기가 많다.

양곤은 큰 공항인지라 이륙을 준비하거나 대기 중인 비행기가 꽤 많았다

❶ 청사 안의 공간이 엄격하게 구분되지는 않는지 탈 사람과 내린 사람들이 같은 공간을 쓰는 듯했다 ❷ 오른쪽으로 돌아서 다시 한번 꺾자 '코리아 익스프레스 에어'라는 간판이 눈에 들어왔다 ❸ 즐겁게 여행하다 보면 피곤한 줄을 모르는 법이다 - 힘이 넘쳐 보이는 대중들 ❹ 완전히 우리만의 공간에서 한참을 편안하게 쉴 수 있었던 곳

단체 이동에 대한 신고 때문인지 가방을 기다리느라 그런지는 모르겠으나, 탑승할 사람들이 기다리는 대합실을 지나 별도의 대기실로 들어갔다. 그곳에는 '코리아 익스프레스 에어'의 '승객 브리핑 룸'이 있었는데, 코리아 (Korea)라는 단어만으로도 반가움을 느끼게 된다. 창 너머로는 외국 여행객들이 분주히 오가는 가운데, 우리는 잠시 휴식에 들어갔다.

유리창 너머로 외국 여행객들이 분주하게 오가는 것을 그림 보듯이 바라보았다

그동안 바간과 헤호의 한적한 길에
익숙해진 눈이 양곤의 시가지에
피로감을 느꼈다

중식당은
큰 연회를 주로 하는 곳처럼 느껴졌는데,
입구에는 특별한 경우에 타는 차가 서 있었다

이윽고 오늘의 점심을 해결할
로열 가든 레스토랑으로
들어서고 있다

11시 05분경, 우리는 다시 양곤의 거리를 달리고 있었다. 바간과 헤호의 시골풍에 익숙해진 눈은 얄팍하게도 금세 피로감을 느낀다. 우리의 몸이 얼마나 간사스러운지를 알아채는 순간이다. 그로부터 다시 30여 분이 흘러 버스는 한 식당의 마당으로 들어섰다. 입구에는 '로열 가든 레스토랑(Royal Garden Restaurant)'이라는 간판이 서 있었는데, 큰 연회를 전문으로 하는 식당 같았다.

❶현관에 이르자 안쪽의 종업원들이 분주히 움직이고 있었다 ❷큰 홀 가득히 하객이 차 있는 것으로 보아 중요한 연회 같았다 ❸망원으로 주인공을 당겨보니 나이가 좀 들어 보이긴 하지만 신랑신부처럼 보이는 것이 결혼피로연 같았다

현관을 들어서니 아니나 다를까 큰 연회를 시작하고 있었다. 얼핏 보기에 결혼피로연처럼 보였는데, 하객이 보통 많은 게 아니었다. 중식당인 점으로 미루어 보거나 하객들의 모습으로 봐서 화교가 오늘의 주인공인 듯 했다.

우리가 식사할 방은 지하에 있었다. 계단으로 내려가는데 정면 벽에 영어글씨로 크게 '환영(welcome)'이라고 써 놓았다. 아마도 외국 관광객이 많이 오는 모양이다. 방은 제법 여유가 있어서 우리는 둥근 테이블 두 개에 나눠 앉았다.

점심 메뉴는 만두라고 했다. 아주 오래전 중국 시안(西安-옛 長安)의 만두전문점에 갔는데, 그때 다양한 만두를 먹으며 즐거워했던 기억이 있다. 우사장이 만두를 점심으로 해도 좋겠냐고 묻기에 그것도 괜찮겠다고 답했던 것이다.

WELCOME

우리가 식사할 방은 지하에 있었다
-지하로 내려가는 벽면에 영어로
'환영'이라는 글씨를 크게 써놓았다

안쪽 테이블의 모습 - 빈 접시를 앞에 두고도 즐거운 모습이다

빈 그릇을 놓고 기다리는 동안 즐겁게 담소하는 대중들의 표정은 미얀마 사람들의 편안함에 가까이 가 있었다. 이윽고 중국식의 만두가 서너 가지 나오더니, 느닷없이 설탕을 뒤집어 쓴 떡 종류 등이 나왔다. 아마도 현지 여행사에서 메뉴를 정해 놓은 모양이었다. 대중들의 눈가에 살짝 실망한 빛이 흘렀다. 고칠 수 있는 것은 즉시에 고친다는 것이 내가 사는 방식이다. 곧 고 팀장을 불러 더 내올 수 있는 만두 종류가 있는지를 알아봤더니 가능하단다. 이럴 때는 대중공양비 들어온 것으로 보완을 하면 된다. 곧바로 새 메뉴를 몇 가지 추가했더니, 대중들도 모두 흡족해 했다. 혹여 마음에 들지 않는 일이 있을 때 끙끙대며 뒤에서 불평을 하지 말고 바뀔 수 있도록 노력해야 한다. 이미 정해진 것이라 할지라도 그 일이 과거가 되기 전에 가능한 것부터 개선하면 된다. 물론 그에 따르는 대가는 당연히 감수해야 한다.

식당을 나서는 대중들의 흡족한 모습을 보는 내 마음도 덩달아 즐겁다.

입구 쪽에 있는 테이블의 모습 - 편안해 보이지만 약간 배가 고픈 듯 말수가 적다

차욱타지 파야의 와불을 참배하다 56

쉐다곤 파고다를 중심으로 본 양곤 시가지 - 지도 상단 밑줄 부분이 차욱타지 사원

12시 55분, 양곤의 첫 참배지인 차욱타지 (Chauk htat gyi) 파야에 도착했다. 지도상으로는 쉐다공(쉐다곤) 사원에서 북동쪽에 있으며, 인야 호수의 남동쪽에 해당된다. '차욱타지'는 '극락의 여섯 층'이라는 뜻이란다. (여섯 번 칠한 부처님이라는 뜻도 있다고 함)

❶1996년 사원의 마당 앞쪽에서 공부를 마친 동자승들이 몰려나와 왁자지껄 웃고 떠드는 광경이다 ❷사원의 마당과 입구까지 깔끔하게 정리되어 있음을 볼 수 있다 - 불당 바로 앞에 주차하는 것을 피했으면 더 좋았을 것을...

　1996년의 기억을 되살려 보면 이 사원의 주변은 좀 어수선했던 것 같다. 맨땅의 앞마당에는 많은 개들과 구걸하는 사람들이 있었고, 심지어 불당 안에도 개들이 어슬렁거리며 돌아다녔던 것이다. 마당과 인접한 낡은 건물에서는 공부하는 동자승들이 몰려나와 시끌벅적 떠들며 놀던 기억도 난다.

　2012년의 차욱타지는 깔끔하게 단장을 하였다. 포장되어 잘 정돈된 마당은 동시에 많은 차가 주차할 수 있도록 정비되었고, 걸인이나 개도 보이지 않았다. 길 건너편에는 깨끗하게 지은 건물들이 있고, 스님들의 가사가 걸려 있었다. 아마도 스님들의 처소인 듯했다. 동자승들이 공부하던 낡은 건물도 동자승들도 보이지 않았다.

　차욱타지가 있는 이 지역은 거의 사원이나 수도원이 있는 곳이라고 한다. 인근에 웅아따지(Nga Htat Kyi) 사원이 있고(지도에서 차욱타지 바로 아래에 위치한 것을 확인할 수 있음), 6백여 명이 수행하는 수도원도 있다고 했다. 어쨌거나 이곳도 세월의 흐름이 분명했다.

불당 입구로 걸어가다가 왼쪽을 보니 헤호 공항에서 보았던 공양 보시대가 이곳에도 있었다.

하얀 일산 아래에 스님들의 일상생활에 필요한 용품들이 주렁주렁 열려 있는 것이 미얀마 불자들의 아름다운 신심을 보는 듯하여, 볼 때마다 기분이 좋아진다.

헤호 공항에서 봤던 보시대가 여기에도 있다
- 불자들의 신심을 엿볼 수 있다

불당 안으로 들어가자 장대한 와불상이 시선을 압도한다 - 광각렌즈에도 다 담을 수 없었다

불당 안으로 들어가자 첫눈에 아름답게 느껴지는 와불(臥佛-누워서 선정에 드신 부처님)상이 맞아주신다.

"어찌 그리 오랜만에 왔는가?"

"부처님 곁을 떠난 일이 없는데 어찌 오랜만이라 하십니까?"

"그렇지, 내가 가끔 깜빡한다네!"

부처님께 인사를 올린 후 우요삼잡(右繞三匝-부처님이나 사리탑 등에 경의를 표할 때, 자신의 오른쪽이 대상으로 향하게 하여 세 번 도는 예법)을 시작하며 보니, 남방스님이 지극한 예를 올리고 있다. 이른 오후라 아직 참배객들이 많지 않아서 여유롭게 돌 수가 있었다.

절을 올린 후 오른쪽으로 돌려는데 앞에 남방의 스님이 열심히 기도를 올리고 있었다

1996년에는 아직 미완의 상태에 있었던 불상과 주변의 모습이다

예를 마치고는 찬찬히 불상을 살펴보았다. 이 와불상은 미얀마에서 두 번째로 크다고 하는데, 길이가 65.8m에 높이가 17.6m이다. 1907년에 처음 조성했는데, 고온다습한 기후로 문제가 생기자 1996년에 다시 조성하였다고 한다. 1996년 9월에 참배했을 때 어쩐지 정리가 덜 된 느낌이 강했는데, 세밀한 부분의 완성이 되지 않았기 때문이었다.

2012년 유약을 바르고 완성을 한 상태의 불상은 옥처럼 빛났고 가사도 장엄한 모양으로 바뀌었다

미얀마의 큰 불상이 대개 그렇듯이 이 와불도 벽돌로 형태를 만든 뒤에 회반죽으로 모양을 잡고 색을 입혔고, 그 위에 다시 유약을 발라 옥처럼 빛이 나도록 하였다. 1996년에 참배할 때는 사원의 주위도 어수선했지만 불상 또한 미완성 상태였다. 그래서 빛나지도 않았고 회칠의 느낌이 강했던 것이다. 하지만 지금의 불상은 옥처럼 빛났고 가사도 장엄한 모습으로 바뀌었다.

◀ 붉은 입술과 알 듯 모를 듯 미소 띤 얼굴은
보는 이들이 어머니를 떠올릴 만도 했다

▼ 눈 주위의 옅은 옥색 색조와 긴 속눈썹은
영락없는 미인의 모습이 아닌가

▼ 유리 상감 칠기기법을 활용하여
어지럽지 않은 수준에서
가사를 장엄하였다

　　　　부처님의 얼굴 쪽으로 다가가 우러러 보니 부드러운 여인의 얼굴을 연
상시키는 상호이다. 붉은 입술과 알 듯 모를 듯 미소 띤 얼굴은 보는 이들이
어머니를 떠올릴 만도 했다. 특히 눈 주위의 옅은 옥색 색조와 긴 속눈썹은 영
락없는 미인의 그것이다. 시선을 가사로 옮겨 보면 유리 상감 칠기기법을 활
용하여 어지럽지 않은 수준에서 가사를 장엄하였다.

❶머리맡에서 보면 발까지의 거리가 먼 까닭에 발 모양이 아득하다 ❷1996년 머리맡에서 봤을 때 회칠의 느낌이 너무 강해서 아쉬움이 있었다 ❸유약으로 마감하여 완성시킨 상태인 지금의 느낌은 우유빛의 옥처럼 느껴졌다

발걸음을 옮겨 머리 쪽에서 바라보니 발까지의 거리가 먼 까닭에 발모양이 아득하다. 1996년 왼쪽에서 봤을 때 회칠의 느낌이 너무 강해서 아쉬움이 있었지만, 유약으로 마감하여 완성시킨 상태인 지금의 느낌은 우유빛의 옥으로 착각할 정도이다. 오른쪽 팔로 굽혀 손바닥으로 머리를 받치고 있는 모습은, 누워 계신 부처님께서 지금 열반에 드시는 것이 아니라 선정에 들어계신 것을 뜻한다. 열반상(涅槃像-육신의 목숨을 마치던 때의 모습)이 아닌 와선상(臥禪像)인 것이다.

❶머리맡 앞뒤의 경계를 살짝 넘자 대장부의 힘을 느끼게 한다
❷뒷모습 전체를 보고 싶었지만 철제 구조물이 계속해서 방해- 날카로운 울타리와 구조물이 왜 필요했을까

앞에서는 여성적 부드러움으로 가득했던 부처님은 앞뒤의 경계를 살짝 넘자 대장부의 힘을 느끼게 한다. 좀 더 뒤쪽으로 가니 세상 모든 것 다 받아주실 것 같은 그 등에 기대 긴 휴식을 취하고 싶어졌다. 발까지의 뒷모습 전체를 보고 싶었지만 철제 구조물이 계속해서 방해를 했다. 대체 무슨 이유로 부처님을 에워싼 울타리를 이토록 날카롭게 했으며, 철제 구조물의 기둥에는 어째서 큰 낚시 바늘 같은 것들을 붙여 둔 것일까? 계속해서 아쉬움으로 다가오는 것들이었다.

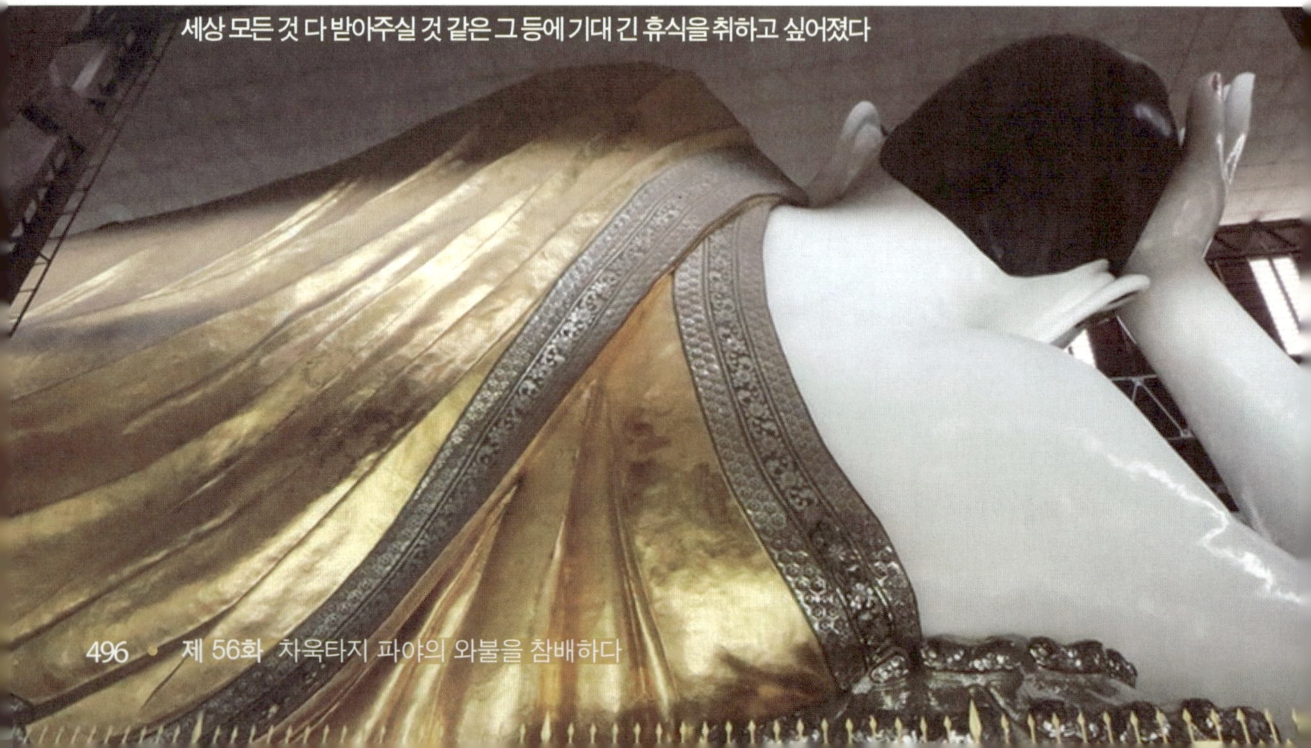

세상 모든 것 다 받아주실 것 같은 그등에 기대 긴 휴식을 취하고 싶어졌다

두 발이 가지런하지 않고 엇갈려 있는 것은 선정에 드신 상태임을 뜻한다

1996년에는 부처님의 등 뒤에 개 한 마리가 기대어 편히 잠들어 있었다. 그때 잠든 개 곁에 잠시 앉아 쉬었던 것이 떠올라 웃음을 입가에 흘리는 사이에도 발은 부지런을 떨어 부처님의 발바닥이 보이는 곳에 이르렀다. 바간에서 부처님의 족적만을 형상화한 것을 이미 보았었다. 그러나 와불상의 발바닥에 직접 섬세한 도상을 그린 것을 보긴 어렵다. 자세히 들여다 보면 불상과 불탑, 각종 동물과 물고기, 그 외에 다양한 도상들을 가득 그려 두었다. 이것은 부처님의 수많은 전생을 108도상으로 상징해 표현한 것이라고 한다. 두 발이 가지런하지 않고 엇갈려 있는 것은 선정에 드신 상태임을 뜻한다. 열반에 드실 때의 발모양은 가지런하다.

부처님의 수많은 전생을 108도상으로 상징해 표현한 것이라고 한다

전망대에서는 부처님의 두 발바닥이 확실하게 보였으며, 흘러내린 가사자락까지도 보였다

발바닥 쪽에서 약간 입구 쪽으로 치우쳐 얕은 전망대가 설치되어 있는데, 이것은 발쪽에서 부처님의 전체 모습을 잘 볼 수 있도록 한 것이다. 대중들은 그곳에 모여 설명도 듣고 또 부처님을 배경으로 기념사진도 찍으며 시간을 보내고 있었다. 그곳에 올라가니 비로소 부처님의 두 발바닥이 확실하게 보였으며, 흘러내린 가사자락까지도 보였다.

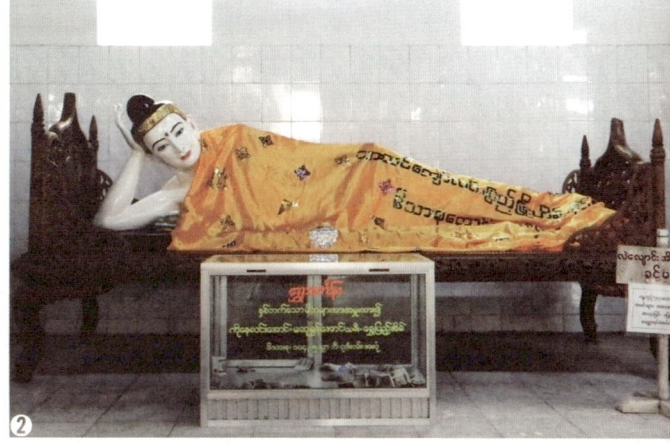

❶각종 불상들을 많이 모셔 두었는데, 크기가 다른 좌불상과 입불상이었다 ❷큰 와불상을 그대로 축소한 듯한 와선상이 침상 위에 모셔져 있다 ❸가운데에 입불상을 모시고 좌우에는 항마촉지인의 좌불상을 모셨다 ❹역시 큰 와불상을 축소한 듯하나 시선 등이 많이 다르다

대중들이 사진을 찍는 동안 나는 부처님의 머리맡에 있는 별실로 갔다. 한 방에는 각종 불상들을 많이 모셔 두었는데, 크기가 다른 좌불상과 입불상이었다. 그곳에 참배를 한 후 다음 방으로 갔다. 두 곳에는 침상 위에 축소한 와불(臥佛)을 모셨고, 가운데에는 입불(立佛)과 좌불(坐佛)을 모셨다.

돌아보니 부처님께서 또 다른 눈빛으로 나를 보고 계셨다

혼자서 참배도 하고 사진도 찍으며 시간을 활용하고 있었더니, 고 팀장이 다가와 부처님사리를 참배하러 갈 시간이 되었다고 했다. 입구 쪽으로 가다가 돌아보니 부처님께서 또 다른 눈빛으로 나를 보고 계셨다. 나는 마음속으로 다시 인사를 올렸다.

"부처님, 인연 따라 제자의 몸만 오고 갈 따름입니다."

보일 듯 말 듯 부처님의 입가에 미소가 흘렀다.

세계 평화의 탑인 까바예 파고다 57

지도 중앙의 인야 호수 위쪽(북쪽)에
까바예 파고다가 있고,
그 뒤에 마하 빠사나 동굴이 보인다

13시 40분에 '차욱타지 파야'를 떠난 버스는 북쪽으로 방향을 잡더니, 얼마 되지 않아 양곤에서 가장 큰 '인야 호수(Inya Lake)'를 왼쪽에 두고 내달렸다. 약 25분이 지나자 나무가 우거진 가벼운 비탈길로 들어섰다. 그리고 바로 앞에 일주문 격인 아치가 나타났다. 이곳이 바로 부처님의 사리를 모신 까바예 파야를 비롯해서 미얀마 종교성과 승가대학 등이 있는 곳이다.

1996년 이곳을 참배할 때는 주변이 벌판과 같았던 것 같다. 마당에 섰을 때 아주 멀리까지 보였던 기억이 있다. 그러나 지금은 진입로 주변에 건물들도 제법 많고 나무들도 커서 16년 전의 느낌과는 많이 달랐다.

❶완만한 경사로 위에 일주문에 해당되는 아치가 보인다
❷이 문 안에는 미얀마 종교성이 있고 까바예 파고다가 있으며 승가대학도 있다

버스에서 내리니 바로 앞에 까바예 사원으로 들어가는 회랑이 있다. 회랑부터 금으로 장식한 것은 이곳이 대단히 중요한 곳임을 상징하는 것이다. 사실 이곳은 미얀마 사람들에게 성스러운 곳이다. 바로 부처님과 두 제자의 진신사리가 모셔져 있기 때문이다.

까바예 파고다의 남쪽 문에서
입구까지 길게 회랑이
설치되어 있다

중앙의 탑을 향해
가운데와 오른쪽과 왼쪽에
회랑이 설치되어 있는 것을
확인할 수 있다

까바예(Kaba Aye-'거바예, Gaba Aye'라고도 함)는 '세계 평화'를 의미하는 말인데, 공식적인 명칭은 '티리 밍갈라 거바예 제디다우(Thiri Mingala Gaba Aye Zedidaw)'이다. 흔히 '세계 평화의 탑(World Peace Pagoda)'이라고 불린다.

미얀마정부는 1954년~1956년의 삼 년에 걸쳐 불교경전을 종합적으로 정리하는 제6차 결집(結集)을 봉행했다. 이 불사를 위해 미얀마정부는 인도의 제1차 결집 장소였던 라자그리하(왕사성) 비파라산(毘婆羅山)에 있는 칠엽굴(七葉窟-500명이 들어갈 수 있는 큰 바위굴로 입구에 칠엽수七葉樹가 있어서 붙여진 이름이라고 함)을 모방한 '마하 빠사나 동굴(Maha Pasana Cave-거대한 동굴이라는 뜻으로, 지도상에서는 까바예 사원의 바로 위 북쪽에 위치함)'을 세웠다. 한편 미얀마 초대 수상인 '우 누(U Nu)'는 인도의 네루 수상에게 부처님의 사리를 모실 수 있도록 나누어 달라고 간청했다. 인도가 영국으로부터 독립할 때 영국으로부터 반환받은 부처님의 사리가 있었기 때문이었다. 인도의 네루 수상은 불교국가인 미얀마에 나누어 모시는 것이 의미가 있다고 판단하여 그 청을 들어주었고, 우 누 수상은 그 사리를 모실 까바예 사원을 1952년에 세웠던 것이다.

❶긴 회랑의 안쪽에 탑 안으로 들어가는 계단이 보인다 ❷탑 안으로 들어가면 입구의 벽면이 온통 유리로 꾸며져 있다 ❸원통형의 중앙 탑신이 보이고 앞에 석가모니 부처님이 앉아 계신다 ❹원통형 탑신 벽에는 보리수를 그려서 성도하시던 장면을 상징적으로 보여주고 있다 ❺1996년에는 회랑이 없이 바로 탑이 있었다 - 높이 34m의 황금탑 중앙이 불당

긴 회랑을 따라 들어가면 이윽고 탑에 이른다. 1996년의 기억으로는 탑의 입구로 연결되는 회랑이 없었다. 마당에서 바로 입구로 들어설 수 있었던 것이다. 중앙의 탑은 높이가 34m이고, 기단부의 길이 또한 34m라고 한다. 탑에는 네 개의 문이 있다.

출입문을 들어서니 입구의 벽면은 온통 유리장식으로 덮여 있고, 저만큼 안쪽에 원통형의 중앙 탑신(塔身-탑의 몸체)이 보인다. 탑신의 전면에는 항마촉지인(降魔觸地印-마군을 항복받을 때의 손 모양)의 석가모니불을 모셨다. 가까이 다가가니 하늘색 탑신에는 나무를 그렸다. 아마도 부처님께서 보리수 아래에 앉아 마군을 항복받으시던 그 광경을 재현하려 한 듯하다. 탑신의 상단부에는 일정한 간격으로 많은 부처님을 모셨다.

❻ 왼쪽으로 탑신을 돌아가는데, 간절하게 기도하는 이들이 앞에 있었다 ❼ 중앙탑신 안에 있는 불당 안으로 우리가 들어가자 곧 문을 닫아 잠궜다 - 허락받은 사람만 들어갈 수 있기 때문이다 ❽ 북쪽을 향해 앉아 계시는 부처님께 이르기 전에 독경하는 이가 있었는데, 교대로 독경을 하는 이라고 했다

복도를 따라 돌아가니 동서남북 네 곳에 큰 불상을 모셨고, 그 앞에서 간절하게 기도하는 불자들의 모습이 보인다. 완전히 뒤쪽으로 돌아가자, 미리 약속된 종교성의 관리들이 기다리고 있다가 탑신부 안에 있는 불당(佛堂)의 문을 열었다. 미리 허락받지 않은 사람들은 이 불당에 들어갈 수가 없다. 우리가 들어가자 문은 곧 굳게 닫혔다. 그렇지만 먼발치에서라도 사리를 친견하고 싶은 불자들이 보호용 쇠창살 밖에서 목을 빼고 바라보았다.

샹들리에 형의 산개 아래에 여느 부처님과는
다른 형태의 석가모니불이 모셔져 있다

투구형의 보관을 쓰시고
갑옷 형태의 가사를 수하신 석가모니부처님

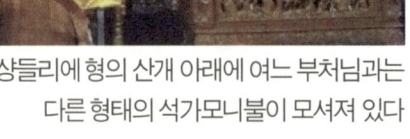

불당의 정면에는 샹들리에(chandelier) 형태의 산개(傘蓋-부처님의 머리 위

에 우산처럼 장치하는 것)아래에 항마촉지인의 석가모니부처님이 모셔져 있다. 부

처님은 특이하게도 황금의 보관을 쓰셨고, 갑옷 같은 느낌이 드는 가사를 수

하셨다. 부처님께서 앉으신 좌대(座臺)에서부터 몸 뒤의 광배(光背-부처님의 몸

에서 나오는 광채를 표현한 문양)까지 황금으로 장엄(莊嚴-위엄 있게 꾸밈)한 모습이 두 번

째 보아도 놀랍기만 하다. 그러니 처음 친견하는 대중들이야 말해 무엇하랴.

가운데가 석가모니불 사리이고, 오른쪽이 사리불존자의 사리이며, 왼쪽이 목련존자의 사리이다

본존 부처님의 바로 앞에는 황금의 탁자가 있는데, 그 위에는 황금 그릇에 모신 사리용기 세 구가 보였다. 사리용기는 수정으로 만들어서 밖에서 사리를 친견할 수 있도록 했는데, 확대경을 사용하기 전에는 육안으로 뵙기가 어려웠다. 가운데는 석가모니부처님의 사리이고, 친견하는 자리에서 왼쪽과 오른쪽에는 사리불존자와 목련존자의 사리를 모셨다.

선산 도리사의 사리친견법회를 마친 후에
새로 세운 사리탑

부처님치아사리 친견 전국 순회법회 시에 촬영한
건봉사 부처님치아사리

나는 풋내기 불자시절부터 노스님들로부터 부처님의 사리에 대한 신묘한 얘기를 많이 들었다. 처음에는 나도 친견했으면 좋겠다는 간절한 마음이 있기도 했지만 참선공부를 하면서 선어록(禪語錄-옛 선사들의 법문집이나 대화록)을 탐독하고 화두에 매달리면서는 그 생각이 사라졌었다.

1977년 직지사 말사(末寺-지역의 중심사찰인 본사本寺의 관리를 받는 작은 절)인 도리사(桃李寺) 사리탑에서 부처님의 진신사리가 발견됨으로써 사리친견의 열풍이 불었다. 그때 여름 안거(安居-아주 더운 철과 아주 추운 철에 한 곳에 머물러 수행하는 것)를 마친 나는 강원도 급경사 비탈의 천수답(天水畓-하늘에서 내리는 비에 의존해서 벼농사를 짓는 작은 논들로 다닥다닥 붙어 있다)처럼 누덕누덕 기운 누비옷을 입고(얇은 두루마기가 없었다) 스님께 인사를 여쭈러 김해 영구암으로 갔었다. 마침 부산의 신도님들이 와 계셨는데, 자가용으로 도리사 사리를 친견하러 갈 계획이니 모시고 가겠다고 했다. 나는 "내 사리 찾기도 바빠서 갈 수가 없습니다." 하고는 거절을 했었다. 그 이후로도 여러 곳에서 사리친견법회가 열렸지만, 나는 단 한곳도 가질 않았다.

1987년 도반들에게 등 떠밀려 총무원 재정국장 소임을 맡겨 되었는데, 한 달도 되지 않아서 전국적인 행사를 책임지게 되었다. 바로 부처님치아사리 친견법회였다.

1986년에 강원도 건봉사(乾鳳寺)의 사리탑이 도굴 당했다. 그러나 도굴범들은 서울에서 곧 검거되었고, 그때 세상에 모습을 드러낸 부처님의 치아사리(齒牙舍利-부처님의 이빨이 보석처럼 변한 것)를 불자들에게 친견케 하는 법회를 봉행하게 된 것이었다. 그 즈음 총무원에서는 불교방송국 설립을 추진하고 있었는데, 사리친견법회로 그 기금을 어느 정도 만들 계획이었던 것이었다. 하지만 막상 순회법회를 진행하자 성과가 너무나 보잘것없어서 거의 실패로 결론을 내리고 있었던 것이었다. 그때 신참 국장인 내게 나머지 순회법회의 책임이 주어졌다. 비록 타의에 의해 총무원에 들어가게 되었지만 종단으로부터 받은 혜택을 갚는다는 각오로 불철주야 뛰어다녔더니, 책임을 맡고 첫 번째로 봉행한 울산법회가 인산인해를 이루는 성공을 거두었다. 그 이후의 법회도 또한 성황리에 마쳐서, 지금의 불교라디오방송(BBS)을 세우는데 일조를 하게 되었다.

사리법회가 진행되는 동안 부처님치아사리는 내가 모시고 다녀야 했다. 작은 금고에 넣어서 차에 모시고 다니다가, 잠을 잘 때면 내가 머무는 방에 모셨다. 친견법회를 할 때 금고에서 모셔 내거나 넣는 것도 내 몫이었다. 비록 목장갑을 끼긴 했지만, 진열할 때도 오직 나만이 손으로 만질 수 있었던 것이다. 이전에 한사코 사리를 친견하러 가지 않았는데, 결국엔 1년여를 동거하다시피 사리를 모셨던 것이다.

❶ 먼저 차와 향을 올린 후에 예불을 올린다 - 앞에 사리용기가 보인다 - 고 팀장 촬영 ❷ 예불을 올리는 대중들은 모두 부처님을 친견하는 듯하다 - 고 팀장 촬영 ❸ 부처님 발에 이마를 대듯이 하는 큰절 - 우 사장 촬영 ❹ 예불과 기도를 올리는 마지막 순간까지 미얀마종교성 공무원들은 우리와 함께했다

　　1996년 까바예 파야에서의 사리친견은 너무나 서둘러 진행되었다. 의식도 아주 간단히 하였고, 친견하는 절차도 간소하게 하여 순식간에 끝나고 말았던 것이다. 그때는 불당 안에서 사진 찍을 시간도 없었다. 그때의 아쉬움을 다시 대중들에게 느끼게 할 수는 없었다. 그래서 특별히 미얀마종교성에 미리 부탁을 하여 시간을 넉넉하게 잡았다.

　　차와 향을 올린 후 우리는 예불을 모셨다. 부처님의 사리를 모시고 예불을 올리는 대중들의 예찬(禮讚)은, 저 깊은 심성의 동굴에서 울려 나오는 범패

부처님의 자애로운 시선을 느끼며 대중들은 삼매에 든다

(梵唄-부처님을 찬탄하는 수행자의 염불)와도 같았다. 예불과 반야심경 독송을 마친 후 굽어보시는 부처님의 자애로운 시선을 느끼며 석가모니불 정근(精勤-일반적으로는 부지런히 힘쓴다는 뜻이지만, 불교에서는 불보살님의 명호를 계속 염송하는 것을 말함)을 이어갔다. 대중 모두가 삼매에 들어 부처님의 품에 안겼을 즈음, 까바예 탑의 건립 취지인 세계평화를 비롯한 공부에 대한 축원까지를 모두 마쳤다. 짧지 않은 시간 동안에 미얀마종교성의 공무원들은 모두가 기쁜 표정으로 우리와 함께 해 주었다.

사리를 머리에 이고 수기를 받다 59

축원이 끝난 뒤 고 팀장이 다음의 진행순서에 대해 설명을 하고 있다

고 팀장이 이어질 순서에 대해 설명을 했다.

"스님들부터 한 분씩 나가시면 마정수기(摩頂授記)를 하실 겁니다. 모두 장궤합장(長跪合掌)을 하시고 계시면 종교성에서 나온 분들이 의식을 진행할 겁니다. 수기가 끝나면 사리를 친견할 수 있도록 이 분들이 도와 드릴 겁니다. 앞에 보시를 할 수 있도록 그릇이 마련되어 있으니, 하고 싶으신 대로 하시면 됩니다. 이 보시는 종교성에서 가져가서 불교 포교를 위한 비용으로 사용합니다."

가장 먼저 나가서 장궤합장을 하고 사리를 머리에 이고 수기 내용을 암송하는 것을 경청하고 있다

우선 인솔자로서 내가 먼저 마정수기에 임했다. 이곳에서는 1996년에 이어 두 번째이고, 2006년 다람살라 특별법회에서 달라이라마 존자님으로부터 받은 것까지 치면 세 번째이다. 인연 닿는 모든 이들을 행복하게 하겠다고 발원한 내 원력을 다짐하는 입장에서 기꺼이 마정수기에 임하기로 했다. 마정수기(摩頂授記)란 부처님께서 제자의 정수리를 어루만지시며 수기(受記, 授記)를 주시는 것이다. 수기란 예언이다. 먼 미래 어느 때 어느 곳에서 성불을 하면, 얼마나 육신을 보전하면서 얼마나 많은 중생을 괴로움으로부터 해탈시킬 것인지 등을 예언하는 것이 '수기'이다.

앞으로 나가 장궤합장을 했다. 장궤합장은 호궤합장(胡跪合掌)이라고도 하는데, 무릎을 꿇은 상태에서 무릎 위를 일직선으로 세운 채로 합장하는 방식이다. 이 자세는 주로 수계할 때 취하는 예법이다.

장궤합장을 취하자 종교성 공무원(불교신자들임)들이 사리를 모신 황금접시를 들어 내 머리 위에 올린 후 미얀마 말로 수기문(受記文-미얀마어로 수기 내용을 정리한 문장)을 읽어 나갔다. 이 경우는 부처님께서 직접 손으로 머리를 만지는 것이 아니라, 사리를 머리에 이는 방식이므로 사리정대(舍利頂戴)라고 하는 것이 적절하다. 그렇지만 부처님의 사리를 머리에 이는 데 그치는 것이 아니라 수기문장을 암송하기에 마정수기라고 해도 무방한 것이다.

석가모니부처님 사리에 이어서 목련존자의 사리를 친견하고 있다

마정수기가 끝나자 사리를 탁자 위에 모셨다. 나는 보시를 한 후에 종교성 직원들이 확대경을 비춰주는 대로 부처님의 사리와 사리불존자의 사리 및 목련존자의 사리를 친견했다. 사리를 친견하는 동안 나는 다시 부처님의 음성을 들었다.

"송강 비구여! 지금 보고 있는 것은 그저 징표에 불과하니라. 그대가 이미 본 그것이 진정한 사리며, 모양도 없고 색채도 없는 그 성품이 법신사리(法身舍利-진리로서의 사리)니라. 또한 연기(緣起-모든 존재는 홀로 독립되어 있는 것이 아니라, 여러 가지 조건과 관계 속에서 임시로 존재하고 있다고 하는 원리)이기에 텅 빈 그 자리에서 무한하게 변화하고 있는 '그것'이 진정한 법신사리니라."

나는 그저 합장과 침묵으로 예를 갖추고 물러났다.

❶봉덕사 혜욱스님의 마정수기가 진행되고 있다 - 스님의 표정이 부처님의 말씀을 직접 듣는 듯하다 ❷혜욱스님이 좀 더 자세히 친견하려고 집중하고 있다 ❸함께 성지순례를 한 스님의 마정수기 장면 - 종교성 불자들의 자세가 매우 진지하다 ❹마정수기를 마치고 사리를 다시 탁자 위로 모시고 있는 미얀마종교성 불자들 ❺영원한 스승이신 부처님, 제자가 지금 부처님을 뵈옵니다
❻다른 이가 마정수기를 하는 동안 대중들의 모습을 살펴보니 경건하게 경외심을 갖추고 있다

　　나는 고 팀장이 촬영하고 있던 내 카메라를 돌려받아 대중들의 마음을 담아보려고 했다. 스님들이 차례로 나가 마정수기를 하고 사리친견을 했다. 대중들을 살펴보니 모두가 경건하게 경외심을 갖춘 듯했다.

마정수기를 받기 위해 장궤합장을 하고 기다리는 모습을 뒤에서 촬영한 것

이어서 대중들이 차례차례 나가서 일생에 단 한 번 뿐일 수도 있는 미래 성불예언과 사리친견을 한다. 그 표정을 카메라에 담으며, 나는 대중들의 마음을 읽어간다. 경외심을 보이는 불자, 적멸의 기쁨에 젖는 불자, 부처님을 찾으려는 불자, 신기해 하는 불자, 놀라움을 나타내는 불자, 환희로움을 보이는 불자, 탐구심으로 접근하는 불자, 궁금해 하는 불자, 좀 더 자세히 보려는 불자, 눈을 떼지 못하는 불자, 빨려들어갈 듯한 불자. 감사해 하는 불자, 꿈을 꾸는 듯한 불자 등을 보면서 이곳이 바로 영산회상(靈山會上-인도의 영취산에서 부처님을 모시고 하는 법회)이로구나 하는 생각을 하였다.

①부처님의 사리를 친견함에 있어 경외심을 갖추는 것은 기본이다 ②사리는 부처님의 적멸을 상징한다 - 불자가 친견하면서 적멸의 기쁨을 만나는 것은 당연하다 ③사리를 통해 석가모니부처님을 찾으려는 자세도 분명 필요하다

④영롱한 사리를 친견하노라면 신기하다는 느낌이 들기 마련이다 ⑤사리를 친견하는 불자라면 당연히 놀라움을 만나게 되는 것이다 ⑥2600년 전에 계셨던 부처님의 사리를 친견하면 환희로움이 분수처럼 솟구치기 마련이다

⑦석가모니부처님의 사리라고 하니 탐구심이 물밀듯 밀려온다 ⑧난생 처음 접하는 부처님의 사리이니 어찌 궁금증인들 없으랴 ⑨부처님과 제자들의 사리이니 어찌 놀랍지 않겠는가

⑩결코 눈을 뗄 수가 없는 그 느낌이 있어야 불자라고 할 수 있겠지 ⑪빨려들어갈 듯한 그 느낌은 접해 보지 않은 사람은 알 길이 없다 ⑫아! 바로 이것이 부처님의 사리로구나, 놀랍기도 해라 ⑬석가모니부처님과 사리불존자 및 목련존자의 사리를 친견하니 감사할 따름입니다 ⑭아아, 부처님 제가 꿈을 꾸는 것은 아니겠지요

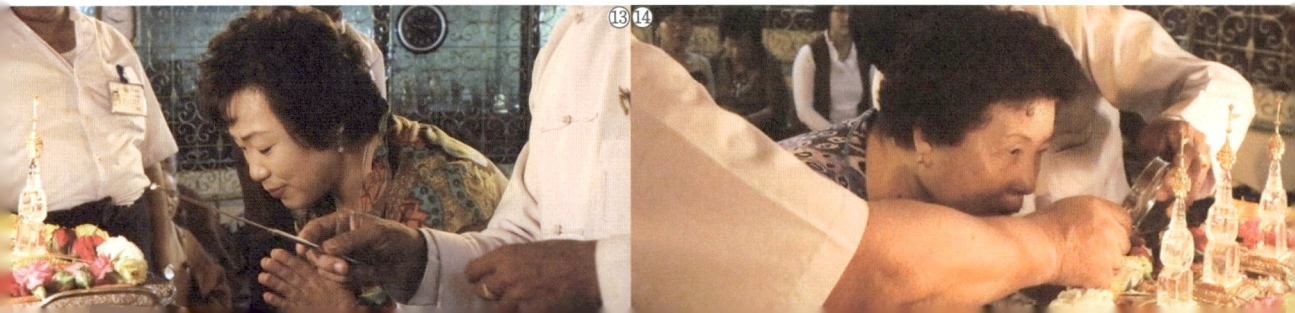

수기의 증서를 받고 사리를 모셔 넣다 60

❶사리를 친견한 후 공무원불자들의 배려로 사리를 모시고 단체 사진을 촬영 ❷사리를 모시고 마정수기를 하였다는 미얀마종교성의 증서를 받고 있다 ❸배려에 감사드리며 축복을 빈다는 말을 한 것을 고 팀장이 전하고 있다 ❹시종일관 경건한 자세로 우리를 도와 준 네 분과 함께 기념촬영을 하다

사리친견이 끝나자 종교성불자들이 사리를 내게 받으라고 하더니 함께 사진을 찍으란다. 뜻밖의 배려로 대중들의 기쁨은 더욱 커졌다. 사리를 탁자 위에 모셨더니 이번에는 앞으로 나오라고 하여 증서를 주었다. 마정수기를 했다는 증서를 대중의 수만큼 마련해 준 것이었다. 마음에 찬탄과 원력을 굳게 한 것보다 더 귀한 증빙이 있으랴만, 그 배려하는 마음이 아름다워서 감사의 말을 전했더니 그들도 기뻐했다. 도움을 준 네 분에게 사진을 같이 찍자고 했더니 기꺼이 응해서 단체 촬영을 했다.

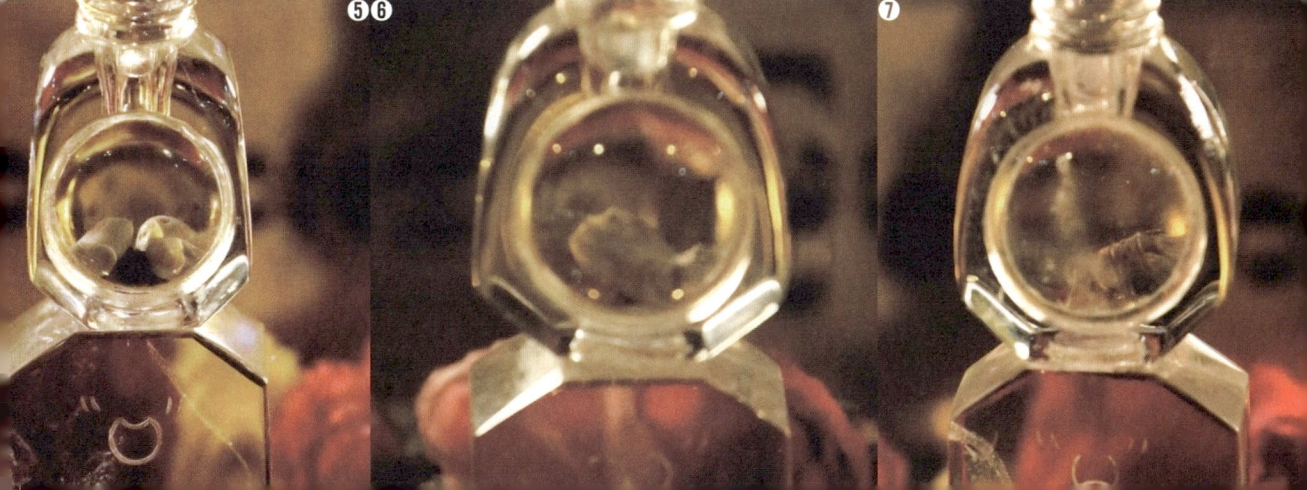

허락을 받고 촬영한 사리 - 왼쪽부터 사리불 존자, 석가모니 부처님, 목련 존자의 사리

사리를 모셔 넣기 전에 교육 자료로 쓰기 위해 가까이에서 촬영을 하고
싶다고 했더니 흔쾌히 허락을 해 주었다. 먼저 세 분의 사리를 함께 촬영한 후
에 부처님, 사리불 존자, 목련존자의 사리를 차례로 촬영했다. 부처님의 사리
는 5과(顆-'낱알'이라는 뜻으로 사리를 헤아릴 때는 '과'라고 표현함)이고, 사리불 존자와 목
련 존자의 사리는 각각 3과와 1과이다.

❺석가모니 부처님의 사리 5과를 모신 것 - 인도에서 모셔 옴 ❻사리불 존자의 사리 3과 - 인도 산치의 제3탑
에 모셨던 것 ❼목련 존자의 사리 1과 - 인도 산치의 제3탑에 모셨던 것

❺❻ ❼

인도 산치의 대탑 - 오른쪽이 제1탑이고 왼쪽이 제3탑

사리불 존자와 목련 존자의 사리는 인도의 산치대탑 중에서 제3탑에 모셔져 있던 것이다. 1851년 영국의 고고학자인 알렉산더 커닝햄(Alexander Cunningham)이 발굴하여 대영박물관에 소장하고 있었는데, 인도가 독립을 하면서 네루 수상이 영국에 반환을 요구하여 돌려받은 것이었다. 그 가운데 반을 이 세계평화의 탑에 모신 것이다.

❶ 사진 촬영이 끝나자 첫 번째 분이 부처님의 사리부터 모시려 한다 ❷ 석가모니부처님의 사리를 머리 위로 들어 올려서 예를 갖춘다 ❸ 높이 모신 상태에서 두 번째 분에게 사리를 넘겨 주고 있다 ❹ 두 번째 분이 머리 위에 사리를 모시는 동안 첫 번째 분이 최고 존경의 이마합장을 하고 있다 ❺ 두 번째 분이 세 번째 분에게 사리를 넘겨 드리고 있는 가운데, 첫 번째 분이 다음 사리를 모시기 위해 예를 갖추고 있다

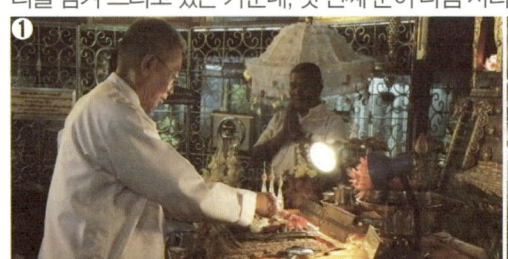

❻ 보는 방향으로 부처님의 왼쪽에서 부처님을 향해 합장하고 있는 사리불 존자상
❼ 이 과정을 석가모니부처님과 사리불, 목련 존자가 지켜보시는 듯하다
❽ 보는 방향으로 부처님의 오른쪽에서 부처님을 향해 합장하고 있는 목련 존자상

촬영이 끝나자 사리를 금고에 다시 모시는 의식이 시작되었다. 네 분의 공무원불자들은 경건한 자세로 사리를 머리 위로 모셨다가 차례로 전달하여 금고에 모시는 절차를 세 번에 걸쳐 행했다. 마치 부처님과 사리불 존자, 목련 존자님을 모신 채 의식을 행하는 듯했다. 본존인 부처님은 은550kg으로 조성하여 금을 입힌 것이다. 특별한 모습은 천상에 올라가시어 어머니인 마야 왕비를 위해 법문하실 때의 모습이라고 한다. 그러나 설법할 때의 수인(手印-손 모양)인 설법인(說法印-법문하실 때 양 손을 들어 역동적으로 설명하시는 손 모양)이 아니라, 성불하실 때 마군을 항복받으시던 항마촉지인(降魔觸地印)을 하고 계신다. 참배자가 볼 때 본존의 왼쪽에는 사리불 존자가 부처님을 향해서 합장한 모습을 취하고 있고, 오른쪽에는 목련 존자가 부처님을 향해 합장한 모습을 취하고 있다.

❶세 번째 분이 사리를 모신 가운데
 네 번째 분이 금고를 열고 있다
❷사리를 다 모셔 넣자 보시금이 든
 은통을 들어 부처님께 올리고 있다
❸네 사람이 지켜보면서 보시금을
 큰 봉투에 넣고 있다
❹내가 축복과 감사의 인사를 하자
 공무원불자들도 기뻐하며 인사를
 하고 있다

까바예 파야는 사리를 모시기 위해 처음부터 금고형으로 지어졌는데, 특히 본당의 금고는 삼중으로 만들었다. 5개의 열쇠는 세 사람이 나누어 가지고 있어서 다 모이기 전에는 친견할 수도 없다고 한다.

사리를 금고에 모셔 넣은 네 사람은 보시금이 들어 있는 은그릇을 부처님께 보이듯이 머리 위로 들어 올려 예를 갖추었다. 그런 후에 네 사람이 같이 확인하면서 보시금을 큰 봉투에 담았다. 이 보시금은 불교 포교에 관계되는 여러 가지 용도로 사용된다고 한다.

한 시간에 걸친 사리친견법회가 끝나자, 대중들은 모두가 맑고 환희로운 얼굴이 되었다. 긴 시간 동안 특별한 배려로 우리를 행복하게 해 준 네 분에게 감사의 뜻으로 보시를 했더니, 같은 부서 동료들과 모두 함께 대중공양을 하겠다며 기뻐했다. 우리를 도와 주신 분들은 종교성의 부장급이라고 고 팀장이 말했던 것 같다.

사리탑 위로 곱게 구름이 덮였고,
새 한 마리가 해탈경계를 보이듯 날고 있다

마당에 나왔을 때 대중들의 얼굴은 마치 극락정토를 본 듯한 표정들이었
다. 하늘엔 구름이 곱게 펼쳐진 가운데, 새 한 마리가 해탈 경계를 보이려는 듯
유유히 날고 있었다. 대중들은 마정수기의 감동을 영원히 하려는 듯 까바예 파
고다를 사진기에 담고 또 담았다. 하지만 아무리 오래 있고 싶어도 결국 떠나
야만 한다. 회랑을 지나 다시 땀 냄새 가득한 사원 밖으로 우리는 길을 나섰다.

회랑을 지나 땀 냄새 가득한 바깥 세상으로 들어갔다

❶마하 빠사나 동굴은 인공으로 산을 만들고 들어가는 입구를 동굴식으로 조성했다
❷미얀마 양곤의 칠엽굴인 '마하 빠사나 동굴'의 입구
❸칠엽굴에는 나한상을 모셨고, 결집을 한 곳이니만큼 여느 불당과는 다르게 큰 방이 있다

까바예를 떠나며 바로 인근에 있는 칠엽굴 얘기를 비췄더니 일정을 소화하기가 어렵단다. 1996년에는 까바예에서 보낸 시간이 워낙 짧았고, 또한 스님들만 함께한 성지순례였기에 칠엽굴을 참배할 필요성이 컸다. 칠엽굴은 본디 인도의 제1차 결집 장소였던 라자그리하(왕사성) 비파라산(毘婆羅山)에 있는 동굴이다. 미얀마에서는 제6차 결집을 추진하면서 인도의 칠엽굴을 모방한 '마하 빠사나 동굴(Maha Pasana Cave)'을 세웠다.

인공으로 만든 산에 역시 인공으로 만든 칠엽굴이기에 크게 볼만한 것은 없다고 할 것이다. 다만 스님들에게는 그 상징하는 바가 매우 크므로 대부분 참배를 한다. 시간이 넉넉했더라면 우리 대중들도 들러 그 의미를 새겼으면 좋았을 것인데 좀 아쉬웠다.

미얀마 성지순례를 하면서 대중들이 선물을 살 기회가 없었기에 잠시 짬을 내서 옥과 비취전문점을 들리기로 했다. 미리 관광객이 드나드는 곳이 아닌 전문점을 가보자고 고 팀장에게 부탁했었다.

미얀마는 보석이 유명하다. 그 중에서도 루비나 옥 등이 대표적인데, 1996년에는 가는 곳마다 아이들이 가짜 루비를 내밀었다. 그런데 재미로 볼펜과 바꾼 것 중에 가

비록 큰 도로변에 있기는 하지만 간판도 보이지 않고 건물도 평범한 '민띠하 보석 전문점'

끔은 진짜도 섞여 있었다고 할 정도이다. 하지만 이번에는 그런 아이들을 볼 수 없었다. 아마도 나라에서 정리를 한 모양이었다. 옥이나 비취는 그동안 태국에서 원석을 사다가 가공하여 비싼 가격에 팔았는데, 지금은 미얀마에서 가공을 하기 시작했다고 한다.

우리가 비취전문점이라고 간 곳은 큰 도로변이기는 하나 간판도 없었다. 혹여 보지 못했나 하고 나올 때도 살폈지만 결국 찾질 못했다. 나중에 고 팀장에게 물었더니 '민띠하 보석전문점'이라고 알려 주었다. 버스를 도로변에 세운 채 하얀색 대문 안으로 들어서니 아주 평범한 건물이 보였다. 양곤의 부자들이 드나드는 곳이라고 했는데 너무나 평범해 보였다. 하지만 안으로 들어가 보니 생각이 달라졌다. 왜 전문점이라고 했는지를 알 것 같았다. 단점이라면 가격이 비싼 물건들이라서 우리 대중들이 마음껏 살 수 있는 곳은 아니었다는 것이다.

❶ 부처님의 가르침을 들으며 법열에 젖은 스님의 모습 - 미얀마에서 흔히 볼 수 있는 자세임 ❷ 마음의 평화가 무엇인지를 잘 보여주는 스님의 모습 - 개화사 경장 위에 모셨음 ❸ 몸과 마음 다 바쳐 의지하옵니다 - 바로 예불문에서 맹세하는 그 모습 ❹ 믿고 따른다는 것은 큰 기쁨으로 하는 것임을 보여주는 스님의 모습

대중들을 위해서 들른 곳이니만큼 나로서는 둘러보는 것으로 만족이다. 화장실에 가기 위해 안내하는 문을 열고 들어갔더니 작은 창고 같은 방이 나왔다. 그곳에서 갑자기 나를 부르는 소리가 들렸다. "얼마나 기다렸는데, 이제 오는 게요?" 소리 따라 고개를 돌리니 아주 특이한 아라한상(흔히 나한상이라고 함)이 보였다. 첫눈에 그것이 녹야원에서 부처님의 최초제자가 된 5비구상이라는 것을 알 수 있었다. 한 분은 탁발 나가시고 네 분만 계셨기에 개화사에 모시기로 했다. 대중을 위해 들른 곳인데, 결국은 나를 위한 일이 되었다. 대중들이 왜 네 분밖에 없느냐고 묻기에, 자신을 그 자리에 채우라고 말했더니 모두 즐겁게 웃었다.

보족 아웅산 마켓의 모습 - 관광객들의 쇼핑 명소라고 할 수 있다

　전문점에서는 몇 사람만 선물을 살 수 있었는지라 다시 대중적인 곳으로 가기로 했다. 버스가 한참을 내달려 쉐다곤 사원 앞을 통과하더니, 쉐다곤 가까이 있는 '보족 아웅산 마켓(Bogyoke Aung San Market)' 가까이에서 멈췄다. 이미 퇴근시간이 되어 도로는 아주 혼잡했고, 관광버스들을 정리하느라 도우미들이 애를 먹고 있었다.

　잠시 걸어가자 곧 아웅산 마켓이 나왔다. 1926년에 세워진 이 시장은 당시 양곤의 지방행정관이었던 영국인 스코트(C. Scott)의 이름을 따서 '스코트 마켓'이라고 불리다가, 미얀마가 독립하면서 독립영웅인 아웅산의 이름을 따서 '보족 아웅산 마켓'으로 불리게 되었다고 한다. 줄여서 '보족 마켓' 또는 '아웅산 마켓'이라고 부른단다. 9천 7백여 평의 면적에 2천여 점포들이 있는 관광 명소이다. 흔히 하는 말로 '없는 것 빼고는 다 있는' 그런 시장이다.

아웅산마켓의 안으로 고 팀장이 길을 안내하고 있다　　우 사장도 전단향 불구점을 찾아 열심히 안으로 걸어간다

고 팀장이 다시 모일 장소와 시간을 설명하고는 모두 흩어졌다. 나는 고 팀장, 우 사장과 더불어 전단향 불상과 염주를 구하러 갔다. 몇 번을 꺾어 안 쪽으로 찾아갔는데, 두 사람 모두 오랜만에 오는지 한참을 헤맸다. 겨우 찾은 가게에는 불상과 불구용품이 가득했다. 하지만 전단향으로 조성한 불상은 딱 한 좌(座-불상을 헤아리는 단위)만 있었다. 얼핏 보면 모두가 전단향인데 주인은 아 니라고 했다. 자세히 보니 색이 약간 달랐고, 손에 들어보니 무게감도 좀 달랐 다. 다른 불상들은 비슷한 나무로 조성한 것이었으며, 염주 또한 마찬가지였 다. 대중들에게 전단향 염주를 선물하려던 내 생각은 그렇게 부질없는 것이 되고 말았다.

다시 모였을 때 대중들의 손에는 여러 가지가 들려 있었는데, 특히 비취나 옥이 많았다. 여기저기서 자랑을 하는 소리가 들렸다. "아까 전문점에 있던 것을 아주 싸게 샀습니다." 나는 그저 웃고 말았다. 전문가가 아니면 구분 할 수 없는 보석의 질 차이를 모르고 하는 말이었기 때문이다. 조금 전 내 눈으로 전단향과 거의 같은 나무로 만든 제품을 보고 온 터였다. 아 마도 그곳에 있던 염주를 사서 전단향이라며 선물했다면 대중들은 모 두 믿었을 것이다.

수많은 불상과 염주 가운데서 유일하게 진짜 전단향으로 조성한 불상 - 개화사 소장

아웅산 마켓에서 나와 버스로 향하던 길에 만난 빵 굽는 여인

버스로 돌아오는 길에 우리 식구 몇 사람이 앉아 있기에 보니, 빵(?)을 파는 곳이었다. 우리의 붕어빵과 비슷한 것이었으나, 모양은 그저 단순한 과일 형이었다. 연탄화덕 위에 놓인 빵틀을 열심히 뒤집는 여인의 모습이 참 아름답게 보였다. 그 곁에 과일 파는 여인도 있었는데, 누군가가 과즙이 많은 과일을 사서 잘라주기에 갈증을 해소할 수 있었다.

쉐다곤 사원 아래를 지나가는 길에 입구 쪽에서 찍은 사진

16시 30분, 아웅산 마켓을 떠나 대중들의 요청으로 잠시 마트에 들렀다가 쉐다곤 파야(Shwe Dagon Paya)에 도착한 시각이 17시 47분이었다.

양곤을 다니면 밤낮으로 보게 되는 황금의 탑이 있다. 양곤의 중심부에 위치했고 다른 곳보다 높은 싱구타라(Singuttara) 언덕에 위치해 있기에, 건물 등에 가리지만 않으면 볼 수 있는 것이 당연하다. 바로 그 황금의 탑이 미얀마의 성지인 쉐다곤 파야이다.

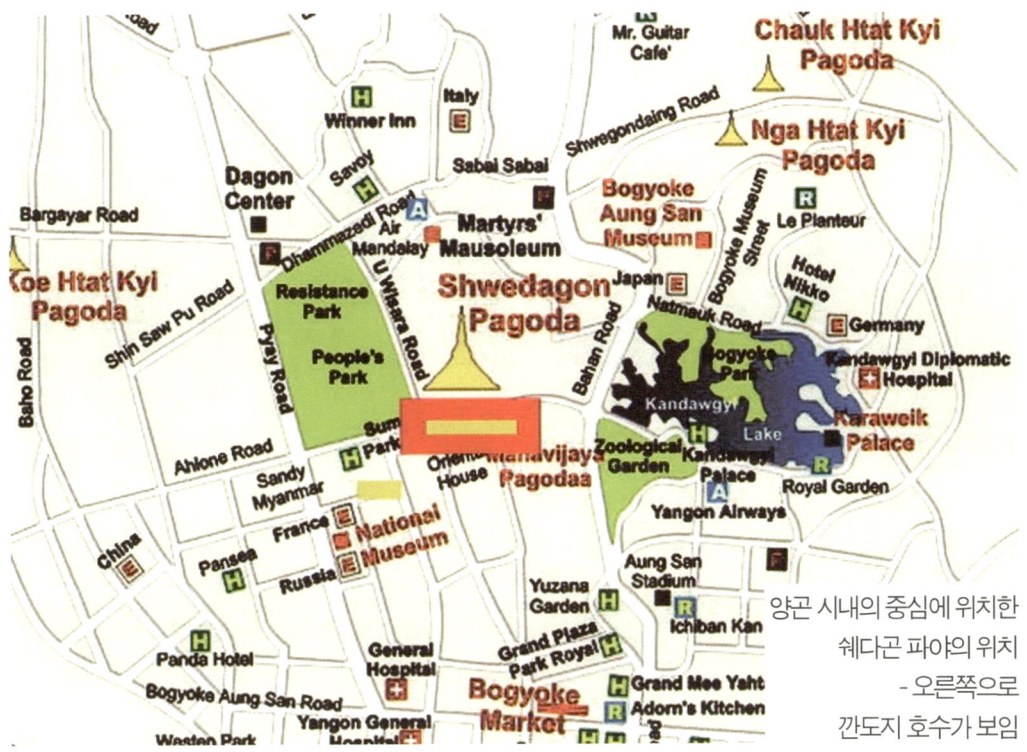

양곤 시내의 중심에 위치한
쉐다곤 파야의 위치
- 오른쪽으로
깐도지 호수가 보임

해발 58m 높이의 싱구타라 언덕은 인공으로 만든 것이다. 미얀마는 우기(雨期)가 있는 나라인데, 우기에는 폭우가 계속 쏟아지면서 낮은 곳은 금방 물에 잠기기 마련이다. 2,600여 년 전 미얀마 사람들은 아무리 비가 많이 와도 결코 물에 잠기지 않을 곳이 필요했다. 그들은 고심 끝에 인공의 언덕을 만들기로 하고 흙을 파서 쌓았다. 오랜 노력의 결과로 1만여 평의 대지 위에 60m 정도의 싱구라타 언덕이 만들어졌다. 흙을 파낸 곳은 엄청난 호수가 되었는데, 바로 쉐다곤 사원의 오른쪽에 있는 아름다운 깐도지(Kandawgyi) 호수이다. 이윽고 싱구타라 언덕 위에는 미얀마 사람들이 가장 존귀하게 모시는 탑이 섰다. 바로 쉐다곤 파고다이다.

❶1996년에는 이 계단으로 오르내렸다 - 좌우에 불구용품점이 있어 선물을 구입했다
❷주차장에 내리자 바로 보이는 엘리베이터 타워 - 연결된 회랑이 보인다 ❸엘리베이터를 타기 위해서는 신을 벗어야 한다 - 이미 만원사례 ❹엘리베이터를 내려서 회랑을 따라 들어가면 사원의 마당에 이르게 된다

 1996년 9월 18일에는 넓고 긴 계단으로 된 회랑을 따라 올라가고 내려왔었다. 계단 양쪽에는 불구용품점들이 이어졌는데, 그곳에서 신도들에게 선물할 전단향 염주 200개를 샀다. 현재 그 계단에는 에스컬레이터가 설치되어 있다고 하는데, 확인하지는 못했다.

 이번 참배는 주차장과 이웃해 있는 엘리베이터를 이용하게 되었다. 다리가 불편한 일행도 있었지만, 무엇보다도 시간을 절약해야만 했던 것이다. 탑승구에 이르니 넓은 신발장이 마련되어 있었다. 1996년에는 계단 아래에서 신을 벗고 맨발로 올랐는데, 엘리베이터도 맨발로 타야하는 것이었다. 신발장에 가득한 신발들이 현재 쉐다곤을 참배하고 있는 방문객이 엄청나다는 것을 말해주고 있었다. 고 팀장이 나눠주는 입장권으로 엘리베이터를 타고 위로 올라가 내리니 긴 회랑이 나타났다.

회랑이 끝나는 지점에서 조금만 가면
오른쪽에 보리수가 있다

 그 회랑을 따라 걸어가니 바로 사원의 마당에 이르렀다. 회랑이 끝나는
지점에서 몇 발자국 앞으로 더 가니 오른쪽에 아주 오래된 보리수가 서 있었다.
밤인지라 보리수는 조명으로 휘황찬란하게 단장을 하고 우리를 반겨주었다.

❶보리수의 앞쪽 벽면에 불화가 가득한 전각이 보인다 ❷작은 탑들과 전각들이 불탑을 에워싸고 시립해 있는 듯하다 ❸전각 사이로 난 길을 따라 한참을 들어가야 탑에 이른다

보리수의 앞에는 벽면을 불화로 장엄하고 있는 전각이 있었는데, 전각에는 부처님이 모셔져 있었다. 우리는 반배로 합장을 하면서 왼쪽으로 열려 있는 통로를 따라 안쪽으로 들어갔다. 고 팀장이 걱정이 되는지 절대로 떨어지지 말라고 신신당부를 했다. 하긴 처음 온 사람이 밤에 길을 잃으면 출구를 찾기가 힘들 것이다. 안으로 들어가는 우리에게 중앙의 황금불탑은 쉬이 전신을 보여주지 않았다.

이윽고 미얀마의 상징인 황금불탑 앞에 도착했다

겹겹이 에워싼 작은 탑들과 전각을 헤치고 한참을 앞으로 가서야 우리
는 황금불탑을 대할 수 있었다. 대중들의 입에서는 찬탄의 소리가 저절로 흘
러나왔다.

고타마 붓다께서 성불하신 후 최초로 공양을 올린 따뿌싸와 발리까

미얀마 사람들의 말대로라면 쉐다곤 파고다는 세상에서 가장 먼저 세워진 불탑이다. 또한 유일하게 부처님께서 세상에 머무시며 교화하실 때 세워진 탑이기도 하다.

2600여 년 전, 35세의 고타마 붓다께서는 부다가야의 보리수 아래에서 대각(大覺)을 이루신 후, 칠일 단위로 보리수를 옮겨 앉으시며 삼매에 드셨다. 그 마지막 칠일인 43일째로부터 49일째까지에 이르는 기간이 끝날 때 부처님께 올리는 최초의 공양이 있었다. 바로 무역상이었던 따뿌싸(Tapussa)와 발리까(Bhallika)가 떡과 꿀을 공양올리고는 부처님께 귀의했다. 그들은 부처님을 기억할 무언가를 주실 수 없냐고 부탁을 했고 부처님께서는 당신의 머리카락 여덟 가닥을 뽑아 주셨다.

미얀마에 와서 나는 최초의 공양자인 따뿌싸와 발리까를 만나게 되었다. 미얀마에 전해지는 얘기로는 그 두 사람이 바로 미얀마의 무역상이었던 것이다. 그들은 사업차 인도로 갔다가 바로 성불 직후의 고타마 붓다를 친견하게 되었다는 것이다.

그들은 부처님으로부터 받아온 머리카락으로 탑을 세우기로 했다. 그리하여 앞에서 설명한 상구타라 언덕을 쌓았던 것이다. 언덕이 만들어지자 깊은 우물처럼 땅을 파서 불발(佛髮 부처님의 머리카락)을 모신 후, 그 위에 벽돌로 20여 미터의 탑을 쌓았다.

탑은 계속 증축되어졌다. 남아 있는 기록만 간단히 살펴보면 대략 다음과 같다. 1372년 바고(Bago) 한타와디(Hanthawaddy)왕조의 빈냐우(Binnya U)가 재건하였고, 1455년~1462년에 신소부(Sinsawbu) 여왕이 테라스를 건설했으며, 신소부 여왕의 오빠인 빈냐기안은 파고다의 높이를 90미터로 증축하였다. 여왕은 파고다 상단에서 하단까지 자신의 몸무게와 같은 40kg 금박을 입혔다. 이후 후대의 왕들도 앞 다투어 금을 보시하게 되고, 나중에는 신분에 관계없이 막대한 양의 금이 보시되었다. 탑은 덮여지는 금으로 인해 조금씩 높아졌는데, 현재는 99.2미터의 황금불탑이 되었다고 한다. 그리하여 탑은 언제부터인가 '다곤(Dagon)의 황금(Shwe) 불탑(Pagoda)'이라는 뜻의 '쉐다곤 파고다'로 불리게 되었단다.

쉐다곤 파고다는 탑의 전신이 전부 금판으로 덮여 있다. 이곳에 기증된 금의 양은 대략 60톤이 된다고 하며, 이를 30cm의 금판으로 계산하면 8,688개가 된다고 한다. 특히 탑의 꼭대기 부분에는 수많은 보석으로 장엄되어 있는데, 76캐럿짜리 다이아몬드를 중심으로 5,448개의 다이아몬드(총 2,100캐럿)와 2,317개의 루비와 사파이어와 토파즈 등의 보석 및 1,065개의 금종, 그리고 420개의 은종 등 수많은 보석이 장식되어 있다고 한다.

쉐다곤 파야의 경내에는 '따자웅(Tazaung)'이라고 불리는 전각들이 많은데,

1996년 한낮에 본 황금불탑과 주변의 전각인 따자웅

이는 1857년 민돈(Min Don) 왕의 원력으로 건립된 것이며, 전각 안에는 많은 불상을 모셨다. 사원은 1895년에 전체를 보수하였으나, 안타깝게도 1931년의 화재로 거의 전소되었다가 1941년에 다시 개축하였다.

다섯 좌의 불상을 모신 전각 안에서 참배자들은 휴식을 취하기도 한다

고 팀장의 개괄적인 설명을 들은 후, 우리는 마지막 기도를 올릴 곳으로 향했다. 불탑의 뒤편에 있는 법당으로 가는 동안 서둘러 전각 몇 곳을 촬영했다. 전각들은 참배객들의 휴식처 역할을 겸하고 있었다. 미얀마 사람들에게 부처님은 그만큼 친근한 분인 듯하다. 예경도 하고 기도도 하며 휴식마저도 할 수 있는 곳이 곧 불당인 셈이었다.

황금불탑 앞에서 고 팀장으로부터　　　　누워서 삼매에 드신 부처님과
개괄적인 설명을 듣고 있는 대중들　　　　제자들을 모신 전각

1996년 9월 18일 행사 뒷정리가 되지 않은 곳에서 곤하게 잠이 든 동자승들

그런 자유로운 모습들을 보다가 문득 1996년의 한 장면이 떠올랐다. 큰 행사가 끝나고 미처 정리가 되지 않은 전각 앞에서 두 동자승이 햇볕을 받으며 잠들어 있었던 것이다.

미얀마 순례의 마지막 예불과 기도 63

▲ 복잡한 자리를 피해 탑 뒤의 불당을 찾아간 곳
　- 오른쪽이 우리가 기도한 불당

▶ 참배객으로 꽉 차서 할 수 없이 양해를 구해야 했다
　- 고 팀장이 자리를 만들고 있다

복잡한 곳을 피한다고 탑 뒤편의 불당으로 갔으나 그곳도 역시 기도하는 사람으로 가득했다. 고 팀장이 미얀마어로 양해를 구하며 우리가 기도를 할 자리를 마련했다. 꽤 넓은 불당이어서 중앙 쪽만 양보를 받으면 되었기에 그나마 다행이었다.

◀향과 차를 올린 후에 미얀마에서의 마지막 저녁예불을 시작했다

▼이것이 이번 순례의 마지막 예불이었기에 대중들의 마음은 한층 엄숙했다

늘 그렇듯이 차와 향을 공양 올린 후 저녁예불에 들어갔다. 외국에 나가 우리식의 예불과 기도를 하면 좀 생소해 하면서도 따라서 절을 한다거나 '석가모니불'처럼 자기네 발음과 비슷한 염불은 따라하는 경우를 자주 본다. 미얀마 순례를 하면서도 바간에서 꼬마들이 나를 보면서 '서까무니불'이라고 합장하며 외치는 일이 여러 번 있었다. 쉐다곤에 참배 중인 미얀마 불자들도 마찬가지였다. 바로 곁에서 보다 정중한 자세로 가다듬어 우리의 예불과 기도에 동참하려는 분위기가 느껴졌다

석가모니불 정근을 하면서 대중들은 순례를
무사히 회향할 수 있게 됨을 감사해 하고 있다

미얀마 성지 순례의 마지막 기념 촬영이다
- 대중들이 모두 금빛으로 변했나 보다

쉐다곤 불당의 예불과 기도는 미얀마에서의 마지막 예불이며 기도이
다. 처음 바간의 쉐지곤 파야에서 올린 예불기도로부터, 쉐다곤 파야의 예불
기도에 이르기까지 무사히 성지순례를 하였다. 상당히 힘든 여정이었음에도
한 사람도 탈 없이 건강하게 순례를 한 것은 깊은 신심과 불보살님의 가피가
함께 한 덕분이리라. 그런 만큼 대중들의 예불과 기도는 지극했다. 마지막으
로 내가 올리는 축원도 역시 그런 점에 대해 감사를 드리는 내용으로 채워졌
다. 축원을 마치자 금빛 천의 가사를 수하신 부처님 전에서 마지막 단체사진
을 찍었다. 불당 전체가 금으로 장엄되어 있기에 우리도 금처럼 보일지 모르
겠다는 생각이 얼핏 들었다. 모든 것이 자발적인 신심으로 이루어진 것이니,
여기에 군더더기 같은 말은 필요가 없을 터이다.

선정에 드신 부처님께서 비에 젖지 않도록 몸을 펼쳐 가리고 있는 코브라

불당을 나서니 도량은 온통 참배객으로 가득했다. 모두들 사진 찍느라 이리저리 오가는지라 고 팀장이 좀 걱정이 되었나 보다. 밖이 불당 안보다 훨씬 밝았는데, 불당에서는 길 잃을 일이 없지만 바깥에서는 아차 하면 길을 잃거나 사람을 잃을 수 있기 때문일 것이다. 어쨌거나 흩어진 대중을 모으느라 광장 한복판에서 설명하는 시간을 가졌다. 바로 곁에는 부처님께서 깨달음을 이루신 후 제6주째 선정에 드셨을 때 폭우가 쏟아지자, 큰 뱀이 나타나 부처님께서 비에 젖지 않도록 했다는 바로 그 불상이 모셔져 있었다.

불당을 나서니 한결 밝았다
- 여기서는 아차 하면 길을 잃거나 일행을 잃게 된다

여기저기 사진 찍느라
흩어진 대중들이 모이길 기다리고 있다

대중이 다 모이자 고 팀장이 인도한 곳은 종각이었다. 종각 안에는 유명한 마하간다 종(Mahaganda Bell)이 있었다. 이 종은 높이가 2.2m, 직경 1.95m, 무게가 23톤으로, 1775~1779년 쇳물을 부어 만들었다. 1825년 영국은 이 종을 영국으로 가져가서 무기로 만들려고 했다. 하지만 종의 무게를 이기지 못한 배가 양곤 강에 침몰하면서 종도 강물 속에 빠져 버렸다. 영국 군대는 모든 기술을 동원해서 이 종을 건져 올리려고 했지만 모두 실패하고 말았다. 포기상태였던 영국군의 지휘자에게 한 스님이 제안을 했다. 만약 종을 건져 올리면 사원의 제자리에 안치할 수 있도록 해 달라는 것이었다. 당시 최고의 기술을 갖춘 영국이었기에 미얀마 사람들이 그 종을

영국으로 건너가 무기가 될 뻔 했다가
스님의 지혜로 다시 돌아왔다는
마하간다 종

건져올리는 것은 불가능하다고 생각했고, 결국 그 제안에 동의했다. 그러자 스님의 지휘로 이 종은 삼 일 만에 강물 밖으로 나왔다. 스님은 사람들에게 긴 대나무를 많이 가져오게 하여 잠수를 잘하는 사람들에게 종 주변에 대나무들을 고정시키도록 했다. 삼 일이 지나자 뗏목처럼 된 대나무들 속의 공기가 부력이 되어 종을 물 위에 뜨게 만들었다. 그리하여 이 종은 다시 쉐다곤 파야로 돌아올 수 있었다.

백옥처럼 조성된 좌불상은 항마촉지인의 석가모니불이시다

출입이 통제된 건물 앞에 걸려 있는 큰 징 모양의 종인 금구

　종각을 뒤로 하고 옆에 있던 불당으로 들어가 백옥처럼 보이는 좌불상에 절을 올리고, 불당 뒤에 있는 금구(金口 큰 징처럼 생긴 종)를 보러 갔다. 이 금구도 엄청 큰 것이었는데, 별도의 건물 앞에 세워져 있었다. 문이 굳게 닫혀 있는 것으로 보아 스님들의 수행공간이거나 출입을 통제해야 하는 공간처럼 보였다.

쉐다곤 파야의 역사를 엿볼 수 있는 사진 자료실
- 고 팀장이 열심히 설명하고 있다

다음으로 고 팀장이 안내한 곳은 사진자료관이었다. 쉐다곤 파야에 관한 귀중한 사진들을 모아 놓은 곳이었는데, 고 팀장의 설명을 들으며 빠른 속도로 관람해 나갔다. 그 사진 속에는 탑의 가장 꼭대기인 다이아몬드 봉오리를 항공 촬영한 사진이 있었다. 이 봉오리는 높이가 56㎝에 지름이 27㎝이다. 전체 다이아몬드 수는 5,448개로 총 2,100캐럿이며, 중앙의 가장 큰 다이아몬드는 76캐럿이다. 사진을 다 둘러보고 나와 관리하는 곳에서 쉐다곤 사진첩을 찾았으나 없다고 했다. 고 팀장에게 물어봤으나 쉐다곤 만의 사진첩을 보지 못했다는 답만 들어야 했다. 이런 점들은 약간 아쉬움으로 남았다.

다이아몬드 봉오리의 중앙에 있는 76캐럿의 큰 다이아몬드와 주변의 작은 다이아몬드들

탑의 꼭대기에 해당하는 다이아몬드 봉오리 - 항공 촬영한 것으로 보임

▲ 보드가야의 마하보디 대탑을
   모방했으나 크기도 작고 그림으로
   탑신을 장식한 것이 많이 다르다

▶ 부처님께서
   깨달음을 이루신 곳에 세운
   인도 보드가야의 마하보디 대탑

　자료관을 나오니 눈앞에 어디선가 본 듯한 탑이 서 있었다. 번개처럼 떠
오르는 그림 하나, 바로 인도 보드가야의 '마하보디 대탑'이었다. 부처님께서
보리수 아래 깨달음을 이루신 자리에 세워진 대탑을 모방한 것인데, 겉면이
그림으로 장식되어 있어서 조각으로 장엄된 마하보디 대탑과는 많이 다른 분
위기였다.

이 광경을 보는 순간 1,250의 비구와 신자들이 부처님을 에워싸고 법회하는 장면이 떠올랐다

　　출발을 해야 한다고 재촉하는 말을 들으며 다시 황금불탑을 되돌아 봤
다. 탑과 사람들이 어울려 있는 그 모습은 마치 부처님을 에워싸고 법문을 듣
던 1,250대중을 연상케 했으며, 황금불탑의 꼭대기 다이아몬드 봉오리는 영
산회상의 석가모니 부처님께서 드신 연봉오리 같았다. 바로 그 순간 탑 위의
달이 내 눈으로 들어왔다.

쉐다곤 파고다의 꼭대기인
다이아몬드 봉오리가
부처님께서 드신 연꽃처럼 보였다

허공으로 높이 솟은 저 황금불탑의 화려한 모습은 사람들의 눈길을 모아 저기 드높은 곳에 떠 있는 '걸림 없는 마음 달'을 가리키기 위함이었던 것이다. 하지만 사람들은 걸림 없이 허공을 가는 마음 달을 볼 생각이 별로 없는 듯했다.

보리수 가지는 이제 떠나라 하고, 출입구의 회랑은 어서 오라고 손짓한다

    깊이 허리 굽혀 예를 드린 후에 출구로 향하는데, 벽면에 부처님의 일대기가 그려져 있었다. 낮이었으면 자료 사진으로 하나씩 찍었으련만, 어른거리는 불빛으로는 도저히 불가능했다. 마음에 담는 것으로 만족해 하는 내 앞으로 미얀마의 불자가 유유히 살피며 지나갔다. 보리수도 손을 흔들며 잘 가라 했고, 긴 회랑도 나를 보며 어서 오라고 손짓했다.

출입구 쪽의 담에 그려져 있는 부처님의 일대기 - 밤이라서 자료로 쓸 사진을 찍기 어려웠다

70년만의 열매, 패다라염주 64

쉐다곤 파야의 아래에서
떠나기 전 돌아다 본 모습

쉐다곤 파야를 내려와서 다시 뒤돌아봤다. 1996년엔 낮에 왔었고, 이번 엔 밤에 와서 휘황한 불빛 속에서 참배를 했다. 다음에 온다면 낮부터 밤까지 머물리라. 고 팀장에게 쉐다곤의 관리를 어떻게 하느냐고 물었더니, 다음과 같은 설명을 들을 수 있었다.

"미얀마의 다른 사원들이 모두 그렇듯이 전적으로 신자들에 의해 관리가 됩니다. 주된 업무는 간부급들이 하고, 나머지 단순한 일들은 모두 자원봉사자들이 맡아서 합니다. 주된 업무를 관장하는 이들도 보시(월급)를 받지 않습니다. 다들 불사를 한다는 마음이기에 명예롭게 생각합니다. 쉐다곤에는 엄청난 수의 관리자와 자원봉사자들이 있습니다. 제각기 맡는 분야별로 자원봉사자 모임이 만들어져 있는데, 아주 소소한 일을 하는 자원봉사도 그냥 가입을 할 수 없습니다. 상당액의 보시를 해야만 가능합니다. 중요한 일을 하는 자리의 봉사자가 되려면 굉장한 액수의 보시를 해야 겨우 그 모임에 들어갈 수 있습니다. 그러므로 불당에서 청소를 하고 있는 사람들도 대개 부자들이라고 봐도 좋습니다. 이들이 계속 돌아가며 손이 되고 눈이 되어 관리를 하기에 사원은 언제나 정갈한 모습인 것입니다. 미얀마 사람들은 복전함(福田函-불당에 있는 보시함)의 돈을 훔치지 않습니다. 이미 보셨겠지만 투명하게 만들어서 돈이 다 보이게 되어 있지만, 어느 누구나 그 돈에 욕심을 내지 않습니다. 복전함이 여러 개 있는 것은 용도별로 보시를 하기 때문입니다. 쉐다곤의 복전함에 '개금(改金-불상이나 전각 등에 금을 다시 입히는 것)'이라고 적혀 있으면 그 용도로만 사용합니다. 가끔 한국에서 학자들이 사찰의 운영을 남방불교처럼 재가불자들이 해야 한다고들 주장하는데, 상황은 전혀 다릅니다. 미얀마에서는 출가를 하면 그 스님의 모든 것을 책임지는 모임이 만들어집니다. 스님은 열심히 공부만 하면 되는 것입니다. 탁발도 먹고 살기 위한 것이 아니라 수행의 일종입니다. 그리고 어른 스님이 되면 교화만 하시면 되지요. 한국불교의 종무원들은 자원봉사자가 아닌데 학자들이 착각하는 부분이 있는 듯합니다. 미얀마에서는 종무원들이 오히려 수시로 사원에 보시를 한다고 생각하시면 됩니다. 참, 쉐다곤의 개금은 금판을 삼 년마다 다시 입힙니다."

고 팀장의 설명을 들으면서 문득 얼마 전에 들었던 씁쓰레한 얘기가 생각났다. 재가종무원이 꽤 많은 우리나라의 모 사찰에서 종무원들이 노조를 만들려고 하는 것 때문에 주지스님이 수심이 깊어졌다는 것이었다.

우리나라와는 많은 것이 다른 신심의 나라 미얀마, 그 신심의 상징과도 같은 쉐다곤 파야의 참배가 모두 끝났다. 19시 20분, 나무 사이로 보이는 황금불탑을 뒤로하고 우리는 쉐다곤을 떠났다.

대중들이 적당한 염주를 찾지 못해 계속 고 팀장에게 부탁을 했었나 보다. 고 팀장이 마이크를 잡더니 전단향 염주는 찾기가 어렵고 거의 유사품만 있어서 권할 수 없다며, 자신이 권할 수 있는 것은 '패다라' 염주라고 소개했다.

현대적인 인쇄술이 개발되기 전에 남방불교계에서는 특별한 방법으로 경전을 기록했다. 그것은 패다라(貝多羅, Pattra-다라나무의 잎이라는 해석도 있음)라는 나무의 잎인 패다라엽(貝多羅葉)을 활용하는 것이었다. 이 나뭇잎을 잘 말려 길게 장방형으로 끊어서 끝이 뾰족한 필기도구로 글자의 획을 만들고, 먹을 새겨 넣거나 먹과 붓으로 쓰면 경문이 나타나게 되는 것이다. 완성된 패엽경은 보통 가운데에 작은 구멍을 두 개 뚫어 실로 몇십 장씩 꿰어서 묶음을 만들어 사용한다. 개화사에는 수년 전에 미얀마의 골동 패엽경을 선물 받아서 경장에 모시고 있다.

개화사 무량수전 경장에 모셔져 있는
오래된 미얀마 패엽경

❶패다라염주를 구입하기 위해 쉐다곤 아래에 있는 시장으로 들어가고 있다
❷10분쯤 걸어 들어가자 쉐다곤의 정문 앞에 가까이 갔다 - 사자 두 마리가 문을 지킨다

이 패다라 나무는 대략 70년 정도 사는데, 죽기 직전에 단 한 번 열매를 맺는다. 그 열매를 말려서 껍질을 벗겨 염주를 만든 것이 패다라염주이다. 이 염주는 처음 흰색에 가깝지만 점차 금색으로 변해간다.

패다라염주를 사기 위해서는 쉐다곤 파야의 문 앞에 있는 시장으로 가야만 했는데, 꽤 먼 거리를 걸어가야만 염주를 파는 가게에 갈 수 있었다. 대중이 다 움직이면 또 시간이 많이 지체될 것이었다. 그래서 대중들은 버스 안에서 기다리라고 한 후에 우 사장과 고 팀장만 대동하고는 염주 가게로 향했다. 시장 입구에서 보니 저만큼 쉐다곤의 황금불탑이 보였다. 매우 빠른 걸음으로 10여 분을 걷자 거대한 사자 두 마리가 지키는 정문 가까이에 이르렀고, 왼쪽의 작은 가게로 고 팀장이 안내를 했다. 다소 어두운 가게 안으로 들어서자 각종 염주가 진열되어 있고, 예쁜 미소의 아가씨가 우리를 맞았다. 그 아가씨 뒤쪽 벽에는 10년 전에 입적(入寂-스님이 돌아가신 것을 뜻함)하신 서옹(西翁) 큰스님의 붓글씨 수처작주(隨處作主-어느 곳에서나 주인공으로서 자유자재해야 한다는 뜻)가 걸려 있었다. 가게의 사장이 큰스님과 인연이 있었다고 한다.

❸❹

❸염주 종류를 파는 가게 - 아가씨 뒤로 서옹 큰스님의 붓글씨, 수처작주가 보인다
❹웃는 모습이 너무나 아름다운 염주 파는 가게의 아가씨

패다라 염주를 찾았더니 손목에 끼는 단주 56개만 있다고 했다. 울산에
서 온 성지순례자들이 먼저 들러서 대부분 구입해 가고 남은 것이란다. 개화사
신도님들에게 선물로 주기 위해 몇 백 개를 사려고 했던 내 생각은 물 건너갔
는지라, 단주와 그 가게에서 보관하고 있던 오래된 108염주 하나를 구입해서
버스로 돌아왔다. 동참한 스님들에게 하나씩 선물을 준 후에 바라밀회 회장에
게 건네주었다. 108염주는 하나 밖에 없는지라 부득이 내가 소장하기로 했다.

가게에 하나 밖에 없었던
오래된 패다라 108염주

❶ 우리가 미얀마에서의 마지막 공양을 한, 교민이 운영하는 식당의 간판 ❷ 아리랑 식당의 문 앞에 버스를 대고 대중들이 마당으로 들어서고 있다 ❸ 식당은 상당히 넓어서 동시에 많은 손님을 맞이할 수 있을 정도였다 ❹ 우리 방에 식단을 준비하는 종업원들 - 뒤쪽으로 손님들의 승용차가 많이 보인다

버스는 미얀마의 마지막 저녁공양을 할 식당으로 이동했다. 언제부터인가 외국에 나갔을 때 한국식당을 찾지 않게 되었다. 한국식당이라고 애써 찾아가 봐야 음식은 전혀 우리 맛이 아니고, 주인은 고마워하기는커녕 '여기가 아니면 어디 가서 한식 먹겠느냐'는 태도를 취했기 때문이다. 어떤 곳에서는 카운터에 앉아 있으면서 아는 체도 하지 않는 곳도 있었다. 그런 푸대접을 받았기에 현지음식에 잘 적응이 안 되는 우리도 차라리 컵라면이나 먹자는 식이 된 것이다. 그러나 정말 열심히 하는 교민이 있다면 당연히 도와주려는 것이 우리의 마음 아니겠는가. 고 팀장에게 신신당부하여 대중이 실망하지 않을 한식당이 있다면 한번 가보자고 해서 선택된 곳이 '아리랑'이었다.

미얀마에서의 마지막 공양을 하는 대중들 - 모두들 만족해 했다

버스가 달린 지 얼마 되지 않아 다소 한적한 곳에 있는 아리랑에 도착했다. 식당은 생각보다 넓었고 잘 정리가 된 듯했다. 식당 주인 내외가 반갑게 인사를 하며 맞아주었고, 연세가 드신 노모께서도 웃음으로 반겨 주셨다. 미얀마 종업원들도 여러 명 있는 것으로 보아 성공한 편에 속하는 듯했다.

시간에 맞춰 준비를 한 듯 곧 식단이 차려졌고 주인 내외가 솔선수범하여 봉사를 했다. 우선 된장 등의 기본 찬이 마음에 들어 물었더니 노모의 솜씨라고 했다. 차례로 음식 맛을 본 대중들도 모두 맛있다고 하니, 이번의 선택은 성공했나 보았다. 고 팀장도 그때서야 긴장을 풀었다. 자주 오느냐고 물었더니, 고급집이라 비싼 가격이 부담스러워 개인적으로는 오지 못한다고 답했다. 워낙 대중들의 마음을 잘 살펴주었기에, 종업원들을 다 불러 감사의 보시를 했더니 모두들 좋아했다. 주인이 버스 떠날 때까지 배웅을 해 주는 모습도 참 따뜻하게 다가왔다.

1996년에 방문했을 때의 마하시 메디테이션 센터 정문

공항으로 향하는 버스 안에서 문득 떠오른 영상이 있다. 1996년 9월 19일, 우리는 스님들이 탁발하는 모습을 본 후 뒤를 따라서 '마하시 선 센터(Mahasi Meditation Centre)'엘 갔었다. 흔히 '명상센터'라고들 하지만 서양식의 명상과는 분명히 다르므로 '선 센터'라고 하는 것이 더 좋을 것 같다. 마하시 스님에 의해 비롯된 선 센터는 미얀마에서 가장 유명한 수행 공간이기도 하다. 1996년 우리는 시간적으로 좀 여유를 가지고 설법하는 곳을 비롯하여 스님들의 처소까지 두루 살펴보았다.

1996년 9월 19일 탁발 나가는
스님들의 모습을 촬영했다

1996년 9월 19일, 탁발을 마친 스님들의 뒤를 따라서
우리도 사원으로 갔다

하루 한 번 하는 공양 시간 - 가장 어른 스님들의 자리이다 - 음식에 고기류가 많았다

운 좋게도 마침 공양시간이 되었기에 스님들이 공양하는 큰방의 복도로 들어가 사진 촬영을 할 수 있었다. 물론 그것은 내가 비구의 신분이었기에 가능한 일이었다. 큰방에는 어릴 적 식구들과 둘러앉아 밥을 먹던 그런 둥근 상이 수십 개 놓여 있었다. 어른스님들이 앉는 윗자리에는 중앙에 가장 어른 스님 한 분만 계셨고, 그 옆 자리에는 세분의 스님이 공양을 하고 계셨다. 그 아래로는 보다 많은 스님들이 둘러앉아 공양을 하는 것이 질서가 분명했다. 상에는 음식이 굉장히 풍성했으며, 육식과 채식이 고루 갖춰져 있었다. 『남전장경(南傳藏經-남방에 전해진 경전)』을 통해 부처님께서 육식을 금하지 않으셨다는 사실은 이미 알고 있었지만, 실제로 육식을 하는 것은 처음 확인하는 순간이었다. 스님들은 자기의 양만큼 각자의 앞 그릇에 덜어서 공양을 하는데, 남는 음식은 그 다음에 공양할 순서로 내려간다는 것이었다.

순례 날짜에 여유가 있었다면 대중들에게 탁발의 모습과 마하시 선 센터를 참배케 했을 것인데, 항공사의 일정에 맞추다 보니 도저히 짬을 낼 수가 없었다. 대중들에게는 좀 미안한 생각이 들었다.

미얀마의 성지순례를 다 마치고 양곤공항으로 들어서는 대중들의 모습

22시 10분경, 우리는 다시 공항에 도착했다. 다들 아쉬워하는 가운데 고 팀장이 돌아가고, 우리는 수속을 밟아 대기실로 들어갔다. 우리가 이용하는 대한항공은 23시 20분에 양곤을 출발하여 11월 25일 07시 40분에 인천공항 도착예정이었다.

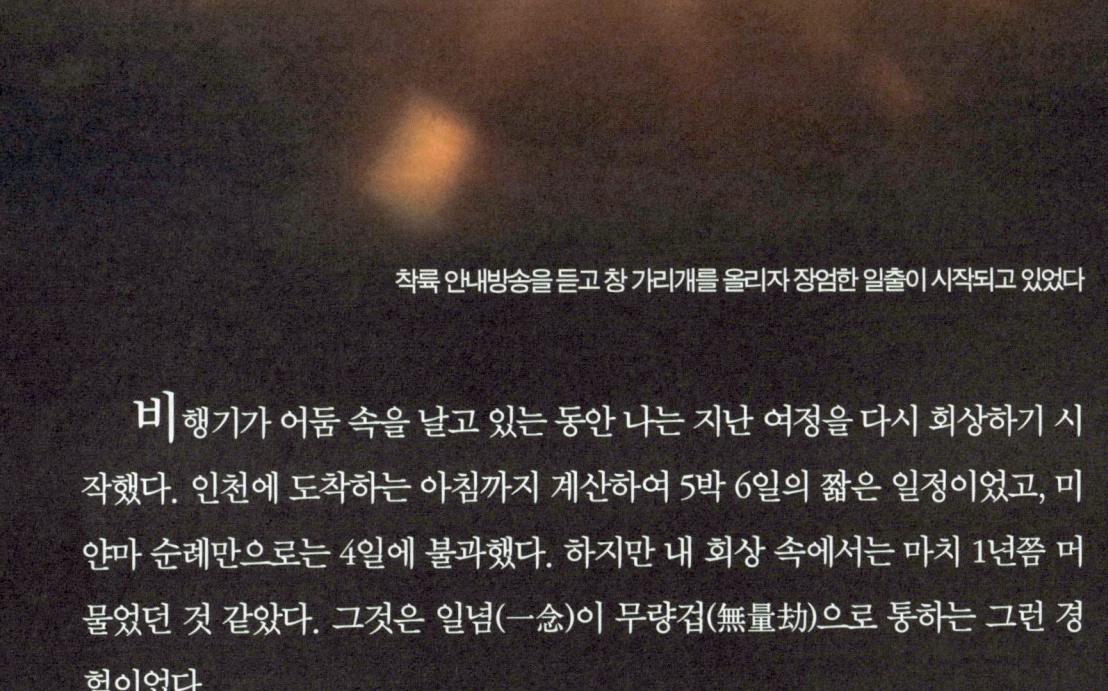

착륙 안내방송을 듣고 창 가리개를 올리자 장엄한 일출이 시작되고 있었다

비행기가 어둠 속을 날고 있는 동안 나는 지난 여정을 다시 회상하기 시작했다. 인천에 도착하는 아침까지 계산하여 5박 6일의 짧은 일정이었고, 미얀마 순례만으로는 4일에 불과했다. 하지만 내 회상 속에서는 마치 1년쯤 머물었던 것 같았다. 그것은 일념(一念)이 무량겁(無量劫)으로 통하는 그런 경험이었다.

약간의 메모를 하면서 전 일정을 모두 회상했을 때 착륙안내방송이 나왔다. 창 가리개를 올리자 장엄한 일출이 시작되고 있었다.

곧이어 비행기가 하강을 하기 시작했고, 아침 안개 속에 잠이 덜 깬 우리의 대지가 모습을 보여주기 시작했다. 너무나 분명한 모습을 보여준 미얀마 불교에 비하면, 우리의 현주소가 저 대지와 같이 안개 속에 있는지도 모른다. 하지만 내가 머물고 함께 호흡해야 할 곳은 다소 혼돈의 모습을 보이고 있는 바로 이 땅이라는 것을 너무도 잘 안다.

　비행기 바퀴가 내려지는 진동을 느끼며 나는 지그시 눈을 감고 혼자 다짐했다. 그래 내 마음 속에 흔들리지 않는 무영탑(無影塔그림자 없는 탑) 있으니, 다시 땀을 흘려보자!

아침안개 속에 어슴푸레 모습을 드러낸 우리의 대지 - 내가 땀 흘려야 할 곳

송강스님의
미얀마 성지순례

초판 1쇄	2015년 5월 25일
지은이	시우 송강
발행인	이상미
발행처	도서출판 도반
편집	김광호
디자인	황지영, 고은미
대표전화	031) 465-1285
이메일	doban0327@naver.com
주소	경기도 안양시 만안구 안양로 332번길 32
ISBN	978-89-97270-19-4

인터넷에 **개화사**를 검색하시면 송강 스님의 카페를 만나 보실 수 있습니다.
http://cafe.daum.net/opentem